A. Fritz Verlag

DAS BUCH

Tina Bäck, eine intelligente und moderne Frau des 21. Jahrhunderts, begibt sich auf Spurensuche und begegnet mit 34 Jahren zum ersten Mal ihrem Vater. Er ist schizophren. Und schlimmer: Er ist ihr erschreckend ähnlich.

Tina will diese verteufelte Krankheit verstehen. Kein Fachbuch ist vor ihr sicher. Sogar als Universitätsprofessorin verschreibt sie sich dem Thema „Genie und Wahnsinn". Plötzlich geschehen sonderbare Dinge, die sie sich nicht erklären kann.

Ein Buch, das unterhält und reichlich Informationen rund um die facettenreiche Krankheit Schizophrenie liefert.

DIE AUTORIN

Barbara Schwarzl, geboren 1970, lebt und arbeitet in Graz. Als Apothekerin hat sie regelmäßig Kontakt mit psychisch Kranken, deren Schicksale sie sehr bewegen. Deswegen ist es ihr ein Anliegen, als Fürsprecherin für diese nach wie vor stigmatisierten und ausgestoßenen Menschen aufzutreten.

Barbara Schwarzl

Spurensuche

Diagnose Schizophrenie

FSC
www.fsc.org
MIX
Papier aus verantwortungsvollen Quellen
Paper from responsible sources
FSC® C105338

Printed in Germany
Autorin: Barbara Schwarzl
Titelbild: Alexander Ozerov
Umschlaggestaltung: A. Fritz Verlag
Lektorat: Ulrich Schüppler

a-fritz-verlag.de

ISBN 978-3-944771-15-1

DANKSAGUNG

Thomas, meinem lieben Herzbuben, danke ich sehr für seine ernsthafte Kritik, für das Verständnis, das er mir jederzeit für das Schreiben entgegenbringt und unsere Gespräche, die mich immer auf den rechten Weg zu bringen scheinen.

Brigitta, vielen Dank für die Interviews. Dank dir habe ich einen tieferen Einblick in die Materie bekommen.

Tamara, vielen Dank für deine Erzählungen und dein Vertrauen.

Mein größter Dank gilt meinen Eltern. Obwohl meine Mutter als Alleinerzieherin für mein Wohlergehen und meine Entwicklung alleine verantwortlich war, möchte ich an dieser Stelle meinen Vater nicht unerwähnt lassen. Leider konnte er dieses Buch nicht mehr erleben, das ihn vermutlich sehr bewegt und vielleicht auch mit Stolz erfüllt hätte.

VORWORT

Warum gerade ein Roman über Schizophrenie, werden sich manche fragen. Nun, warum nicht, würde ich entgegnen. Und ich möchte hinzufügen, dass mir dieses Thema sehr am Herzen liegt. Ich kam bisher in den verschiedensten Bereichen meines Lebens mit psychisch Kranken und im Besonderen mit Schizophrenen in Kontakt, deren Schicksale mich zutiefst bewegten. Manche reale Person lieferte sicherlich Anregungen zu diesem Roman, der als solcher aber eine völlig fiktive Geschichte liefert.

Nun können aber, wie wir spätestens seit Erich Kästner wissen, auch fiktive Geschichten durchaus wahre Geschichten sein, wenn sie im Kern so geschehen sein könnten, wie sie beschrieben sind. Um eine solche Geschichte handelt es sich hier.

Mit diesem Buch möchte ich psychisch Kranke, diese manchmal geächteten, bedauernswerten Menschen, ins Bewusstsein rufen und für sie als Fürsprecherin auftreten. Obwohl sich die medizinische Versorgung diesbezüglich in den letzten Jahrzehnten deutlich verbessert hat, sind psychisch Kranke nach wie vor stigmatisiert und ausgestoßen. Angehörige schämen sich ihrer, man lacht und tuschelt über sie, sperrt sie weg, verwahrt oder verleugnet sie. Selbst ihren eigenen Angehörigen fällt es manchmal schwer, ihnen unvoreingenommen zu begegnen.

Dabei sollten wir uns stets vor Augen halten, dass niemand von uns mit absoluter Gewissheit weiß, ob es ihn nicht selbst einmal in der einen oder anderen Form treffen könnte. Eine Depression oder ein Burn-out zu haben, scheint derzeit geradezu in zu sein, dennoch wird die Krankheit stigmatisiert. An einer Psychose gar, an der Schizophrenie im Speziellen oder an einer anderen psychischen Störung erkrankt zu sein, verursacht nach wie vor Entsetzen, Unbehagen und Angst.

Sehr gut auf den Punkt gebracht hat dies für mich ein Betroffener: „Schizophrenie ist eine Krankheit wie jede andere.

Man stirbt geistig bei lebendigem Leibe." (Dies und noch viel mehr Berührendes können Sie nachlesen in „Texte aus der Innenwelt", Felix Mitterer (Hg.), Czernin Verlag, Wien, 2001.)

In jüngerer Vergangenheit wurde in Wien versucht, das Image von psychisch Kranken mit einer Plakatserie mit folgenden Slogans zu verbessern:

„Eine seelische Erkrankung ist so normal wie Diabetes, ein Armbruch oder wie eine Grippe."

„Eine psychische Erkrankung ist nicht ansteckend."

Diese Kampagne gefiel mir und zeigt gleichzeitig, dass sich auf diesem Gebiet mittlerweile Einiges tut. Bis sich die Einstellung jedes einzelnen von uns ändert, ist jedoch noch ein langer, mühevoller Weg zu bestreiten.

Wenn es mir mit diesem Buch gelingt, einen kleinen Beitrag dazu zu leisten, so macht mich das glücklich, denn dann hätte ich ein für mich wichtiges Ziel erreicht.

Für Erwin

„Trotzdem Ja zum Leben sagen." (Viktor Frankl)

„Ehrfurcht vor dem Menschenleben." (Albert Schweitzer)

INHALTSVERZEICHNIS

Geheimnisse

Ich starre schon eine ganze Weile vor mich hin. Wie lange mag ich diese Tasse schon in der Hand halten? Der Tee ist inzwischen kalt geworden. Das letzte Zusammentreffen vorhin im Krankenhaus kann ich nicht aus meinem Kopf verbannen.

Ständig sehe ich ihn in die steifen, weißen Laken gehüllt, vor mir liegen: Alt, krank, abgemergelt, nur mehr Haut und Knochen, mit traurigem, beinahe leblosen Blick. Als er in diesem trostlosen, weiß getünchten Krankenzimmer meine Hand zum Abschied kräftig drückte und nicht mehr loslassen wollte, habe ich eine Gänsehaut bekommen. Erst am Flur kam es mir in den Sinn, dass wir uns womöglich nie wieder sehen könnten. Nie wieder. Das klang wahrhaftig endgültig. Dann kullerten mir Tränen über die Wangen. Ich eilte nach draußen, um meinen Schmerz rauslassen zu können, den ich die ganze Zeit über vor ihm zu verbergen versucht habe. Die Vorahnung, für immer von ihm Abschied nehmen zu müssen, war unerträglich.

Wie in Trance bin ich nach Hause gefahren und habe mir meinen Lieblingstee zubereitet. Seither sitze ich auf meinem blauen Ledersofa. Den Krankenhausmief habe ich noch immer in der Nase. Schließlich ist mir alles zu viel. Ich stelle die Ellbogen auf die Oberschenkel und lasse den Kopf in meine Handflächen fallen. „Ich kann nicht mehr! Ich kann einfach nicht mehr!“, entfährt es mir gequält. Nach dem, was mir in den letzten Jahren widerfahren ist, erscheint mir das durchaus plausibel.

Auf einmal drängt es mich ans andere Ende meines geräumigen Wohnzimmers. Ich ziehe den Vorhang ein wenig zurück und schaue nach draußen, in unseren wunderschönen Garten, einem wahren Prachtstück mitten in der Stadt, in dem der Lichtkegel meiner Lampe den Schnee stellenweise erhellt. Dabei fällt mir ein, dass ich Futter für die Vögel besorgen muss. Es ist Anfang Februar und noch tiefster Winter. Nach Jahren hat es in unserer Stadt wieder geschneit. Wie friedlich alles wirkt.

Leise ertönt klassische Musik vom Erdgeschoss zu mir in den ersten Stock herauf. Madame hat es sich vermutlich in ihrem Lehnstuhl in der Fensternische bequem gemacht und blättert sicher in einem ihrer alten Fotoalben, längst vergangenen Zeiten nachhängend, als sie als Primaballerina ihre größten Erfolge gefeiert hatte. Mit Achtzig bleiben ihr nur mehr Erinnerungen. Ich glaube, dass sie froh über den Verlauf ihres Lebens ist, doch manchmal umgibt sie ein Hauch von Wehmut, da sie ihre Karriere über alles gestellt und deswegen auf Kinder verzichtet hatte.

Ich mag diese kultivierte, alte Dame. Wir plaudern gerne im Stiegenaufgang oder Garten und gelegentlich laden wir einander ein – meist auf eine Tasse gepflegten, englischen Tee – und dann erzählt sie mir ausführlich von ihren Erlebnissen. Dabei sorgt sie für perfekte Musikuntermalung und schildert mir ausführlich von den Figuren, die sie damals dazu getanzt hatte, oder vollführt sie gelegentlich sogar.

Und ich? Ich höre ihr mit Vorliebe zu oder gebe Anekdoten meiner Studenten zum Besten. Ich mag diese Zusammenkünfte.

Für mich ist Madame eine Art Oma-Ersatz und ich bin für sie vermutlich das Kind, das sie nie haben durfte.

Ich lausche noch ein wenig den harmonischen Klavierklängen, die ich ganz leise von unten vernehmen kann. Währenddessen zupfe ich ein paar vergilbte Blätter von meinen unzähligen Grünpflanzen, halte sie fest in der rechten Hand und streife die zur Leseecke umfunktionierte Fensternische mit einem kurzen Blick.

Ähnlich wie für Madame ist das eines meiner Lieblingsplätzchen in diesem wunderschönen, alten Haus. Bei Tageslicht liebe ich es, hier zu lesen: Ein gutes Buch, eine Tasse kräftigen Tee oder Kaffee am Beistelltisch und von den erst kürzlich restaurierten und äußerst bequemen Stühlen im Barock-Empire-Rokoko-Stil aus die Vögel und Eichkätzchen in unseren hochgewachsenen Bäumen beobachten. Das ist für mich Entspannung pur.

Dann gehe ich zurück zum Couchtisch, umgreife die Henkel der Teekanne und Tasse mit meiner Linken und marschiere damit und mit den vertrockneten Pflanzenresten in der Rechten in die Küche. Am Weg zurück ins Wohnzimmer überlege ich krampfhaft, was ich denn vorhin am Fenster eigentlich zu tun gedachte. Geistesabwesend nehme ich eine alte, schon etwas vergilbte Schuhschachtel aus dem Schrank und lasse mich damit wieder aufs Sofa fallen.

Bedächtig nehme ich den Deckel ab. Ich seufze tief. In diesem alten Karton steckt ein Stück Familiengeschichte. Es ist erstaunlich, wie viel diese Schachtel zu erzählen hätte. Bedächtig ziehe ich ein Foto nach dem anderen heraus und betrachte sie allesamt wehmütig. Mein Blick fällt auf ein Bündel Briefe, das von einem Stoffband fein säuberlich zusammengehalten wird. Stattdessen greife ich zu einer Schmuckschachtel, öffne sie langsam und erkenne seine Manschettenknöpfe.

Dann nehme ich ihren Ring in die Hand, probiere ihn, doch er ist zu groß für meine zarten Finger. Bedächtig rolle ich ihn zwischen meinem rechten Daumen und Zeigefinger und entziffere die auf der Innenseite eingravierte Inschrift: Josef 18.11.1967. Unweigerlich steigen mir Tränen auf.

Wie in Zeitlupe gleiten meine Gedanken ab, zu jenem denkwürdigen Sonntagnachmittag vor etwa fünf Jahren. Mir ist, als wäre es gestern gewesen. So klar sehe ich alles vor mir. Bis zu jenem Tag schien es, als ob mich nichts aus der Bahn werfen könnte. Die Geheimnisse, die sich mir an jenem verregneten Frühlingstag, zu enthüllen begannen, veränderten mein Leben mit unglaublicher Fulminanz. Nach und nach rollten weitere Details lawinenartig auf mich zu, Entrinnen absolut unmöglich. Unweigerlich musste ich mich mit der bitteren Realität, den dunklen Schattenseiten meiner Familie, die bis dahin konsequent von mir ferngehalten worden waren, auseinandersetzen. Spätestens damals war ich mit Mitte Dreißig endgültig erwachsen geworden.

***

Es schüttete wie aus Eimern, als ich an der Haustür meiner Tante klingelte. Für Ende April war es viel zu kalt und mich fröstelte. Für mich war Tante Ursula beziehungsweise Uschi, wie sie von allen genannt wurde, einfach nur die Tante, denn ich hatte nur diese eine. Das dachte ich zumindest noch an jenem verregneten Sonntag im April. Sie war die Schwester meiner Mutter, die bei einem Unfall gestorben war, als ich erst ein Jahr alt war. Deswegen war meine Tante auch so etwas wie meine Mutter. Sie erfüllte sozusagen beide Rollen in einer Person und war darin stets leidenschaftlich aufgegangen, weil es ihr selbst verwehrt geblieben war, eigene Kinder zu bekommen.

Meinen Vater kannte ich nicht. Leider. Mir wurde gesagt, dass er sich bald, nachdem meine Mutter schwanger geworden war, aus dem Staub gemacht hätte. Deswegen wurde ihm immer nur im negativen Sinn gedacht. So war er trotz seiner Abwesenheit ein Begleiter durch meine Kindheit. Verhielt ich mich – der Meinung von Tante und Onkel nach – unpassend, hieß es, ich wäre wie er. So bekam ich von jeher das Bild vermittelt, er wäre ein schlechter Mensch, den es zu meiden galt. Dann aber hieß es auch wieder, dass ich ihm sehr ähnlich wäre. Nur, ich betrachtete mich selbst als äußerst liebenswerten Zeitgenossen und verstand nie all das Gezeter. War es denn verwerflich, wenn man ruhig, manchmal ein wenig bewegungsfaul, introvertiert, dann wieder penibel genau, eitel oder zielstrebig war? Das war es sicher nicht, außer wenn man Josef Bäcks Tochter war.

Auch das hatte ich bald verstanden. All die ungerechtfertigten Vorwürfe und Beleidigungen stimmten mich als Kind nachdenklich. Ja, ich dachte viel, ohne es mitzuteilen. Wie er. In meiner Fantasie war er ein netter, fescher und herzensguter Mann, der mich eines Tages suchen würde. Später standen die anklagenden Vergleiche immer seltener auf der Tagesordnung, bis er in Vergessenheit geriet. Ich vergaß ihn nicht, wenn ich auch nicht mehr so intensiv an ihn dachte. Ich war zu beschäftigt mit dem Erwachsenwerden.

Unter genannten Voraussetzungen war ich sozusagen ein elternloses Kind, das von Tante und Onkel aufgenommen und liebevoll aufgezogen worden war. Mein Onkel hieß übrigens Karl, doch für mich war er einfach nur der Onkel, da ich wie gesagt nur den einen hatte, wie ich zumindest meinte.

Zugegeben, die beiden kritisierten mich gerne. Davon abgesehen, hatte ich eine schöne Kindheit. Für Außenstehende gaben wir vermutlich das Bild der perfekten, gutbürgerlichen Familie ab. Ein stattliches, gut in Schuss gehaltenes Haus in einem wunderschönen Garten in hervorragender Stadtrandlage. Gut situiert, gehobener Mittelstand, keine Skandale. Meine Ersatzeltern hatten gemäß der Familientradition die akademische Laufbahn eingeschlagen. Während sie inzwischen ihren Ruhestand genossen, unterrichtete ich am Anglistikinstitut unserer Universität und führte das Leben einer modernen Single-Frau in der Beletage einer Gründerzeitvilla, in der ich mein großelterliches Erbe mütterlicherseits angelegt habe. *Tutto perfetto*, möchte man meinen.

Mir lief ein kalter Schauer über den Rücken und ich verfluchte gerade das unwirtliche Wetter, als mir meine Tante die Tür öffnete. Bald wurde ich das Gefühl nicht los, dass irgendetwas Unheilvolles in der Luft lag. Beide, also Tante und Onkel, waren einsilbig und jede Herzlichkeit und Heiterkeit, die sie mir sonst entgegengebrachten – mit Ausnahme der erwähnten kränkenden Vergleiche –, waren wie verflogen.

Als begnadete Gastgeberin schnitt sie wenig später den köstlich duftenden, natürlich selbst gebackenen Schokoladenkuchen an, reichte uns die Teller und servierte den Kaffee. Wortlos aßen und tranken wir. Hartnäckig starrten die beiden auf ihre Tassen und Teller und vermieden es, mich auch nur anzusehen. Ich beobachtete sie schon eine ganze Weile und war zunehmend beunruhigt.

Irgendwann hielt ich diese seltsame oder eher ungewohnte Stimmung nicht mehr aus und fragte: „Könntet ihr mir endlich sagen, was mit euch los ist? Zuerst muss ich euch jedes Wort aus der Nase ziehen und jetzt dieses verbissene Schweigen!“

Tante Uschi verschluckte sich daraufhin am Kaffee. Onkel Karl beugte sich zu ihr hinüber und schlug ihr mehrmals energisch auf den Rücken bis sie dies mit „Danke, ist schon gut“ abwehrte.

Ich hingegen runzelte meine Stirn und schaute sie beide erwartungsvoll an. Ich erwartete eine befriedigende Antwort. Dann war allerdings ich diejenige, die sich verschluckte.

Die Tante räusperte sich, stellte ihre Tasse auf den Couchtisch, betrachtete ihre durch die Strumpfhose hervorblitzenden, rot lackierten Nägel und sagte mehr zu sich als zu mir: „Dein Vater ist im Spital.“

Wie gesagt, nun verschluckte ich mich. „Wie bitte?“, entfuhr es mir. Jahrzehntelang war er, mein Vater, nicht existent gewesen, wenn wir von den zweifelhaften „Komplimenten“, mit denen sie ihn und auch mich bedachten, mal absahen. Und jetzt war er der Grund ihrer Niedergeschlagenheit? Das passte ganz und gar nicht zusammen.

„Er ist schwer krank“, setzte sie hinzu und blickte noch immer zu Boden.

„Seit wann habt ihr denn Kontakt zu ihm?“, fragte ich mit zusammengekniffener Stirn.

Endlich blickte sie mir in die Augen und gestand: „Zu ihm selbst überhaupt nicht. Das Heim schreibt uns, wenn etwas los ist.“

Allmählich verlor ich anhand der Aufklärung in homöopathischen Dosen die Geduld. „Was heißt hier Heim? Und was ist, wenn etwas los ist? Könnt ihr mir endlich erklären, was Sache ist?“, entfuhr es mir schon eine Spur lauter.

Dann mischte sich mein Onkel, der bisher nur schweigend auf seinem Sofaplatz gesessen war, ein: „Tina, beruhige dich bitte. Für uns ist das auch nicht leicht.“

„Für mich noch weniger“, keifte ich zurück. „Redet ihr nun endlich oder nicht?“ Dabei fixierte ich sie mit starrem Blick und klopfte mit meinen Fingerspitzen nervös auf die Armlehne des gepolsterten Lehnstuhls, in dem früher meine Großmutter gerne gesessen hatte, wenn sie bei uns zu Besuch gewesen war.

Tante Uschi fühlte sich offensichtlich unwohl in ihrer Haut. Sie erhob sich, ohne mich dabei anzusehen, ging ans Fenster und begann mit dem Rücken zu mir mit ihrem Monolog. Es schien, als ob sie vielmehr den Pflanzen auf der Fensterbank und dem Tischchen davor oder dem Fenster oder irgendjemandem da draußen im Garten die folgende Geschichte erzählen wollte: „Du weißt, wir haben dir immer erzählt, dass dein Vater auf und davon ist, als Dorli mit dir schwanger war. Die Wahrheit ist, dass er nicht freiwillig ging. Wir, also meine Eltern, Karl und ich, haben immer auf den richtigen Zeitpunkt gewartet. Wann ist aber der richtige Zeitpunkt?“

Sie hielt inne, drehte sich kurz zu mir um, schaute mich traurig an und sprach, nachdem sie meinen auffordernden Blick vernommen hatte, wieder mit dem Rücken zu mir weiter: „Josef wurde sehr krank. Die ersten Anzeichen bekamen wir nicht mit, da deine Mutter nichts davon erzählt hat. Im Nachhinein erfuhren wir, dass es erste Veränderungen schon kurz vor ihrer Schwangerschaft gab, die sie nicht zuordnen konnte und nicht ernst nahm. Kaum war sie mit dir schwanger, brach die Krankheit voll aus.“

Ich fiel ihr ungeduldig ins Wort: „Von welcher Krankheit sprichst du denn?“

Tante Uschi drehte sich um, kam auf mich zu, legte mir schützend eine Hand auf meine rechte Schulter und antwortete: „Er wurde schizophren, Liebes.“

„Schizophren?“, stieß ich mit schriller Stimme ungläubig hervor. „Mein Vater ist schizophren? Er ist geistesgestört? Willst du mir das sagen?“ Es schnürte sich alles in mir zusammen. Bilder von vergitterten Krankenzimmern, herum schreienden und tobenden Patienten in Zwangsjacken und Angst einflößenden Ärzten mit riesigen Spritzen auf der Jagd nach Irren und Ähnliches mehr jagten mir durch den Kopf.

Meine Tante tätschelte mir liebevoll die Wange und sagte: „Du musst jetzt stark sein, Tina“, und ging wieder auf das Sofa zu.

Das war hammerhart, auf einmal zu erfahren, einen geisteskranken Vater zu haben. Wäre da nicht besser gewesen, er wäre aus Angst vor der Verantwortung für ein Kind abgehauen?

Mit dieser Einstellung hätte ich mich eher anfreunden können, auch wenn sie mir nicht erstrebenswert und alles andere als entschuldigend erschien. Verzweifelt schüttelte ich den Kopf, kniff meine Augen zusammen und flehte leise vor mich hin: „Das darf doch nicht wahr sein! Bitte lieber Gott, mach, dass das nicht wahr ist!“

Mein Onkel holte mich mit seiner Tenor-Stimme rasch ins Jetzt zurück: „Es tut uns leid, Tina. Leider stimmt das und es gibt keine Zweifel.“

Schmerzverzerrt sah ich die beiden an und fragte: „Warum erzählt ihr mir das gerade jetzt? Warum jetzt, nach all den Jahren?“

Der Onkel forderte seine Frau mit einem Nicken zum Sprechen auf und sie erhob wieder die Stimme: „Tina, Josef ist schon seit x Jahren in diesem Heim. Es ist ein christlich geführtes Haus, das den Kontakt zu den Angehörigen halten möchte und so bekommen wir regelmäßig Einladungen für den Tag der offenen Tür, für das alljährliche Zeltfest im September oder für kleinere Feierlichkeiten auf den jeweiligen Stationen Außerdem erhalten wir immer, wenn Josef in ein Spital verlegt werden muss, eine briefliche Verständigung. Diese häuften sich in den letzten Jahren. Erst diese Woche kam wieder eine. Karl erfuhr vom ärztlichen Direktor des Heims, dass Josef schon wieder eine Lungenentzündung hat und er fürchte, dass er nicht mehr allzu lange zu leben habe.“ Sie unterbrach kurz, warf mir einen mitleidvollen Blick zu und setzte fort: „Karl und ich könnten es uns nie verzeihen, wenn wir dir nicht einmal jetzt davon erzählen. Wir hätten das längst tun müssen, doch waren wir zu feige. Du bist immer ein so liebes, braves Kind gewesen, hast uns nur Freude und Stolz bereitet“, dabei schaute sie mich liebevoll an und wischte sich Tränen aus den Augen.

„Wir hatten Angst, dass dich die Nachricht, dass dein Vater geisteskrank ist, völlig aus der Bahn werfen könnte. Jetzt bist du eine erwachsene Frau, stehst mit beiden Beinen im Leben. Und wenn das stimmt, was der Arzt Karl erzählt hat, hast du nicht mehr viel Zeit, wenn du deinen Vater kennenlernen möchtest. Bedenke, dass er schon einige Lungenentzündungen und mindestens einen Schlaganfall hinter sich hat. Glaube mir, es könnte irgendwann der Zeitpunkt kommen, dass du nach deinen Wurzeln suchen möchtest. Und dann, ja dann könnte es zu spät sein.“

Wir starrten uns traurig und nachdenklich an. Nur unser Atmen und gelegentliches Seufzen erfüllte den Raum. Irgendwann erhob sich Tante Uschi langsam und griff dabei nach hinten an ihren Rücken. Ihr Ischiasnerv dürfte sie wieder plagen, doch ließ sie sich nichts anmerken. Sie rüttelte sanft an einer schmalen Lade ihres antiken Sekretärs, die schon seit Jahren klemmte, und holte einen Brief heraus, den sie mir mit den Worten „Wir überlassen dir, was du damit machst“ überreichte.

Neugierig faltete ich das Blatt auseinander und überflog es: „Heim so und so, aha, Doktor so und so, Telefonnummer und so weiter. In der Folge sehr formell: Wir teilen Ihnen mit, dass sich der Patient, Herr Josef Bäck, seit 8.4.2009 im Krankenhaus so und so in stationärer Pflege befindet. Für weitere Auskünfte wenden Sie sich bitte an … bla, bla, bla.“

Mit einem tiefen Seufzer faltete ich das Schreiben wieder

zusammen und schob es in den Umschlag zurück. „Habt ihr nach diesen tollen Neuigkeiten etwas Starkes für mich? Einen doppelten Whiskey, Grappa oder irgend so ein verdammtes Zeug?“

Onkel Karl sprang lächelnd auf und begann auch schon flötend, „ganz zu ihren Diensten mein Fräulein“, an der Bar zu hantieren.

Wenig später prosteten wir einander zu und ich verzog wie immer mächtig das Gesicht, wenn ich mir Hochprozentiges einverleibte.

Allmählich war ich in der Lage, meine Gedanken zu ordnen und eröffnete ein reges Frage-Antwort-Spiel: „Wie war das, als er krank wurde?“

Tante Uschi räusperte sich und antwortete bedächtig: „Er begann seine Pflichten zu vernachlässigen, ging nicht mehr zur Arbeit, kam sehr spät nach Hause und dann oft angetrunken und er pöbelte deine Mutter an.“

Dann fiel ich ihr ins Wort: „Aber entschuldige, das ist ärgerlich, doch deswegen ist man nicht gleich durchgeknallt. Vielleicht hatte er eine andere? Oder es gab irgendeinen anderen Grund. Ärger im Job? Oder wer weiß, was sonst?“

Dann meldete sich mein Onkel zu Wort: „Tina, dein Vater war ein pflichtbewusster, ordnungsliebender und völlig abstinenter Mann. Vielleicht ein Gläschen zu einem besonderen Anlass, doch er war vorher nie betrunken. Er hat immer gewählt gesprochen, obwohl er einfacher Herkunft war. Er hat deine Mutter stets liebevoll behandelt und auch Kinder wollten sie immer haben. So hätte er sich nie verhalten, wäre er bei Sinnen gewesen."

„Soll ich das so verstehen, dass er auf einmal völlig anders war?", fragte ich und vermochte noch immer nicht zu verstehen, was mir gerade offenbart wurde.

„Ganz recht, mein Kind", antwortete nun meine Tante. „Er vernachlässigte sein Äußeres, sprach wirres Zeug auf der Straße, schlich sich dicht an die Häuser gedrängt am Gehsteig entlang, dass sich die Leute irritiert umsahen. Er redete davon, dass er verfolgt und abgehört würde und auch von weißen Mäusen. Im Viertel wurde getratscht, wenn sie Dorli sahen. Und was noch schlimmer war, er beschimpfte deine Mutter, nannte sie eine Hure und war überzeugt davon, dass du nicht sein Kind wärst." Sie hielt kurz inne, als sie meine schmerzverzerrte Miene auffing und fuhr bald fort: „Es ist schwer zu verstehen, aber er war von einem Tag auf den anderen ein völlig anderer. Er war nicht mehr der, den Dorli geliebt und geheiratet hatte. Und das ausgerechnet während ihrer ersten Schwangerschaft. Sie hatte Angst um ihr Leben und um deines. Stell dir das vor!" Nach einer bedeutungsvollen Pause setzte sie etwas ruhiger hinzu: „Wahrscheinlich kam es deswegen zu diesem Unfall. Sie war mit ihren Gedanken ganz woanders."

Mir war das alles zu viel und ich wähnte mich im falschen Film. „Und was passierte, nachdem er sich so verändert hatte oder völlig durchgeknallt war?", hakte ich mit glasigen Augen nach.

Mein Onkel stammelte irgendetwas von einem Zwischenfall auf der Straße, dass er dann in die Nervenheilanstalt eingeliefert worden wäre und dass meine Mutter davon zu

Hause von Polizisten erfahren hätte. In der Folgezeit hätten sich Zwangseinweisungen, für meine Mutter unerträgliches Miteinander daheim und wieder längere Krankenhausaufenthalte abgewechselt.

„Und was ist mit seiner Familie? Hat sie Mami und ihm geholfen?“, bohrte ich nach. Das Wort Vater oder Papa wollte noch immer nicht über meine Lippen kommen. Die wären keine große Hilfe gewesen, vernahm ich knapp.

„Was war dann, als Mama tot war? Wer kümmerte sich dann um ihn?“, fragte ich neugierig weiter.

„Das war dann wohl Sache seiner Familie“, erklang es kalt und gleichgültig.

„Umsorgten sie ihn gut?“

„Sie gaben ihn bald in ein Heim und dazwischen musste er auch wieder in die Anstalt“, vernahm ich zögerlich.

„Und für euch war die Sache damit erledigt?“, bohrte ich weiter.

Schweigen und Schulterzucken.

Ich schüttelte ungläubig den Kopf. „Heißt das, dass ihr euch nicht mehr um ihn gekümmert und ihn sich selbst überlassen habt, obwohl ihr wusstet, dass er seiner Familie egal war? Er ist noch immer euer Schwager und auch Mitglied dieser Familie, wenn ich euch daran erinnern darf!“

Tiefes Schweigen.

Diese offen demonstrierte Gleichgültigkeit entfachte meinen Sinn für Gerechtigkeit und Loyalität. „Er ist mein Vater, Herrgott nochmal! Wie konntet ihr ihn nur sich selbst überlassen, wenn er doch krank ist?“, sprudelte es aus mir hervor. Jetzt war es draußen. Ja, ich hatte in all der Bestürzung zum ersten Mal „mein Vater" gesagt!

Emotionsgeladen setzte ich nach: „Ist euch das gerade recht gekommen, weil ihr meine Eltern um ihr Kind beneidet habt und selbst keines bekommen konntet? Wie praktisch, dass er außer Gefecht gesetzt und Mutter tot war!"

Das saß. Kaum waren die Worte draußen, wusste ich, dass sie zu hart waren. Ich war ihnen für alles, was sie für mich je getan hatten, dankbar. Das hieß aber nicht, dass ich deswegen alles bedingungslos zu akzeptieren hatte. Mit nicht einmal einem Jahr waren mir meine Eltern, meine eigene, kleine Familie genommen worden. Das konnte ich niemanden verzeihen. Auch ihnen nicht.

Tante saß wie ein begossener Pudel mit feuchten Augen da. Onkel war rasch Herr der Situation und des Hauses: „Jetzt ist es aber genug, Tina. Ich glaube, das war heute etwas zu viel für dich. Vielleicht solltest du über deine Worte bei dir zu Hause nachdenken. Das haben wir ganz sicher nicht verdient!"

„Wirfst du mich gerade hinaus? Ganz wie ihr wollt!", keifte ich zurück und griff auch schon nach meiner Handtasche, die am Teppichboden an den Stuhl gelehnt lag. Am Weg zur Garderobe stellte ich ihnen meine letzte Frage, die viel mehr eine Feststellung war: „Besucht habt ihr ihn vermutlich nie?"

Ihr Schweigen sagte genug.

Tante Uschi versuchte die Wogen zu glätten, indem sie mir zärtlich über den Kopf strich und mich fest an sich drückte. „Es tut mir so leid. Ich hätte dir das wirklich gerne erspart." Zum Abschied überreichte sie mir eine leicht vergilbte Schuhschachtel, die sie bereits vor meinem Kommen vorbereitet haben musste. „Das sind ein paar persönliche Dinge, die ich dir von deiner Mutter aufgehoben habe. Es ist Zeit, dass du sie bekommst.“

Dann fuhr ich mit der geringen Hinterlassenschaft meiner vor etwa vierunddreißig Jahren verstorbenen Mutter nach Hause und fühlte mich zum ersten Mal in meinem Leben als Waise.

***

Genau dieser Karton liegt nun auf meinem Schoß. Ich gebe den Ehering meiner Mutter zurück zu Vaters Manschettenknöpfen in die Schmuckschachtel, verschließe sie und lege sie auf den Beistelltisch. Dann ziehe ich das Tagebuch meiner Mutter mit schwarzem Ledereinband unter dem Bündel von Briefen heraus und beginne wahllos darin zu blättern. Einige Einträge lese ich vollständig und auf einmal ist sie wieder da, die Erinnerung an jenen verregneten Aprilnachmittag vor bald fünf Jahren, als ich dieses Buch zum ersten Mal aufgeschlagen habe. Meine Gedanken gleiten abermals ab.

***

Nach der Auseinandersetzung im Haus meiner Tante und meines Onkels war ich heulend nach Hause gefahren. Den restlichen Nachmittag dieses trostlosen Sonntags verbrachte ich mit der Erkundung des Schuhkartons, den mir meine Tante zum Abschied gegeben hatte. Ich las die rührenden Liebesbriefe meiner Eltern, die sie sich vor ihrer Heirat geschrieben hatten.

Das war in den 60ern des vorigen Jahrhunderts, in einer Zeit, als es noch kein Internet, keine E-Mails oder SMS gegeben und man sich gerne zum Schreiben hingesetzt hatte, um seiner oder seinem Liebsten seine Gefühle in wundervollen Briefen zu offenbaren.

Ich war meiner Tante für dieses Geschenk überaus dankbar, denn so konnte ich mir ein genaues Bild meiner Eltern machen. Eigentlich traurig, sie auf diese Weise kennen zu lernen. Sie mussten sich sehr geliebt haben und eine vorbildliche Ehe mit großem Respekt für den anderen geführt haben. Dies ging aus den ersten Tagebucheinträgen meiner Mutter hervor. Zwischen manchen Seiten fischte ich Fotografien von ihr, von ihm und von ihnen gemeinsam hervor, die sie bei einem Sommerurlaub am Meer zeigten.

Eher zufällig drehte ich das letzte Foto um und sah einen Vermerk auf der Rückseite: „Martina unter dem Herzen." Es rührte mich zu Tränen, dabei gewesen zu sein. So gesehen war dieses das einzige Foto, das ich von uns Dreien hatte, obwohl ich darauf noch nicht zu erkennen war.

Auch wenn Vaters Krankheit damals schon aufgetreten war, machten sie auf diesem Bild einen glücklichen Eindruck. Kamen die Symptome in Wellen? Das einzige, was ich damals über Schizophrenie wusste, war, dass es eine furchtbare Krankheit sein musste. Genau genommen wusste ich nichts darüber, so wie eben das Gros der Bevölkerung. Hörte man Schizophrenie, sah man einen Irren vor sich, vor dem man fürchtete, dass er zum Massenmörder werden könnte. Ich betrachtete jenes Urlaubsfoto noch ein weiteres und längeres

Mal und konnte mir absolut nicht vorstellen, dass mein Vater dem üblichen Klischee eines Geisteskranken entsprach.

Sie haben ein schönes Paar abgegeben. Bei dieser Vorstellung und jener, wie sie voneinander getrennt worden waren, überkam es mich vollends. Alle bisher unterdrückten, in meinem tiefsten Inneren schlummernden Gefühle brachen hervor: Die Trauer um meine viel zu früh verstorbene Mutter, die ich nie richtig hatte kennenlernen dürfen, weil ich mit einem knappen Jahr einfach zu jung gewesen war, um sie richtig wahrzunehmen. Ganz zu schweigen von dem Verleugnen meines Vaters.

Allmählich versiegten meine Tränen und ich betrachtete kraftlos den Berg gebrauchter Papiertaschentücher rings um mich. Ich schnäuzte mich ein letztes Mal, richtete mich auf und las das Tagebuch meiner Mutter nun aufmerksamer. Anfänglich waren die Eintragungen nur sporadisch, meist nur zu besonderen Anlässen gemacht worden. Erst mit dem Krankheitsbeginn meines Vaters wurden die Einträge regelmäßiger und gleichzeitig trauriger. Beim Lesen konnte ich den Wandel von der glücklichen, zufriedenen Ehefrau hin zur besorgten, angsterfüllten, nicht verstehenden Gefährtin und werdenden Mutter verfolgen. Es deckte sich annähernd mit dem, was ich zuvor von meinen Ersatzeltern über die Symptome gehört hatte.

Die Schilderungen meiner Mutter waren naturgemäß genauer und eindringlicher. Die Beschimpfungen hatte sie unter Anführungszeichen offensichtlich genau wiedergegeben. Das ließ mich erschaudern. Dazwischen war die Tinte immer wieder verblasst, vermutlich von aufs Papier tropfenden Tränen. Sie musste sehr gelitten haben. Sie waren glücklich gewesen, hatten im völligen Einklang miteinander gelebt und auf einmal war alles anders. Er war irre und sie als junge Mutter mit ihrem Baby und ihren Sorgen alleine auf sich gestellt. Was für ein Albtraum!

Die Notizen mancher Tage berührten mich ganz besonders:

Heute starrte er den ganzen Tag nur vor sich hin, gab mir keine Antwort und es war, als ob er mich nicht wahrnahm. Am Abend dann eine abrupte Veränderung. Aus dem Nichts schrie er herum und schlug wie ein Wilder um sich. Als ich ihn zu beruhigen versuchte und darauf hinwies, dass er Rücksicht auf die Nachbarn nehmen soll, warf er mir einen Blick zu, den ich nicht beschreiben kann und den ich nicht an ihm kannte. Dann brüllte er: „Du Hure! Das Kind ist nicht von mir! Du hast es mit allen in der Straße getrieben! Sie haben es mir gesagt ...“

Er verletzt mich so sehr, ohne es vermutlich zu registrieren. Er müsste es doch besser wissen, ich habe nie einen anderen angeschaut. Es gab immer nur ihn und wir wollten doch immer Kinder haben ...

... Ich darf das Radio nicht mehr anmachen. Er ist nicht davon abzubringen, dass sie ihn abhören! Wer „sie“ sein sollen, habe ich noch nicht rausgefunden. Gebannt und voller Panik starrte er auf das stumme Gerät ...

Als ich heute aufstand, fand ich am Wohnzimmertisch unzählige Blätter, voll mit wirrem Gekritzel, Zahlen und Pfeilen. Ich getraue mich nicht, ihn danach zu fragen, denn gestern war er wieder ganz besonders laut und ausfällig.

Ich musste mit ihm zur Kontrolle zum Arzt. Es war kein Weiterkommen, denn auf der Straße huschten seine Augen ständig umher, er blickte fortwährend zurück und sprach so wirres Zeug wie sie wüssten, wo er sei, sie verfolgten ihn, er habe sie gerade um die Ecke biegen sehen usw. Als ich den Arzt darauf ansprach, als Josef im Wartezimmer war, sagte er, dass ich Geduld haben müsse bis die Medikation anspreche. Bis dahin wird er wohl immer die Stimmen hören und seine Wahnvorstellungen haben. Geduld haben? Das sagt sich so leicht. Er hat sicher keine Vorstellung, wie belastend das ist! Keiner kann sich das nur im Entferntesten vorstellen!!!

Ich hatte heute einige Besorgungen zu machen und selbst einen Arzttermin. Als ich nach Hause kam, war er weg. Bald klingelten Polizisten, die ihn suchten. Eine Stunde später bekam ich einen Anruf von der Nervenklinik, dass er bei ihnen auf der Geschlossenen aufgenommen worden ist. Schon wieder!

Ich wollte zu ihm, doch sie ließen mich nicht. Er habe die ganze Zeit getobt und deswegen eine Beruhigungsspritze bekommen. Ich habe schon gehört, wie das abläuft. Sie fixieren die Patienten auf der Geschlossenen am Bett und sie werden ruhiggestellt, damit sie ewig schlafen.

Josefs Medikation wurde umgestellt. Er ist jetzt ruhig, doch nicht mehr wiederzuerkennen. Sicher, vor dem Spitalsaufenthalt war er auch nicht der, den ich geheiratet habe. Doch jetzt ist er auch nicht mehr der, der eingeliefert worden ist. Auf einmal hat er einen schlurfenden Gang, ist total apathisch und schwerfällig. Ich glaube an diesem seltsamen Gang würde ich ihn unter Tausenden erkennen. Auch seine Ausdünstung hat sich verändert. Irgendwie sonderbar und mir graut davor. Angerührt hat er mich sowieso ewig nicht mehr. Doch egal, unter diesen Umständen ist mir sicher nicht danach.

Heute ist unsere Tochter zur Welt gekommen. Als ich ins Spital gebracht worden bin, hat es Josef absolut nicht interessiert. Ich denke, er wird mich auch nicht besuchen kommen.

Ich wusste, dass er nicht kommt. Trotzdem ist mir zum Heulen. Martina ist ein hübsches Kind und ihm ganz aus dem Gesicht geschnitten. Der Herrgott will mich doppelt strafen. Zuerst Josefs Krankheit und dann sieht unsere Tochter ihrem kranken Vater unverkennbar ähnlich.

Bevor wir heute in die Kirche fuhren, fragten Uschi und Karl immer wieder, ob er sich nicht umziehen wolle, um mitzukommen. Ich bekam einen Heulanfall und musste mich im Bad noch einmal zurecht machen. Wir kamen beinahe zu spät. Josef war nicht bei der Taufe seiner Tochter, die er sich früher so sehnlich gewünscht hatte! Und ich weiß nicht mehr, wie lange ich diesen Albtraum noch ertragen kann!

Unsere Tochter gedeiht gut, macht mir keinen Kummer und schläft fortwährend. Manchmal ertappe ich Josef dabei, wie er sie feindselig an der Wiege beobachtet, wenn er glaubt, dass ich nicht hinschaue. Ich habe Angst, dass er ihr in seinem

Wahn etwas antut. Manchmal kann ich aus Angst um sie nicht einschlafen.

Mitten in der Nacht weckte er mich auf, um mir etwas mitzuteilen. Ein Redeschwall stürmte auf mich herein. Ich verstand von dem Kauderwelsch null, doch war sein Mitteilungsdrang nicht zu bremsen. Immer wieder fielen mir die Augen zu. Dann rüttelte er mich heftig und befahl mir zuzuhören ...

Inzwischen sah es so aus, als ob es aufwärts ginge, doch jetzt wieder ein Rückfall. Josef ist wieder auf der Geschlossenen. Diesmal konnte mein Vater nichts mehr abwenden. Josef wurde entmündigt! Auch wenn ich sein Vormund bin, finde ich das schrecklich. Er hat keine Rechte mehr. Sein Führerschein ist nicht mehr gültig. Wie soll ich ihm das nur klarmachen, dass er nicht mehr mit dem Auto fahren darf, dass seine Unterschrift nichts mehr gilt ...

Als ich den nächsten und gleichzeitig letzten Eintrag las, war ich erschüttert. Eine neue Perspektive tat sich auf. Energisch klappte ich das Buch zu, sammelte die Taschentücher zusammen, machte mich rasch ein wenig frisch und entfernte vor allem die verwischte Wimperntusche rund um meine Augen. Wenig später war ich wieder im Regen unterwegs, wie sich später herausstellte, wie in Trance.

Es war gegen 22 Uhr, als ich patschnass vom Regen an der Tür meines Exfreundes Leo klingelte. Wir kannten uns seit unserer gemeinsamen Schulzeit, waren lange ein Paar gewesen und hatten es auch einige Zeit mit dem Zusammenleben versucht, was leider kläglich gescheitert war. Vermutlich waren wir zu jung und unreif oder auch zu unterschiedlich.

Wenn ich nur an das alte, stilvolle Gemäuer dachte, in dem ich wohnte und das verglich mit seiner modernen Penthouse-Wohnung im Zentrum, mit dem „stylischen“ Interieur, der riesigen Glasfront in seinem Wohnzimmer und den kalt wirkenden, weißen Wänden. Dazu das einzige Gemälde über seiner riesigen, schwarzen Ledercouch, das mir in Ermangelung meines fehlenden Verständnisses für moderne Kunst nach wir vor nicht gefiel – unser Geschmack hätte gegensätzlicher nicht sein können. Ich schätzte alte Werte, Stilmöbel kombiniert mit Neuem, Bilder, die mich an schöne Situationen in meinem Leben erinnerten, umgeben von Pflanzen.

Verwundert öffnete er mir die Wohnungstür. „Mein Gott, Tina, du bist doch ganz nass! Hast du etwa bei diesem Wetter einen Spaziergang ohne Schirm gemacht?“ Er schob die Tür weiter auf und forderte mich kopfschüttelnd auf, einzutreten. Er sah fabelhaft aus, wie immer: Großgewachsen, schlank, das dunkle Haar perfekt frisiert, schwarze Hose, schwarzes Hemd. Ein wahres Bild von einem Mann. Stets zeigte er ein makelloses Auftreten.

Ich hörte mich stammeln: „Störe ich wohl nicht?“ Erst jetzt nahm ich wahr, dass sich rund um mich am Fliesenboden des Stiegenhauses eine Pfütze gebildet hatte. Er hatte Recht. Ich war klatschnass und hatte das nicht einmal bemerkt. Wo war ich bloß herumgeirrt? Warum hatte ich den Schirm nicht genommen, der doch immer im Kofferraum in Bereitschaft lag? Wo hatte ich geparkt? Hoffentlich fiel mir zumindest das wieder ein.

„Du doch nie, meine Liebe", säuselte er und fiel dann in einen energischeren Ton: „Aber jetzt ab ins Bad. Nimm eine heiße Dusche. Du kennst dich aus."

Ja, ich kannte mich tatsächlich gut aus in seiner Wohnung. Offiziell sind wir schon lange kein Paar mehr, scheinen aber doch nicht so recht voneinander loszukommen. Wir sind der beste Freund des anderen und sobald uns danach ist, suchen wir Trost und Rat beim anderen, was manchmal auch in einem unserer Schlafzimmer gipfeln konnte.

Wir kannten uns in und auswendig und konnten einander nichts vormachen. Beide hatten wir seit unserer offiziellen Trennung keine ernsthaften Beziehungen mehr. Leo angelte sich seither viel zu junge, oberflächliche „Häschen", die in seiner Werbeagentur ein- und ausgingen. Und ich stellte womöglich zu hohe Ansprüche. Kein Wunder, war Leo doch noch immer mein Traummann. Bei formellen Anlässen traten wir nach wie vor gemeinsam auf, was für uns ganz normal war, wie auch mittlerweile für unsere Freunde, die uns manchmal die Frage stellten, was wir machen würden, wenn einer von uns eine ernsthafte Beziehung hätte.

Am Weg ins Bad unterbrach Leo meinen Gedankenfluss: „Ich bringe dir inzwischen etwas Trockenes zum Anziehen und dann erzählst du mir, was los ist."

Wenig später saß ich in seinem riesigen Wohnzimmer mit Blick auf die Dächer der Stadt, bekleidet mit einem seiner *Shorties*, viel zu großen Socken und in seinen Bademantel gehüllt, der so angenehm nach ihm roch. Er hatte das Licht gedimmt und Kerzen angezündet. Nur ich passte mit diesem Outfit und den nassen Haaren ganz und gar nicht in dieses romantische Ambiente. Die viel zu großen Klamotten erfüllten für den Moment ihren Zweck, doch verhüllten sie genau genommen ziemlich unvorteilhaft meinen wohlgeformten Körper.

Leo reichte mir sanft lächelnd ein Glas Whiskey Sour. „Er ist so, wie du ihn gerne magst."

Wir tranken jeder einen ersten Schluck, nachdem wir uns wortlos zugeprostet hatten. *Was machte ich bloß ohne Leo*, dachte ich mir. Dann begann ich ihm emotionsgeladen von meinem furchtbaren Tag, den Enthüllungen und meinen Mutmaßungen zu erzählen. Dann und wann mit glasigen Augen, die ich mir verlegen mit einem Taschentuch, das er mir wortlos gereicht hatte, trocken tupfte.

Leo hörte mir geduldig zu und fragte mich nach Enden meines Monologs: „Was wirst du jetzt tun? Besuchst du ihn?"

Ich schaute ihm nachdenklich in seine sanften, braunen Augen und antwortete, dass ich unschlüssig sei, vor allem weil er mich verleugnet hätte, obwohl es für meine Mutter laut Tagebuch keinen anderen Mann gegeben hätte. Wie sollte ich wissen, was zu tun war?

Leo leerte sein Glas, stellte es unsanft auf den Glastisch und sagte: „Besuche ihn, sonst wird dich die Ungewissheit ewig quälen."

Gewiss. Trotzdem hatte ich enorme Angst vor der Begegnung selbst und vor der Atmosphäre im Heim, zumal ich nicht wusste, welche Kategorie von Patienten dort untergebracht war. Ich fragte mich, ob er noch verrückt war und mir womöglich gleich an die Gurgel ginge.

„Nimm nichts persönlich. Er ist krank und kann nichts dafür“, versuchte mich Leo zu trösten, nahm mich in den Arm und strich mir sanft über den Kopf.

***

Der Wecker klingelt und anfänglich ertaste ich ihn nicht. Ich bin wie gerädert. Nachdem ich die halbe Nacht voller Sorgen wach gelegen bin, kein Wunder. Ich muss mich beeilen, denn ich will noch bei ihm im Krankenhaus vorbeischauen, bevor ich ab 10.30 Uhr Prüfungen abzunehmen habe.

Dann spukt mir wieder der erbärmliche Anblick meines todgeweihten Vaters durch den Kopf. Ich will unbedingt noch einmal zu ihm. Bei all den Krankenhausbesuchen in den letzten Jahren hatte ich oft schon das Gefühl, dass es zu Ende gehen könnte. Trotz allem was er in seinem Leben durchmachen hatte müssen, schien er jedes Mal erneut und unerschütterlich zu kämpfen. Diesmal war es anders. Seine Zähigkeit war ihm abhanden gekommen. Seine Augen schienen gestern nur mehr ins Leere zu blicken. Und dann dieser erstaunlich kräftige Händedruck. Meine innere Stimme treibt mich zu ihm. Er sollte nicht mehr zu viel alleine sein. Ihn zu besuchen, ist das Mindeste, was ich noch für ihn tun kann.

Bevor ich endlich aus dem Bett steige, gehe ich in Gedanken den Ablauf der nächsten Stunden durch. Die Zeit drängt, wenn ich alles bequem unterbringen möchte. Benommen schlurfe ich in meinem Flanellpyjama in die Küche und setze Teewasser auf. Ich schaue neugierig nach draußen, ob es über Nacht wieder geschneit hat. Nein, diesmal nicht, weswegen die Straßenbahnen pünktlich verkehren sollten.

Dann schwirren mir wieder Bilder vergangener Tage durch den Kopf. Seit gestern plagen mich fortwährend Erinnerungen, wie sich in jenem April vor ungefähr fünf Jahren, mein Leben auf einmal gänzlich zu verändern begann.

***

Der Regen vom Vortag hatte endlich geendet. Ein kurzer Blick zum Himmel sagte mir, dass uns die Sonne beglücken könnte. Bevor ich mich richtig darüber freuen konnte, musste ich zuvor diesen unangemeldeten Besuch hinter mich bringen. Gewisse Dinge sollten gesagt und nicht runtergeschluckt werden, war nun meine Devise. Als ich das quietschende Gartentor öffnete und auf die Wiese mit den ersten Frühlingsboten schaute, stellte ich mir vor, wie nach dieser intensiv nassen Periode hier bald alles sprießen und die Natur regelrecht explodieren würde.

Dann drückte ich mit meinem Daumen energisch die Klingel und läutete Sturm. Die beiden hatten mir den gestrigen Tag und folglich auch die nächsten versaut, mir eine schlaflose Nacht beschert und somit sollten sie gefälligst aus ihrem Bett steigen und mir zuhören, was ich ihnen zu sagen hatte. Ich war wütend wie noch niemals zuvor in meinem Leben.

Zugegeben, es war erst 6.30 Uhr und nicht die ideale Zeit für unangemeldete Besuche. Unter den aktuellen Bedingungen war mir das reichlich egal. Ich befand mich in einer Art

Ausnahmezustand und das sollte Entschuldigung genug sein.

Im Haus rührte sich noch immer nichts und so drückte ich ein weiteres Mal, diesmal noch länger und energischer, auf den Klingelknopf und wartete. Währenddessen dachte ich an die vergangene Nacht, den Sturm von Zärtlichkeiten in Leos Kingsize-Bett und den Stunden danach, als ich immer wieder für ein paar Minuten eingeschlafen war, um dann wieder wach zu liegen und nachzudenken, ehe ich meine Nerven für weitere kurze Augenblicke entspannen durfte. Irgendwann hatte ich von diesem aufreibenden Rhythmus genug, habe mich in meinen immer noch nassen Klamotten aus seiner Wohnung geschlichen und bin zum Duschen und Kleidung Wechseln nach Hause gefahren. Und nun war ich hier.

Mein Onkel öffnete mir grimmig die Tür und fuhr mich sauer an: „Sag mal, spinnst du? Was ist denn in dich gefahren? Weißt du überhaupt, wie spät es ist?“

Hinter ihm vernehme ich die Stimme meiner Tante: „Karl, was ist los? Wer ist es?“

Er keifte nach hinten, dass ich es wäre und dann stand auch sie vor mir, in ihrem geblümten Schlafrock.

„Beruhigt euch. Ich weiß, wie spät es ist“, hörte ich mich mit erregter und lauter Stimme sagen.

„Willst du die Nachbarn aufwecken?“, wies er mich zurecht und wandte sich an seine Frau: „Jetzt ist sie auch noch durchgeknallt.“

Darauf die Tante: „Aber Karl, nicht doch.“

Die beiden nervten mich mit ihrer biederen Art. Ich konnte nicht anders, als ihnen verbal eine anständige Ohrfeige zu geben: „Ihr habt sie auf dem Gewissen! Ihr habt sie umgebracht!“

Das wollte ich loswerden. Jetzt war es draußen und ich fühlte mich irgendwie erleichtert. Die beiden befanden sich im Schockzustand, doch fühlte sich die Stimmung zum Bersten an. Intuitiv machte ich am gepflasterten Weg einen großen Schritt nach hinten. Sicherheitshalber, falls meinem Onkel die Hand auskam.

Er war wieder einmal der Erste von den beiden, der die Sprache wiederfand. „Was soll das Tina? Was soll denn überhaupt diese Anschuldigung? Wir haben niemanden umgebracht. Ist das klar genug? Und wenn du dich nicht zu benehmen weißt, brauchst du dich hier nicht mehr blicken zu lassen!“, hagelte es auf mich herein.

„Ganz wie du wünscht! So habt ihr auch meine Eltern hängen lassen, nicht wahr? Wie traurig, dass sich alles wiederholt!“, entfuhr es mir aufgeregt. Mit seiner Uneinsichtigkeit schürte er meinen Zorn.

„Nicht doch, Tina, bleib doch! Komm rein und wir reden drinnen in Ruhe darüber“, versuchte meine Tante einzulenken. Sie hatte offensichtlich Angst, mich für immer zu verlieren. Sie kannte mich zu gut, um zu wissen, dass ich in jeder Hinsicht konsequent war. Oft ohne Rücksicht auf Verluste.

Zeit abzutreten und so machte ich ein paar Schritte aufs Gartentor zu. Dabei schaute ich sie noch immer mit eisiger Miene an und schmetterte ihnen zum Abschied entgegen: „Hättet ihr Mama damals unterstützt, als sie euch um Hilfe gebeten hat, wäre sie jetzt nicht tot! Ihr wisst ganz genau, dass sie sich deswegen umgebracht hat! Es war kein Unfall! Sie ist absichtlich gegen den Baum gefahren! Nur blöd, dass ausgerechnet ihr mir ihr Tagebuch gegeben habt. Dachtet ihr etwa, ich würde es nicht lesen?“ Die Türklinke des Tors in der Hand rufe ich den beiden, die noch immer in ihren Schlafgewändern in der Tür standen, zu: „Ihr habt mir meine Eltern genommen!“

Ich wusste, ich würde Mamas Worte, die ich abends zuvor gelesen hatte, bevor ich zu Leo gefahren bin, niemals vergessen:

Ich bin verzweifelt, weiß nicht mehr ein noch aus. Josef wird nie mehr gesund werden, sagten mir die Ärzte. Wie soll ich meinem Tinchen nur eine gute, starke Mutter sein. Meine Kraft ist zu Ende. Meine Eltern halten mir andauernd vor: „Wir sagten dir doch, dass du ihn nicht heiraten sollst. Er passte nie in unsere Familie. Ein Bauernsohn, das schickt sich nicht.“ Seit Wochen habe ich mich nicht mehr bei ihnen gemeldet, denn ich habe ihre Klagen satt. Sie hatten Josef nie gemocht. Niemand konnte wissen, dass er so krank wird und dennoch liebe ich ihn. Wie wird mir mein Tinchen das jemals verzeihen, dass ich sie im Stich lasse? Meine Schwester wird sicher gut für sie sorgen. Und Josef? Ich weiß nicht mal, ob er es mitbekommt. Bald ist es vorbei, ausgestanden für immer.

Rotz und Wasser heulend fuhr ich mit dem Vorsatz nach Hause, mir ein gutes Frühstück zu bereiten, um bei Kräften zu bleiben, damit meine Studenten nichts von meinem Gemütszustand mitbekämen. Als ich wenig später an mein Erscheinen bei Tante und Onkel zurückdachte, musste ich sogar lachen. Niemals zuvor habe ich sie so sprach- und ratlos gesehen. Noch weniger konnte ich mich daran entsinnen, jemals zuvor in meinem Leben einen so theatralischen, erregten Auftritt hingelegt zu haben. Natürlich wollte ich die beiden nicht verlieren, denn sie waren meine einzige, kleine Familie, die mir geblieben war. Trotzdem konnte ich ihnen ihre Untätigkeit nicht verzeihen. Hätten sie damals nur irgendetwas unternommen, ihr Gehör gezeigt, oder zumindest Mitgefühl geheuchelt, wäre meine Mutter heute womöglich noch am Leben. Mit dieser Kenntnis konnte ich keinesfalls so weiter leben wie zuvor.

***

Hastig eile ich an jenem bitterkalten Februarmorgen 2014 in den ersten Stock hinauf und sehe mich rasch um, in der Hoffnung, mich über den Zustand meines Vaters erkundigen zu können. Ordnungsgemäß teilte mir eine junge Lernschwester mit, dass ich erst bei der Visite um 10 Uhr etwas in Erfahrung bringen könnte. Verärgert, weil ich hier keine zwei Stunden lang warten konnte, blicke ich den Korridor entlang, der vermutlich noch immer so wie vor hundert Jahren aussieht. Ich drücke die Türschnalle vorsichtig nach unten und die hohe, weiße Holztüre öffnet sich mit einem leichten Knarren. Dann trete ich ein in das weiß getünchte Krankenzimmer. Links und rechts von mir je drei Betten. Darin sechs kranke, vornehmlich ältere Männer, von denen niemand meinen Gruß erwidert. Ich vernehme ein schwaches Hüsteln und erkenne darin meinen Vater. Er versucht seinen Kopf zu heben und ihn mir zuzuwenden, als er meine Stimme vernimmt, was angesichts seiner misslichen Lage unmöglich erscheint, denn er liegt oder hängt abgerutscht vom Polster schief im Bett nahe dem Fenster. Wer weiß, wie lange er schon in dieser ungemütlichen Position ausharrt!

„Guten Morgen, was machst du denn?“, begrüße ich ihn mit vorgetäuscht fröhlicher Stimme. In Wahrheit schnürt sich mein Herz bei seinem Anblick zusammen. Es schmerzt, mitansehen zu müssen, dass er hilflos und in irgendwie unnatürlicher Haltung in diesem verdammten Bett liegt und nicht imstande ist, sich aus eigener Kraft aufzurichten.

Überhaupt ist hier alles zum Heulen. Kaum Personal, die Patienten sich selbst überlassen, der Charme eines uralten Spitals. Bloß die riesigen Krankensäle von damals fehlen, wobei sechs Betten pro Zimmer auch schon genug sind. In der dritten Klasse liegt er sozusagen am Abstellgleis. So ist er wie seine fünf mal schweigenden, mal hustenden Zimmerkollegen eine simple Nummer mit irgendeinem Krankenblatt am Bettende.

Unter größter Kraftanwendung versuche ich ihn aufzurichten. Dabei fühle ich mich schwach und unbeholfen und wünschte, dass endlich ein guter Geist bei der Tür hereinkäme. Nachdem ich an ihm mehr oder weniger erfolgreich herumgezerrt habe, richte ich mir einen Stuhl an seinem Bett zurecht und betrachte ihn nachdenklich.

An mir huschen Bilder seiner Krankenhausaufenthalte vorbei, in verschiedenen Stationen und Spitälern der Stadt. Sobald er außerhalb seiner gewohnten und gut funktionierenden Versorgung des Heims war, war ich stets bestrebt, ihn täglich zu besuchen, am liebsten gegen 17 Uhr, um ihm beim Abendessen zu assistieren, weil er aufgrund der Parkinsonschen Erkrankung mit seiner Motorik Probleme hat. Kam ich zu Besuch, animierte ich ihn zum Essen und Trinken, damit es mit ihm wieder aufwärts ging, oft auch in der Sprache wie zu einem Kleinkind: „Schau mal, das noch und dann hast du es geschafft“ oder „Ein bisschen Mus und dann rutscht alles gleich viel besser“ oder „Das sieht aber lecker aus. Mmmh!“ Vieles gelogen, wie auch kleinen Kindern gegenüber.

Zwischen den einzelnen Krankenhausaufenthalten in den letzten fünf Jahren, deren Ursache meist Lungenentzündungen waren, ließen weitere Schreckensmeldungen nicht auf sich warten: ein Nierenzellkarzinom, das angeblich noch klein war und angesichts seines Alters nicht rasch wachsen würde, und ein undefiniertes Etwas, das in seiner Lunge wachse. Angesichts solcher Mitteilungen fragte ich mich, wie viel dieser Mann noch erdulden und erleiden musste.

Sein Hüsteln holt mich in die Gegenwart zurück. Es wird lauter, intensiver und ich springe panikartig auf, um ihm auf den Rücken zu klopfen. Aufgrund des Parkinsons kann er den Schleim nicht aus der Lunge abhusten und deshalb fürchte ich, dass er irgendwann daran jämmerlich ersticken könnte. Er tut mir so unendlich leid und ich kann nichts für ihn tun. Außer ihn zu besuchen, einfach bei ihm zu sein und ein paar kleine Handgriffe zu verrichten.

Auf dem Nachttisch erblicke ich einen Plastiktrinkbecher und reiche ihn ihm. Er nimmt einen winzigen Schluck und ich bin mir nicht sicher, ob er mir nicht nur einen Gefallen machen wollte. Ich beginne mit ein wenig *Smalltalk*. Seit etwa zwei Jahren, seit ihm das Sprechen immer schwerer zu fallen scheint, halte ich Monologe, in denen ich ihm Alltägliches und Banales erzähle, manchmal auch nur, damit etwas gesagt wird und damit ich mir nicht vollkommen nutzlos vorkomme. Dazwischen verfalle auch ich in Schweigen. Und dann holt mich regelmäßig die Vergangenheit ein.

Heute bin ich sehr beunruhigt. Er sieht verdammt krank und alt aus. Irgendwie wirkt er verändert. Als mir auf seinem Nachttisch eine Art Cremepudding auffällt – nach genauerem Betrachten hochkalorische Nahrung in Cremeform – will ich ihn zum Essen animieren, doch er schüttelt den Kopf und haucht ein leises „Nein".

Ich gebe mich geschlagen und stelle das Schälchen wieder zur Seite. „Wie du willst. Ich werde dich nicht zwingen", verspreche ich.

Jetzt ist mir vollkommen klar, was so anders ist. Er will nicht mehr. Er hat genug. Und wenn ich ehrlich bin, kann ich ihn nur zu gut verstehen. Er hat viel zu viel gelitten.

Bald darauf schiebe ich den Stuhl wieder an seinen Platz zurück, wickle mir den Wollschal um meinen Hals, ziehe meine Daunenjacke an und mache mich daran, mich von ihm zu verabschieden und sage ihm dabei – wie ich es immer zu tun pflege – wann ich vermutlich das nächste Mal kommen werde.

Wir schütteln einander die Hände und er drückt so fest wie gestern, dass es mich erschaudern lässt. Ich bin in halbgebückter Haltung und er streicht mir mit seiner freien Hand sanft über meine Wange und blickt mich liebevoll an. Dann richte ich mich auf, gebe ein paar Ratschläge von mir, viel mehr um mich selbst abzulenken: „Bitte vergiss nicht aufs Trinken. Iss bitte auch. Und lass dich hier nicht unterkriegen!" Dabei mache ich mit meiner Hand eine Art Kreis in der Luft, der das Zimmer oder die Station oder das Spital kennzeichnen soll.

Ich weiß, dass er meine Gestik versteht, denn wir sind einander wirklich sehr ähnlich. So wie es mir mein ganzes Leben lang prophezeit worden war. Oft brauchen wir nicht viel miteinander zu sprechen und wissen doch ganz genau, was der andere meint.

Meine Hand hat er inzwischen los gelassen und er macht eine Geste, die ich anfänglich trotz unserer Verbundenheit nicht deuten kann. Er spricht heute überhaupt nicht und auch wenn er es täte, würde ich ihn kaum noch verstehen, da sein Sprechen in den letzten Jahren zunehmend leiser, unverständlicher, beinahe ähnlich dem Brabbeln eines Babys geworden ist. Ich beuge mich deshalb ein weiteres Mal zu ihm hinab und frage ihn: „Papa, was meinst du?"

Dann legt er unbeholfen einen Arm um mich. Mein Gott, wie dumm von mir! Er will mich drücken und ich habe es nicht kapiert! Das „mit dem sanft über die Wange streichen" hatten wir immer wieder, jedoch so richtig gedrückt hat er mich noch nie. Wirklich noch nie, mein ganzes Leben lang! Das war für mich neben dem festen Händedruck und der Essensverweigerung ein weiteres Indiz dafür, dass er sich von mir endgültig verabschieden will. Er weiß, dass er für immer gehen wird.

Ich unterdrücke mit aller Kraft meine Tränen, löse mich aus der etwas unbeholfenen Umarmung, streiche ihm sanft über die Wange, richte ihm die Klingel für das Schwesternzimmer genau so, dass er sie bequem erreichen kann und sage zu ihm nur: „Servus", und fürchte, dass wir uns das letzte Mal lebend sehen. Hastig eile ich aus diesem schrecklichen Zimmer. Ich will nicht, dass er meine aufsteigenden Tränen sieht. Die übrigen fünf Männer starren noch immer vor sich hin, so wie vorhin bei meinem Eintritt. Gerne hätte ich gewusst, was mein Vater in diesem Moment denkt und noch mehr fühlt. Ich zumindest habe Angst. Entsetzliche Angst.

Ein steiniger Weg

I.

Seit meinem äußerst impulsiven Auftritt an jenem Frühlingsmorgen in aller Herrgottsfrühe war meine Beziehung zu Tante und Onkel auf Eis gelegt. Totale Sendepause. Meine Tante hätte gewiss schon ein versöhnliches Gespräch mit mir gesucht, doch hat sie mit Sicherheit mein sturer, spießiger Onkel daran gehindert. Ich für meinen Teil musste mir erst klar darüber werden, ob ich ihnen ihr Verhalten meinen Eltern gegenüber jemals würde verzeihen können. Außerdem hätten sie mir längst die Wahrheit sagen müssen. Mich meinem Schicksal zu stellen, das betrachtete ich als künftige Lebensaufgabe.

Mein frühmorgendlicher Gefühlsausbruch im Vorgarten meiner Ersatzeltern hatte eine beinahe reinigende Wirkung auf mich und gab den Impuls zur Spurensuche. Mich drängte es danach zu erkunden, woher ich mein Gesicht oder so manche Eigenheit hatte. Wo lagen meine Wurzeln? Würde ich meine Verwandten väterlicherseits leiden können? Und warum hatten sie mich in all den Jahren nie gesucht? Warum nur? Vermutlich war ich ein Nichts für sie. Ein bedeutungsloses Etwas, die Frucht eines Geisteskranken.

Vorerst wollte ich meinen Erzeuger zu Gesicht bekommen und je nachdem, wie sich die Dinge entwickelten, vielleicht sogar mehr über ihn erfahren. Ich blieb realistisch genug, mir nicht zu viel zu erwarten. Wären die Umstände nicht so trist gewesen, hätte ich diese Situation als spannend empfinden können.

Am Telefon erklärte ich dem ärztlichen Leiter des Heims ohne Umschweife, dass ich meinen Vater im Krankenhaus nicht selbst besuchen konnte, weil ich nicht wusste, ob er mich überhaupt sehen wollte. Außerdem wollte ich allfällige und unnötige Aufregung vermeiden, um seinen Gesundheitszustand nicht weiter zu verschlechtern. Dann umriss ich dem Arzt kurz die heikle Situation und unterstrich, dass ich meinen Vater eigentlich gerne sehen und kennenlernen würde. Als ich mich reden hörte, fragte ich mich, wie merkwürdig sich meine Geschichte anhören mochte. Was musste mein Gesprächspartner am anderen Ende der Leitung denken, was für abnorme Familienverhältnisse wir hatten. Und ich hätte ihm diese Unterstellung nicht einmal übel genommen.

Der Arzt aber zeigte Verständnis und beruhigte mich sogleich in angenehm sanften Ton, dass mein Vater in ein bis zwei Tagen aufgrund seiner Genesung vermutlich wieder ins Heim rücküberstellt werden würde. Des Weiteren gab er mir die Durchwahl der Stationsschwester, die mir sicher bei einem ersten Zusammentreffen zur Seite stehen könnte.

Ich war erleichtert, da mein Vater die Lungenentzündung überstanden hatte, und gleichzeitig nachdenklich, weil mir ein Besuch im Heim ein nach wie vor mulmiges Gefühl in der Magengegend bereitete. Ein rascher Blick auf die Uhr verriet mir, dass ich noch etwa eine halbe Stunde Zeit hatte, bevor ich mich auf den Weg zur Universität machen musste.

Jetzt oder nie, dachte ich mir und tippte die Nummer der Stationsschwester in mein Schnurlostelefon. Ich hatte Glück, denn Schwester Draga hatte tatsächlich Dienst. Sie meldete sich mit, sagen wir, jugoslawischem Akzent – denn einen Unterschied zwischen slowenischem, kroatischem oder bosnischem Zungenschlag war ich nicht imstande zu erkennen.

Abermals leierte ich meine Geschichte herunter und betonte, dass ich vor einem Besuch vor allem deshalb Angst hätte, weil er mich als Tochter angeblich verleugnet hatte. Und das erleichterte für mich den ersten Schritt keinesfalls. Die mitfühlende Schwester Draga erbat ein wenig Geduld und schlug vor, ihn in den nächsten Tagen auszuhorchen. Wir vereinbarten, in etwa einer Woche wieder miteinander zu telefonieren, doch war sie grundsätzlich zuversichtlich. Nun hatte ich für mein Unternehmen eine Komplizin gefunden.

Der Stein war ins Rollen gekommen und die erste Kontaktaufnahme mit dem Heim erledigt. Der nächste und viel größere Schritt würde unsagbaren Mut erfordern.

In den folgenden Tagen begann ich mich abends über das Thema Schizophrenie zu informieren. Dank Internet ging das äußerst bequem und zügig vor sich. Ich strapazierte die Suchmaschine, machte medizinische Seiten ausfindig, las Berichte von Betroffenen und erstellte schließlich eine Leseliste, die ich Schritt für Schritt abarbeiten wollte. Die Thematik nahm mich gefangen. Ich wollte einfach alles wissen und wollte verstehen, was mein Vater oder meine Eltern mitgemacht hatten.

Ich wollte einfach alles über diese Krankheit in Erfahrung bringen. Jedes noch so winzige Detail. Dabei packte mich der für mich typische Eifer, der oft in Perfektionismus gipfelte. Ich schleppte Bücher von der Bibliothek nach Hause und las darin bis in die Nacht hinein, bis mir schließlich irgendwann die Augen zufielen.

Als ich nach wenigen Tagen morgens immer erschöpfter aus dem Bett stieg, beschloss ich, meine intensiven Lese- und Informationsorgien auf die Semesterferien zu verschieben, die ohnedies in knapp zwei Monaten beginnen würden.

Zwischenzeitlich musste ich mich auf meine Arbeit konzentrieren. Ich hatte Vorbereitungen für meine Vorlesungen und Seminare zu treffen. Außerdem standen in den nächsten Wochen Prüfungen und Korrekturen von Seminar- und Diplomarbeiten auf dem Programm. Mein voller Terminkalender erforderte einen einstweiligen Aufschub meines Vorhabens, Expertin in Sachen Schizophrenie zu werden. Immerhin hatte ich mir inzwischen ein Bild von dieser Krankheit machen können, was sicher hilfreich war, wenn ich meinem Vater das erste Mal gegenübertreten würde.

In einem weiteren Telefonat teilte mir Schwester Draga mit, dass sie meinen Vater, wie vereinbart, so ganz nebenbei ausgefragt hätte, ob er denn Familie, Frau und Kinder hätte. Er hätte verneint und dann wieder Löcher in die Luft gestarrt. Trotzdem hätte sie das untrügliche Gefühl, dass er sich über einen Besuch freuen würde. Wenn ich wollte, könnte ich zuvor noch mit der Stationsärztin sprechen, schlug sie vor.

Spontan packte ich die Gelegenheit beim Schopf. Wichtige und unangenehme Dinge sollten umgehend erledigt werden. Ich hatte an diesem Vormittag keine dringenden Verpflichtungen und konnte mich deshalb für etwa zwei Stunden problemlos vom Institut losreißen. Kaum hatte ich mit Schwester Draga telefoniert, saß ich schon im Auto, mit dem ich aus einer inneren Eingebung folgend morgens anstelle der üblichen Straßenbahn zur Arbeit gekommen war.

Ich fuhr aus der Stadt hinaus, einen der Stadt umgebenden Berg hinauf, von wo ich auf dem Rückweg einen fabelhaften Ausblick auf einen Teil meiner pittoresken Heimatstadt haben würde. Das letzte Stück, mitten durchs Grüne, mit einigen schönen Einfamilienhäusern dazwischen, entspannte mich ungemein.

Genau dort, wo sich beiderseits der Landstraße ein Wald zu erstrecken begann, nahm ich nach der Kuppe rechts die Zufahrtsstraße zum Pflegeheim. Als ich mein Auto in der 30er-Zone langsam ausrollen ließ, tauchte direkt vor mir ein riesiger Komplex auf. Zuerst erblickte ich links und rechts der Straße eine Hand voll Häuser, dann links eine Obstbaumplantage und rechts eine abschüssige Wiese, die nach etwa dreißig Metern in ein Waldstück überging. Bald fiel mein Blick auf eine Baustelle links vor mir, während ich der schmalen Straße rechts dem Gebäude entlang zum Parkplatz folgte. Ich stellte den Motor ab und zögerte auszusteigen.

Er habe keine Familie, hatte er der Schwester gesagt. All zu weit hergeholt war das zugegebenermaßen nicht. Seine Frau war vor langer Zeit verstorben, sein Kind war ihm fremd und seine Verwandten pflegten angeblich kaum Kontakt. Die Chance, dass er sich über mich freuen würde, lag bei fünfzig zu fünfzig. Wagte ich den ersten Schritt nicht, würde ich nie mehr erfahren. Und drängte nicht die Zeit wegen seines labilen Gesundheitszustands?

Impulsiv öffnete ich die Autotür und stieg aus. Vögel zwitscherten und eine leichte Windbrise strich mir durchs Haar. Das Heim hatte wahrlich eine idyllische Lage. Mitten im Grünen, keine direkten Anrainer und kein Straßenlärm.

Jetzt brauchte ich nur noch seine Station zu finden. Nach mehrmaligem Nachfragen las ich „Station Lukas“. Wie originell, zur Benennung Vornamen heranzuziehen! Das merkte sich jeder und zusätzlich wurden Vorurteile vermieden. Selbst ich, als Besucher-Neuling, hatte keine Ahnung, was mich auf Station Lukas erwarten würde.

Bevor ich mich ins Geschehen warf, verharrte ich noch eine Weile im Treppenhaus, um zu verschnaufen. Ich war eindeutig zu schnell die Stiegen hinaufgeeilt und war jetzt völlig außer Atem. Außerdem klopfte seit geraumer Zeit mein Herz stürmisch vor Aufregung. Ich atmete mehrmals tief durch und versuchte mich abzulenken. Das riesige Fenster bot einen Ausblick auf die Baustelle, die mir vorhin aufgefallen war, und einem Grünstreifen dahinter. Die Suche, das Hinaufeilen und Inspizieren der für mich neuen, völlig ungewohnten Umgebung hatten mich derart abgelenkt, dass ich erst jetzt Schreie und Wehklagen vernehme, die von jenseits der dicken Milchglastür zu mir vordrangen und mich zusammenzucken ließen. Oh mein Gott, wo war ich bloß gelandet?

Ich atmete mehrmals tief durch, um mich zu sammeln. „Sei mutig, Tina!“, befahl ich mir. Du bist es ihm schuldig, dachte ich mir, öffnete noch eher zaghaft die Glastür und betrat zum ersten Mal die Station Lukas, um ebenso zum ersten Mal meinen Vater zu besuchen.

Nun drangen die Schreie lauter auf mich ein. Ein Patient rekelte sich am Linoleum des Flurs, weiter rückwärts machte ein anderer fremdartige Bewegungen. Dann ein weiterer Schrei, sonderbare Laute aus einer anderen Richtung. Jedes Mal fuhr ich erneut zusammen. Das Geschrei ging mir durch Mark und Bein. Neugierig fiel mein Blick durch offene Zimmertüren auf bunte Bettwäsche. Manchmal erspähte ich jemanden in einem Bett. In Wahrheit waren es vielleicht fünfzehn Meter vom Eingang bis zum Schwesternzimmer, doch kam mir die Strecke viel weiter vor. Sachte klopfte ich an die offen stehende Tür und die Schwester hob ihren Kopf. Am Gruß erkannte ich den Akzent vom Telefon und so fragte ich: „Schwester Draga?"

Nach ihrem Bejahen gab ich mich zu erkennen. Über das Haustelefon bat sie die Ärztin, auf die Station zu kommen. Währenddessen zeigte mir Schwester Draga, wo sich mein Vater befand. Von seinem Rollstuhl blickte er durch ein Panoramafenster nach draußen. Er rührte sich nicht und kein einziger Laut seiner „Kameraden" schien ihn zu rühren. Ich bewunderte ihn um diese Gelassenheit, diese stoische Ruhe, die er ausstrahlte. Vielleicht ertrug man all dies auch nur, indem man nach draußen schaute und all seine Gedanken auf etwas anderes, fern von hier, fokussierte.

„Das ist sein Lieblingsplatz. Meist ist er hier", erklärte die Schwester.

Mit dieser Erkenntnis blickte ich über ihn hinweg nach draußen zur Wiese und dem Wald. Diese Kulisse war mir bereits vorhin am Parkplatz aufgefallen. Dann schweifte mein Blick weiter zu einem schmalen Streifen am Horizont, der meine Heimatstadt erahnen ließ. Mein Vater hatte sich tatsächlich ein schönes Plätzchen auf dieser unseligen Station ausgesucht. Wäre ich er, säße ich gewiss auch hier.

„Wollen sie zu ihm gehen?", fragte die Schwester und riss mich aus meinen Gedanken.

Ich schüttelte heftig den Kopf und antwortete: „Ich spreche vorher besser mit Frau Doktor.“ Ich war unruhig, hatte Angst und wollte den Moment des Gegenübertretens, des Sich-zu-Erkennen-Gebens noch hinausschieben.

Dann brachte sie mich in sein Zimmer: Gleich rechts vom Eingang führte eine Tür ins behindertengerechte Badezimmer und WC. Links von der Tür ein hoher Wandschrank für die Kleidung. Daran anschließend ein Bett mit einem vollständig gelähmten Patienten. Er gab keinen Laut von sich. Gegenüberliegend, ins Zimmer hineinragend, standen zwei Betten nebeneinander. Das Rechte war das meines Vaters und im Linken lag ein halbseitig gelähmter Herr, der mich zumindest mit den Augen grüßte.

Die hellgrünen Wände, die dazu passende, farbige Bettwäsche und persönliche Gegenstände, wie ein TV-Gerät neben dem Bett meines Vaters oder ein Bild oder eine Stehuhr auf seinem Nachtkästchen nahmen dem Raum zumindest die typische Pflegeheim- oder Krankenhausatmosphäre.

Schwester Draga widmete sich wieder ihrer Arbeit, während ich im Flur auf und ab gehend auf die Stationsärztin, Frau Dr. Trost, wartete. Wenig später führte mich diese in einen gemütlich eingerichteten Aufenthaltsraum, wo sie einen auf einem Sofa lümmelnden Patienten aufforderte: „Wolfi, sei so gut, und lass uns alleine.“

Von der roten Ledercouch hatte ich nun über die vor uns liegende, breite Terrasse hinweg, denselben pittoresken Ausblick wie vorhin durch das Panoramafenster. Beinahe hätte ich vergessen, wo ich mich befand. Frau Dr. Trost war mir auf Anhieb sympathisch und strahlte eine ungemeine Ruhe aus, sodass ich meinen Vater in guten Händen vermutete. Deshalb fiel es mir leicht, mich mit ihr, über ihn, einen für mich noch fremden Mann, zu unterhalten.

Zuerst umriss ich ihr unsere traurige Familiengeschichte, erläuterte ihr mein Anliegen und bat sie, mir in medizinischer Hinsicht Auskunft zu erteilen. Frau Dr. Trost arbeitete erst seit etwa zehn Jahren in diesem Pflegeheim und hatte meinen Vater dort deshalb bei seiner Einweisung und in seinen Anfangsjahren nicht erlebt. Aus seiner Krankenakte wusste sie zu berichten, dass er sicherlich eine aggressive Form der Schizophrenie durchlebt hatte, die sich im Alter jedoch gelegt hatte. Auf mein Nachfragen hin erklärte sie mir, dass er nun keine diesbezüglichen Symptome mehr zeigte, vielleicht sogar geheilt war. Mit absoluter Sicherheit konnte man das nie behaupten, da diese Krankheit in keinen geregelten Bahnen verlief und man nie mit gutem Gewissen voraussagen konnte, ob oder wann der nächste Schub zu erwarten sei.

Ich schaute die Ärztin mit ihrer mütterlichen Ausstrahlung nachdenklich an und kramte in meinem Gedächtnis, was ich über die Prognose der Schizophrenie gelesen hatte. Für etwa ein Drittel der Betroffenen war diese äußerst ungünstig, während bei 40 % der Fälle die psychotischen Symptome kaum mehr bemerkbar wären. Bei lediglich 20 % käme es zu einer völligen Heilung. Darauf hoffend, dass mein Vater zu den begünstigten 20 % gehörte, fragte ich: „Dann kann man von einer Heilung ausgehen, oder?“

„Frau Bäck, verstehen Sie mich nicht falsch, ich wünsche ihm und natürlich auch Ihnen von ganzem Herzen, dass er seine Dämonen endgültig hinter sich gelassen hat. Aber ich kann Ihnen nichts versprechen.“

Diese Antwort wollte ich als Angehörige naturgemäß nicht hören. Ich nickte enttäuscht.

„Lassen Sie uns über seinen momentanen Zustand zufrieden sein“, versuchte sie mich aufzumuntern.

Wiederum nickte ich, diesmal ein wenig erleichtert. „Und sonst? Wie geht es ihm sonst? Hat er sich von seinem Krankenhausaufenthalt gut erholt?“, fragte ich weiter.

„Er ist noch schwach. Es wird aber mit jedem Tag besser.“

Dann kam die Stationsärztin auf weitere Probleme zu sprechen. So hatte mein Vater die Parkinsonsche Erkrankung, litt unter den Folgen eines Schlaganfalls und der damit eingehenden, gestörten Motorik. Weiterhin zeigten sich Anzeichen einer leichten Altersdemenz und die Lunge war von mehreren Entzündungen – wie ich bereits wusste – geschwächt. Ihr entging nicht, dass mein Blick bei dieser Aufzählung nachdenklicher wurde und so wechselte sie von der sachlichen auf die menschliche Ebene: „Ich bin überzeugt davon, dass ihm Besuche gut tun würden. Vielleicht klappt es, dass sie eine Beziehung zueinander aufbauen.“

Ich seufzte tief. Von einer vertrauensvollen Beziehung waren wir noch meilenweit entfernt.

„Mit viel Glück können sie ihn sogar ein wenig aufmuntern, gar beleben“, sprach sie weiter und legte in ihren Blick Zuversicht.

„Wollen wir das Beste hoffen“, antwortete ich halblaut.

Dann griff Frau Dr. Trost in ihre Manteltasche und zog eine

Visitenkarte hervor. „Falls sie irgendwelche Fragen haben, scheuen Sie sich nicht, mich anzurufen."

Dankbar nahm ich die Karte entgegen. Als sie kurz darauf auf Geheiß ihres Piepsers zu einem Notfall davoneilte, drehte sie sich noch einmal um und rief mir zu: „Viel Glück! Sie schaffen das!"

Trotz dieser aufmunternden Worte fühlte ich mich unsicher und unwohl. Es war ungewöhnlich, als Erwachsene dem Vater ausgerechnet im Pflegeheim das erste Mal gegenüber zu treten, noch dazu mit dem Wissen, von ihm als Baby verleugnet worden zu sein. Seine psychotische Vergangenheit beunruhigte mich zusätzlich, zumal sie eine Vorhersage seiner Reaktion unmöglich machte. *Jetzt oder nie*, sagte ich mir und störte Schwester Draga ein weiteres Mal. Diesmal, um sie zu bitten, mich meinem Vater vorzustellen beziehungsweise mir gegebenenfalls beizustehen. Was für eine abstruse Annahme, dass ich beim ersten Zusammentreffen mit meinem Vater auf die Hilfe Fremder angewiesen sein könnte!

Mit einem gewissen Respektabstand von einigen Metern Entfernung beobachtete ich, wie die Schwester auf ihn zuging, ihre Hände von hinten auf ihn legte und zu ihm sagte: „Herr Bäck, Sie haben heute lieben Besuch."

Als Antwort griff er mit beiden Händen zu den Rädern des Rollstuhls hinab. Die Schwester half ihm beim Wenden und wir kamen langsam aufeinander zu.

Dann ging es wie von selbst. Glücklicherweise benötigte ich keine weitere Hilfe. Das Gesicht meines Vaters zeigte keine einzige Regung. Nicht der leiseste Hinweis auf Freude oder Ärger. Er schaute mich ganz ruhig, beinahe emotionslos an.

Die Ruhe, die er ausstrahlte, motivierte mich, weiter auf ihn zu zu kommen. Ich beugte mich ein wenig zu ihm hinab und sagte: „Servus. Weißt du wer ich bin?“

Mit absoluter Selbstverständlichkeit streckte er mir seine rechte Hand zum Gruß entgegen und antwortete: „Servus. Lange nicht gesehen.“

Damit entlockte er mir ein Lächeln und der Bann war gebrochen. Auch er lächelte und zeigte auf einen Stuhl, den ich mir offensichtlich holen sollte. Der Mann hatte Humor. Ja, wir hatten uns lange nicht gesehen. Schätzungsweise vierunddreißig Jahre!

Ich platzierte den Stuhl mitten im Raum und so, dass wir uns beim Sprechen anschauen konnten. Um uns tollten und schrien andere Insassen der Station. Bald hörte auch ich sie nicht mehr. Vermutlich konnte man sich an alles gewöhnen. Wie sonst könnte er das hier ertragen?

Ich musterte ihn genau und er tat es mir gleich. So sah nun mein Vater aus. Dieser Mann war schizophren und vor ihm hatte ich eine Angst gehabt, die sich nun als unbegründet erwies. Das also war der Mann, dem ich so ähnlich sein sollte. Je eingehender ich ihn betrachtete, umso mehr wurde auch mir bewusst, dass unsere Augen dieselbe Farbe trugen, unsere Gesichter ähnlich geschnitten waren oder uns beide eine hohe Stirn auszeichnete.

Nach meinen eingehenden Beobachtungen begann ich, ihm alles der Reihe nach zu erzählen: Dass er mir glauben müsste, dass ich keine Ahnung davon hatte, was mit ihm passiert war. Dass mir Tante und Onkel, immer erzählt hatten, dass er Mama und mich im Stich gelassen hätte. Dass ich nun wusste, dass Mama keinen Unfall gehabt, sondern Selbstmord begangen hatte; – er schaute auf einmal traurig zu Boden –; dass sie mir erst vor kurzem gebeichtet hatten, was damals überhaupt geschehen war. Dass ich wütend auf sie beide war und nicht wusste, ob ich nach diesen Lügen überhaupt noch Kontakt wollte. Bei dieser Offenbarung huschte auf einmal ein zufriedenes Lächeln über sein Gesicht.

Manchmal schaute er mich ein wenig ungläubig oder verloren an und ich war mir nicht sicher, ob er überhaupt verstand, warum er hier in diesem Heim war. Kapierte man als Schizophrener irgendwann, dass man anders tickte? Konnte man akzeptieren, dass man krank und auf Hilfe angewiesen war? Ich hatte keinen blassen Schimmer von alledem!

In den letzten Tagen hatte ich mir immer wieder vorgestellt, wie unser erstes Zusammentreffen ablaufen möge. Einerseits war er ein Fremder für mich und andererseits fühlte ich eine Vertrautheit und Übereinstimmung, wie sie einfach nur zwischen einem Elternteil und seinem Kind sein konnte. Ich war immens erleichtert, dass er mich nicht zum Teufel gejagt oder mir irgendeine Szene gemacht hatte. Er schien meine Gesellschaft zu genießen. Teilweise sprach er undeutlich, doch verwunderte mich das nicht. Vermutlich hatte er sich das Sprechen in diesen langen Jahren der Einsamkeit schlichtweg abgewöhnt.

Auf Fragen zu antworten, war eine Sache. Konversation zu führen, eine andere und wesentlich anspruchsvollere dazu. Mit wem hätte er sich auch nur unterhalten sollen? Mit den

Kameraden hier auf der Station? Zwischen all diesen geistig und teilweise auch körperlich Behinderten wirkte er mit seinem kultiviertem und ruhigen Wesen wie ein Außerirdischer.

Noch immer tobten und schrien Menschen um uns, was wir gänzlich ignorierten. Nach meinem Eröffnungs-Monolog stellte nun er mir ein paar Fragen, die Väter gewöhnlich quälten: Was ich arbeitete, ob ich wohl genug bezahlt bekäme, ob ich einen Mann hätte, der lieb zu mir war, und, und, und.

Dann überraschte er mich noch mit seinem brillanten Gedächtnis. Unaufgefordert teilte er mir mein Geburts- und Taufdatum mit. Letzteres war selbst mir nicht geläufig. Jetzt, da er es mir nannte, kam es mir irgendwie bekannt vor. Ich war vollkommen erstaunt über sein Interesse, denn Mamas Tagebucheinträge schilderten Gegenteiliges. Es hatte den Anschein erweckt, dass ihn weder ich noch weniger meine feierliche Aufnahme in die christliche Glaubensgemeinschaft interessieren würden. Nach dem Wenigen, was ich in den letzten Tagen gelesen habe, wusste ich mittlerweile, dass diese vermeintliche Teilnahmslosigkeit ein Symptom der Krankheit oder auch eine Nebenwirkung seiner Medikation gewesen sein könnte. Trotzdem konnte ich mein Erstaunen nicht verbergen und fragte ihn: „Was? Das weißt du alles?“

Jetzt schaute er mich wiederum an, als ob ich vom Mond käme.

Was mochte er wohl damals, als ich noch ein Baby war, empfunden haben? Wie hatte er „unsere“ Realität erlebt? Konnte er jetzt als einer von dieser schrecklichen Krankheit möglicherweise Genesener – wenn das Fehlen von Symptomen mit Heilung gleichzusetzen war – unterscheiden, was damals

Halluzination oder Wirklichkeit war? Das waren Punkte, die ich gerne geklärt hätte, doch fürchtete ich, dass ich womöglich niemals dahinterkommen würde.

Unser erstes Aufeinandertreffen war so unerwartet nett verlaufen, dass ich jedes Zeitgefühl verlor. Allmählich musste ich wieder zurück zum Anglistikinstitut, um meiner Arbeit nachzugehen. Ich versprach ihm, ihn bald wieder zu besuchen, wenn es ihm recht wäre.

„Wenn es dir keine Umstände macht", sagte er und streckte mir zur Verabschiedung seine Hand entgegen. Diese Korrektheit oder tadellose Umgangsform hatte ich nicht erwartet. Mein ehemals geisteskranker Vater wirkte gänzlich normal. Nur eben alt und krank, irgendwie vom Leben gezeichnet.

Beim Schwesternzimmer vorbeikommend verabschiedete ich mich strahlend und dankend für die Hilfe und kündigte sogleich mein weiteres Kommen an. Die quälenden Laute mancher Pfleglinge begleiteten mich nach draußen.

Erleichtert trat ich den Rückweg zur Universität an. Ich war froh, meiner inneren Stimme gefolgt zu sein. Vermutlich würde auch ich mich an das Heim, die Station und das ganze Drumherum gewöhnen. Beim nächsten Mal würde es sicher noch besser laufen. Meine Freude wurde umgehend von der Vorstellung gebremst, dass mein Vater womöglich jeden langen Tag in diesen vierunddreißig Jahren auf meinen Besuch gewartet haben könnte. Ich wagte mir nicht vorzustellen, wie er sich dabei gefühlt haben könnte. Hätte ich doch nur von ihm gewusst, wäre ich schon viel früher gekommen! Dazwischen schob sich hartnäckig der Gedanke, ob nicht er irgendwann die Initiative ergreifen hätte können. War er zu feige oder zu antriebslos? Egal, ich wollte zumindest ihm keine Vorwürfe machen. Immerhin war er krankheitsbedingt in einer Art Ausnahmezustand gewesen.

Als ich mich meiner Heimatstadt näherte, genoss ich den grandiosen Ausblick. Das prachtvolle Wetter ließ mein Herz hüpfen. Es war ein unbeschreibliches Gefühl, seinem Vater erstmals begegnet zu sein. Gewiss, die Sache mit der Schizophrenie oder dem Heim missfiel mir, doch sonst war es passabel gelaufen. Leider hatte ich mir meinen Vater nicht bei einer Samenbank aussuchen dürfen.

II.

Irgendwann im Mai, also einige Wochen nach meinem theaterreifen Auftritt zu frühmorgendlicher Stunde, stand meine Tante eines frühen Abends unangekündigt vor meiner Wohnungstür. Ich war gerade erst von der Uni nach Hause gekommen und in letzter Zeit hatte intensivste Funkstille zwischen uns geherrscht.

„Du???“, begrüßte ich sie nicht unbedingt herzlich.

„Ja ich. Einer muss den ersten Schritt machen. Du scheinst deine Familie vergessen zu haben“, antwortete sie in anklagendem Ton.

„Und du scheinst vergessen zu haben, dass dein lieber Mann mir die Tür gewiesen hat“, antwortete ich gereizt und lässig an den Türstock gelehnt.

„Du weißt sehr gut, dass das nicht die passende Uhrzeit für einen unangekündigten Besuch war, ganz zu schweigen von deinen haarsträubenden Anschuldigungen“, versuchte sie abzulenken.

Die Formulierung „haarsträubende Anschuldigungen“ reizte mich und ich keifte um eine Spur lauter zurück: „Das waren nicht irgendwelche haarsträubenden Anschuldigungen! Ihr vertragt die Wahrheit nicht!“

„Pscht, Tina. Willst du mich nicht endlich hineinlassen? Willst du Madame mit deiner Schreierei stören?“, erwiderte die Tante mit einem besorgten Blick nach unten.

„Keine Sorge, sie weilt gerade in Paris. Ich kann hier also brüllen und Lärm machen, so viel ich nur will!“, entfuhr es mir trotzig. „Warum bist du hier?“, fragte ich sie mit etwas gemäßigter Stimme und nach oben gezogenen Brauen.

„Du weißt es zu gut, mein Kind. Genießt du es, mich zu quälen?“, fragte sie mit feuchten Augen. „Es tut mir leid, dass wir dir nicht eher davon erzählt haben. Ja, es tut mir leid, wie wir auseinandergegangen sind. Aber dass Dorli gegen den Baum gefahren ist, dafür konnten wir wirklich nichts. Es war ihr eben alles zu viel.“

„Ja genau, und gerade deswegen hätte sie eurer Unterstützung bedurft. Natürlich ist sie selbst gefahren. Wer weiß, ob sie es getan hätte, wenn eure Eltern, ihr nicht immer dreingeredet hätten und ihr euch vermittelnd verhalten hättet. Stell dir mal vor, wie sie sich mit einem Neugeborenen und einem verrückten Mann gefühlt hat? Hast du dir das jemals versucht vorzustellen?“

Ich unterbrach, als ich ihre Tränen bemerkte. Sie wusste, dass sie Schuld hatte. Sie konnte es nur nicht zugeben. Sie litt und irgendwie tat sie mir sogar leid. „Komm rein. Ich wollte mir gerade Tee machen. Willst du auch einen?“, fragte ich und gab ihr damit die Möglichkeit, sich wieder zu sammeln.

Als ich das brühend heiße Wasser in die Kanne goss, fragte ich sie: „Weiß Onkel Karl, dass du hier bist?“

Sie schüttelte sachte den Kopf und tupfte ihre Augen mit einem Taschentuch trocken.

„Dachte ich es mir doch“, murmelte ich, nahm das Tablett und deutete ihr mit meinem Kopf an, ins Wohnzimmer zu gehen.

Während ich die Tassen, die Kanne und einen Teller mit Keksen auf den Glastisch stellte, begann sie Belangloses, das sich in den letzten Wochen zugetragen hatte, zu erzählen. Ich setzte mich ihr in meinem Lederfauteuil gegenüber und gab vor, ihr zu zu hören.

Vermutlich hatte sie meinen gelangweilten Blick aufgefangen und kam endlich auf den Punkt: „Tina, wir sind alle Menschen und machen Fehler. Wie lange willst du uns unseren noch nachtragen? Wir haben doch nur uns. Willst du uns, deine kleine Familie, aufgeben?“ Gut, das war ihre Art, sich zu entschuldigen. Sie sah mich traurig an, bewegte nervös ihre Finger und griff schließlich zur Teetasse.

Ich ließ mir mit meiner Antwort Zeit. Ich nippte ebenso am Tee und beobachtete sie über die Tasse hinweg, stellte sie schließlich ab und begann in bedächtigem Tonfall zu sprechen: „Es ist nicht einfach für mich, entdecken zu müssen, dass sich meine Mutter das Leben nahm, weil sie nicht mehr weiter wusste, weil ihr ihre eigene Familie nicht beistand.“ Die Tante wollte etwas einwerfen, doch gab ich ihr mit der Hand zu verstehen, dass sie mich weiter reden lassen sollte. „Vielleicht hätte bloß ein wenig Unterstützung von eurer Seite ausgereicht. Ich weiß nicht, was sich damals genau abgespielt hat, doch aus ihren Tagebucheinträgen geht eindeutig hervor, wie sehr sie gelitten hat. Und was uns betrifft", ich hielt kurz inne, sah ihr lange in die Augen, ehe ich weiter sprach, „habe ich eigentlich nicht vor, mit euch zu brechen. Vordringlich möchte ich eine Beziehung zu meinem Vater aufbauen und dann muss ich herausfinden, ob ich euch verzeihen kann. Dafür brauche ich Zeit. Ihr wisst ganz genau, dass ich euch für alles dankbar bin. Doch sei einmal ehrlich, im Grunde habt ihr mich mein ganzes Leben lang angelogen. Papa hatte uns nicht aus eigenen Stücken verlassen und vermutlich ist er genauso wenig der schlechte Mensch, den ihr mir fortwährend gezeichnet habt. Ich war kürzlich bei ihm und wir haben uns prächtig miteinander unterhalten." Gut, dass war zwar reichlich übertrieben, denn hauptsächlich hatte ich geredet, doch das musste ich meiner Tante nicht unbedingt auf die Nase binden. „Ich habe mit der Stationsschwester und einer Ärztin gesprochen und er zeigt schon lange keine Symptome der Schizophrenie mehr." Mir entging nicht ihr überraschter Gesichtsausdruck, als ich meinen Monolog weiterführte: „Sicher, jetzt ist er alt und krank und aus anderen Gründen ein Pflegefall und deswegen in diesem Heim sicher gut aufgehoben. Doch was war früher? Verstehst du, diese Frage quält mich. Vielleicht hätte er irgendwann wieder in die Gesellschaft integriert werden und ein menschenwürdigeres Leben führen können. Vielleicht hätte ich ihm dabei helfen können. Er ist seit Jahrzehnten weggesperrt und wartet vielleicht sogar ebenso lange auf meinen Besuch. Verstehst du jetzt, warum ich so wütend auf euch bin? Es hätte vieles für ihn, für mich und vielleicht auch für Mama anders verlaufen können! Inzwischen habe ich einiges über diese Krankheit gelesen und es ist eindeutig belegt, dass Patienten mit familiärem Rückhalt, denen Liebe und Verständnis entgegengebracht wird, viel bessere Chancen haben. Ihr habt mir das Recht vorenthalten, meinen biologischen Vater kennenzulernen und mir stattdessen irgendwelche Lügen erzählt."

Ich griff wieder zu meiner Tasse und machte ein paar kleine Schlucke.

Meine Tante ergriff die Gelegenheit beim Schopf, endlich zu Wort zu kommen: „Tina, ich verstehe dich, doch glaube mir, so einfach war das nicht. Es haben sich bei euch furchtbare Szenen abgespielt. Sogar die Polizei musste mehrmals kommen, da sich Leute über ihn beschwert haben. Manchmal war das ziemlich unangenehm und peinlich."

Erregt fiel ich ihr ins Wort: „Peinlich! Aber sicher! Vor allem für Großvater und deinen Mann. Wenn man sich nicht standesgemäß verhielt, wurde man geächtet! Genau das ist es, was ich dir klar zu machen versuche. Warum habt Großmutter und du eure Männer nicht zur Vernunft gebracht?"

„Du kennst die beiden. Da hatten wir absolut keine Chance. Karl hat damals schon in der Kanzlei mitgearbeitet und wollte seinem Schwiegervater gefallen, machte sich Sorgen um die Reputation."

Wieder einmal unterbrach ich sie aufgeregt: „Gefallen? Das kann ich mir gut vorstellen. Er war immer schon ein Schleimer. Und natürlich, damit er sie später übernehmen konnte. Warum hast du dich nicht stark gemacht? Warum hast du dich von beiden unterkriegen lassen? Du hast doch auch Jus studiert, hättest alle Voraussetzungen mitgebracht! Warum hast du es zugelassen, dass dein Mann statt dir Großvaters Kanzlei übernommen hat?“ Allmählich tat mir meine Tante leid.

„Tina, du hast schon Recht. Doch leider fehlen mir diese Durchsetzungskraft, Standfestigkeit und Geradlinigkeit, die Dorli und ebenso dich auszeichnen. Vater verhielt sich oft wie ein richtiger Patriarch und die Frauen um ihn mussten kuschen. Bloß bei deiner Mutter hat er bis zu einem gewissen Grad ein Auge zugedrückt.“

„Inwiefern?“

„Sie hatte wie ich mit dem Jurastudium begonnen, es dann aber im zweiten Semester hingeworfen, weil es ihr zu trocken war. Dann inskribierte sie Dolmetschen und kam damit nur schleppend voran, weil sie deinen Vater kennenlernte. Als sie das erste Studium hinwarf, war Vater ziemlich verärgert, weil er sich Sorgen machte, was im Kollegenkreis über ihn und seine Familie gesprochen wurde. Trotzdem redete er ihr zu, ihren Weg zu gehen. Er wollte, dass sie etwas studierte, was sie erfüllte. Er hatte eine harte Schale, doch meist einen weichen Kern.“

„Und die Heirat mit Vater ging ihm gegen den Strich, da sie nicht standesgemäß war?“, hakte ich nach, obwohl ich die Antwort ahnte.

„Vater dachte, dass sich Dorlis Verliebtheit bald legen würde. Als es hieß, dass sie heiraten wollten, gab es einen heftigen Streit. Vater fragte Dorli, wovon sie denn leben wollten und war überzeugt, dass die Liebe irgendwann vergehen würde. Du kannst dir sicher gut vorstellen, dass dann das Eine das Andere ergab. Danach sprach Vater wochenlang nicht mit Dorli und Mutter litt sehr darunter. Sie war die gute Seele zuhause, aber das brauche ich dir gar nicht zu erzählen. Wenn deine Mutter einen einfachen Beamten, also einen anderen Nichtakademiker, geheiratet hätte, hätte das Vater vermutlich akzeptiert. Doch ausgerechnet einen Bauernsohn aus der tiefsten Provinz, das war einfach zu viel für ihn. Es passte nicht."

Dieses blasierte, arrogante Standesgehabe erregte mich. „Es passte nicht. So ein Blödsinn! Niemand kann sich seine Herkunft oder Eltern aussuchen! Was war so schlimm daran, ein Bauernsohn zu sein? Hatte er sich etwas zu Schulden kommen lassen? Er hat sicher hart gearbeitet und versucht aufzusteigen."

Meine Tante machte eine Handbewegung und unterstrich sie mit ihren Worten: „Nun beruhige dich, Tina!"

Das tat ich erst allmählich und warf ein: „Was glaubte Großvater denn, wo er Eier, Fleisch, Gemüse oder Getreide herbekam? Von seinen Akten sicher nicht!"

Abermals gebot Tante mit ihrer Rechten Einhalt: „Bitte, Tina, beruhige dich. Glaube mir, ich hatte nie etwas gegen Josef und habe mehrmals bei Vater ein gutes Wort eingelegt. Man hatte ihm seine einfache Herkunft nie angesehen. Sonntags kreuzte er in perfekt sitzenden Anzügen auf, um Dorli abzuholen. Er war blitzgescheit und fleißig. Bevor er Dorli kennengelernt hatte, hat er seinen Bäckerberuf an den Nagel gehängt, um in einer Fabrik zu arbeiten, weil er dort mehr verdiente." Meine Tante unterbrach kurz, als sie mein Lächeln auffing.

„Papa hat mich gefragt, ob ich genug verdiene", erklärte ich.

Jetzt schmunzelte auch sie und antwortete: „Ja, das war ihm immer wichtig. Er hätte gewiss das Zeug für mehr gehabt."

„Siehst du, das ist der springende Punkt. Vielleicht wäre alles nicht so schlimm gekommen, hätte Großvater ihn unterstützt", antwortete ich traurig.

Ich stellte die Tassen, die Kanne und den halbleeren Teller aufs Tablett, lehnte mich wieder zurück und fragte meine Tante: „Wieso hat Mama mit ihrem Dolmetscherstudium nichts weitergebracht? Meine Schuld war es nicht, kam ich doch erst Jahre später zur Welt."

„Vater hatte sich geweigert, sie finanziell zu unterstützen. Sie war es gewohnt auf großem Fuß zu leben und hat Gelegenheitsjobs angenommen, um die Haushaltskasse aufzubessern, bis sie immer mehr arbeitete und immer seltener auf die Uni ging."

Ich dachte eine Weile nach und erwiderte schließlich mit gerunzelter Stirn: „Dann dachte Großvater wahrscheinlich, dass Mama sich von Papa abwenden würde, weil er verrückt geworden war, sich vielleicht sogar von ihm scheiden lassen, ihr Studium wieder aufnehmen und eine brave Tochter sein würde?"

„Möglich."

Dann kam mir etwas anderes in den Sinn. „Warum hat ihn seine Familie hängen lassen?"

Sie kratzte sich verlegen am linken Ohr, ehe sie antwortete: „Sie hatten nie ein inniges Verhältnis zueinander und mit Dorli hatten sie genauso wenig Freude wie meine Eltern mit ihm. Sie sahen in ihr nur eine hochnäsige Städterin. Sie war das genauso wenig wie Josef der dumme Bub vom Land."

„Was kannst du mir noch über sie erzählen?"

„Nicht viel. Wir haben uns nur bei der Hochzeit gesehen und sind nicht wirklich warm miteinander geworden."

„Sonst?", hakte ich hartnäckig nach, als ob ich intuitiv spürte, dass es noch ein wesentliches Detail geben könnte.

Die Tante zupfte auf einmal verlegen an ihrem Rock herum und sah mich forschend an. „Da gibt es schon noch etwas." Sie fing meinen fragenden Blick auf und ließ die Katze endlich aus dem Sack. „Tina, eine deiner Tanten ist auch psychisch krank. Zumindest war sie das, als wir das letzte Mal etwas über sie gehört haben."

„Was", entfuhr es mir, „zwei Fälle in unserer Familie?"

Tante Uschi entgegnete mit milder Stimme: „Leider, Tina. Ich erinnere mich, dass sie bereits krank war, als Josef und Dorli heirateten. Sie ist älter als er. Es passierte nach der zweiten Schwangerschaft. Bei unserem letzten Kontakt, vor zirka zwanzig Jahren, war sie in einem Heim. Mehr können dir sicher die Verwandten deines Vaters erzählen."

„Und diese Verwandten finde ich wo?"

Die Tante schien zu überlegen und antwortete: „Ich erinnere mich nicht mehr, wie dieses Nest heißt. Es ist irgendwo im Dreiländereck, so eine gute Stunde von hier. Zuhause habe ich sicher noch die Adresse."

Dann brannte mir noch eine Frage auf der Zunge: „Warum hat sich meine Verwandtschaft nicht bei mir gemeldet?"

„In den ersten Jahren schickten sie zum Geburtstag oder zu Weihnachten ein kleines Packerl. Das hörte bald auf. Ich weiß nicht warum. Vielleicht, weil sie keine innige Beziehung zu Josef hatten und du seine Tochter warst oder weil er immer behauptet hat, dass du nicht von ihm wärst? Aber ehrlich, ich weiß es nicht."

„Stell dir vor, er wusste sogar mein Geburts- und Taufdatum, als ich ihn besuchte. Er hatte ganz offensichtlich auf meinen Besuch gewartet. Das muss mit seiner Krankheit zusammenhängen, dass er mich verleugnet hat", ließ ich sie mit feuchten Augen wissen.

Tante Uschi kam nicht zum Antworten. Ihr Mobiltelefon vibrierte in ihrer Tasche und lenkte ihre Aufmerksamkeit auf sich. Dann schaute sie mich erschrocken an und sagte: „Oh, mein Gott! Es ist spät geworden. Ich muss jetzt wirklich nach Hause." Sie sah mich ein wenig wehmütig an und fügte hinzu: „Und dann muss ich mir eine Ausrede ausdenken."

„Tante!", entfuhr es mir erregt. „Hab endlich Mumm und zeige ihm, dass er nicht alles mit dir machen kann. Lass dir nicht alles von ihm gefallen! Er soll ruhig sein, mit seinen Affären!"

„Was? Du weißt davon?"

„Sicher. Er glaubte, ich würde es nicht mitbekommen, wenn er im Arbeitszimmer bei offener Tür telefonierte."

„Wir haben dich alle unterschätzt", sagte sie lächelnd.

Schon im Gehen fragte sie: „Und wir zwei Hübschen? Wie machen wir weiter?"

„Lass mir Zeit. Ich muss mir über Vieles klar werden und möchte mein fehlendes Stück Familie, das ihr mir leider vorenthalten habt, endlich kennenlernen."

Sie nickte und hauchte mir einen Kuss auf die Wange. „Ich wünschte, ich könnte das Rad der Zeit zurückdrehen, Tina." Dann eilte sie die Treppe hinunter.

Später gingen mir Gesprächsfetzen durch den Kopf, in denen sich Geschichten beider Familien verbanden. Ich verspürte Mitleid für meine Tante, die unter ihrem Vater und später unter ihrem Mann gelitten hatte, der noch immer jedem Rockzipfel nachlief. Trotzdem war sie für manches Vergangene verantwortlich. Der Gedanke, in eine so sehr von sich eingenommene Familie hineingeboren zu sein, machte mich wütend. „Das ist eine Schande, Großvater!“, schrie ich meine Küchenschränke an.

Diesen emotional anstrengenden Tag wollte ich bei einem anspruchslosen Film gemütlich ausklingen lassen. Wie so oft kam es anders. Fortwährend schweiften meine Gedanken ab und es gelang mir partout nicht, mich auf die seichte Story zu konzentrieren. Schließlich nahm ich wissenschaftliche Bücher zur Hand. Den Fernseher ließ ich zur weiteren Berieselung laufen, auch wenn ich den Film nur unwesentlich mitverfolgte. Ich überflog ein Inhaltsverzeichnis, blätterte rasch weiter und *voilà*: „Das Risiko der Gesamtbevölkerung, an Schizophrenie zu erkranken, liegt bei einem Prozent.“

Dann suchte ich begierig weiter, nach einer Antwort auf einige meiner Fragen. Nach dem Gespräch mit meiner Tante plagte mich das untrügliche Gefühl, eine tickende Zeitbombe in mir zu tragen. Zwei Fälle in einer Generation einer einzigen Familie! Offensichtlich hatten die Bäcks ein beachtliches genetisches Risiko.

Endlich hatte ich das Kapitel „Genetik“ aufgespürt. Hastig überflog ich die ersten Absätze, griff alsbald nach der Fernbedienung und schaltete das Fernsehgerät aus. Mir war nicht mehr nach herrlichen Landschaftsbildern oder einer zu Tränen rührenden Geschichte, die am Ende doch immer gut ausging. Meine eigene Geschichte war ebenso zu Tränen rührend, doch leider ohne Happyend.

Dann begann ich, abermals zu lesen, diesmal aber konzentriert: „Schizophrenie ist eine multifaktorielle, polygene Erkrankung. Vererbt wird bei den polygenen Charakteristika eine Prädisposition zur Entwicklung einer bestimmten Störung … Wir sind überzeugt, dass ein Verwandter eines Schizophrenen einen Teil der genetischen Gesamtanfälligkeit für Schizophrenie erbt, der ein wenig größer ist als bei einem Angehörigen der Allgemeinbevölkerung, der nicht genetisch mit einem Schizophrenen verwandt ist. Mit der erhöhten Anfälligkeit erhöht sich auch das Risiko gegenüber dem normalen Risiko von einem Prozent der Allgemeinbevölkerung…“

Darüber war ich nicht weiter verwundert. Den Fachjargon interpretierte ich dahingehend, dass sich die Krankheit in vielerlei Schattierungen zeigen konnte und bei jedem Patienten anders verlief. Dies offenbarten ebenso die Fallbeispiele, die ich kürzlich gelesen hatte. Was die Prädisposition anbelangte, konnte ich mich erinnern, gelesen zu haben, dass ich, als Verwandte eines Kranken zwar ein gewisses Risiko trug, doch waren verschiedene äußere Faktoren ausschlaggebend, ob die Krankheit tatsächlich ausbrach. Ich blätterte rasch einige Seiten zurück, um auf die beschriebenen auslösenden Faktoren zu stoßen. „Man nehme an, dass sich Schizophrenie eher unter Stressfaktoren entwickelt, wie zum Beispiel bei zwischenmenschlichen Belastungen, Gehirntraumata, niedrigem Geburtsgewicht – das wiederum mit Armut und Schäden im ZNS korrelierte –, negativem Stress, Umweltfaktoren, Drogen, Kopftraumata, Schwangerschaft oder einer Geburt, unverarbeiteten Erlebnissen in der Kindheit und so weiter."

Ich rekapitulierte. Schwangerschaft und Geburt. Somit könnte bei der Tante eine hormonelle Verschiebung die Initialzündung gegeben haben. Und bei Papa? Zwischenmenschliche Belastungen? Mit seinem Schwiegervater und Schwager oder auch seiner Familie? Umweltfaktoren? Negativer Stress bei der Arbeit, Mamas Schwangerschaft? Warum so sehr quälen und nach den Ursachen forschen, wo sich nichts mehr ändern ließ?

Einem inneren Zwang folgend vertiefte ich mich in genaue Beschreibungen der Familienstudien mit dem fraglichen „Material", die auch für mich als Laien spannend und gut verständlich zu lesen waren. Eine Übersicht fesselte mich ganz besonders, die das genetische Risiko der jeweiligen Verwandtschaftsgrade in trockenen Zahlen ohne Rücksicht auf die einzelnen Tragödien festlegte, die dahinter steckten. Der Verfasser differenzierte zwischen erstem und zweitem Verwandtschaftsgrad. Umgehend spekulierte ich. Durch meinen kranken Vater hatte ich ein Risiko von 6 % und durch meine Tante (zweiter Verwandtschaftsgrad) ein Risiko von 2 %, anstelle der durchschnittlichen 1 % der Gesamtbevölkerung. Auf einmal war ich besessen davon, meine Veranlagung in Zahlen auszudrücken und suchte in einem weiteren Buch und las: „Bei Angehörigen ersten Grades liegt das Risiko, ebenfalls an einer Schizophrenie zu erkranken, in einer Größenordnung von 10 %, bei Angehörigen zweiten Grades bei etwa 5 %."

Noch viel versprechender. Obwohl ich mich ermahnte,

einen ruhigen Kopf zu bewahren, stellte ich weitere Spekulationen über mein tatsächliches Risiko an, das je nach Quelle möglicherweise sechs bis acht mal, bis zu zehnmal oder sogar noch höher lag als das der Gesamtbevölkerung. Die rein äußerliche Ähnlichkeit mit meinem Vater trieb meine Angst, selbst psychisch krank zu werden ins Unermessliche, wobei entsprechende Statistiken dies förderten. Im Moment ließ sich nichts mit absoluter Sicherheit vorhersagen. Als ich die Lektüre energisch beiseite räumte, ging mir das Gelesene unaufhörlich durch den Kopf und mir wurde bewusst, wie sehr sich mein Leben in den letzten Wochen verändert hatte. Schließlich fasste ich folgenschwere Entschlüsse: Um meine genetische Belastung nicht weiter zu geben, wollte ich auf Kinder verzichten, denn trotz Verbesserungen in der medizinischen Betreuung waren psychisch Kranke nach wie vor stigmatisiert. Außerdem wollte ich in meinem eigenen Interesse jegliche Risikofaktoren vermeiden. Das hieß sofern in meiner Macht stehend kein negativer Stress mehr, keine unliebsamen, oberflächlichen oder nervenden Zeitgenossen, keine Arzneimittel im Übermaß, keine Drogen, die mich bisher ohnedies nicht interessiert hatten, und auch kein Alkohol. Ich wollte von nun an mein Leben entrümpeln und mich auf das Wesentliche konzentrieren.

III.

Bald folgte mein zweiter Besuch. Wieder war ich die Stufen zu rasch hinaufgeeilt und wieder verschnaufte ich durchs Fenster schauend im Stiegenhaus. Nach mehrmaligem Durchatmen öffnete ich schwungvoll die schwere Glastür. Auch diesmal drangen allerlei Geräusche und Schreie auf mich ein. Ich war hier, um meinen Vater zu besuchen und ihn kennen zu lernen, mit einer Verspätung von mehr als dreißig Jahren. Das zählte und nichts Anderes. Wenn er dieses Ambiente stoisch ertrug, musste mir das ebenso gelingen.

Wie beim ersten Mal streckte er mir souverän seine Hand zum Gruß entgegen und ein Hauch von Lächeln huschte über sein Gesicht. Viel mehr durfte ich mir nicht erwarten, denn bekanntlich fehlte Parkinson-Kranken jegliche Mimik, je nach Krankheitsstadium mehr oder weniger stark ausgeprägt. Wenn ich so wollte, hatte mein Vater im Alter die Schizophrenie gegen die Parkinsonsche Erkrankung eingetauscht. Es lag in den Sternen, ob Letztere als eine Nebenwirkung seiner früheren Medikamente oder lediglich als eine Art Alterserscheinung aufgetreten war, hatte mir Frau Dr. Trost erklärt. Immerhin ein zartes Lächeln. Papa – ich nannte ihn, seit unserem letztem unerwartet netten Zusammentreffen nun liebevoll „Papa", wie ich ihn vermutlich unter anderen Umständen schon längst genannt hätte – deutete in Richtung seines Zimmers und entfernte sich mit dem Rollstuhl von seinem Lieblingsplatz am Panoramafenster. Ich empfand seine sich stumm verhaltenden Zimmerkollegen als nicht störend und fokussierte meine Aufmerksamkeit gänzlich auf ihn. Zu meiner großen Überraschung hatte sich zwischen uns schon eine gewisse Vertrautheit eingestellt. Ich stellte den mitgebrachten Blumenstock in der Hoffnung auf eine bescheidene Nuance von Behaglichkeit auf das Nachtkästchen. Er mochte wie ich Pflanzen und dachte beim Anblick dieses grünen Grußes vielleicht an mich. Dann überreichte ich ihm ein eigens für ihn angelegtes Fotoalbum, worin er meine Entwicklung vom Baby zur erwachsenen Frau mitverfolgen konnte, wann immer ihm danach war. Er schien sich über meine Mitbringsel zu freuen und gab mir anhand seiner Gesten zu verstehen, wo ich sie platzieren sollte. Ordnung musste sein, worin ich ihm sehr gerne beipflichtete.

Er sprach nach wie vor wenig, was ich nicht weiter als störend empfand. Deswegen musste ich die Unterhaltung bestreiten und erzählte ihm eine zensurierte Fassung von den Ereignissen seit dem letzten Besuch. Als ich ihm beim Abschied den Termin des nächsten Besuchs ankündigte, antwortete er: „Ja gerne, wenn es dir keine Umstände macht."

Natürlich machte es mir nicht im eigentlichen Sinn Umstände und gewiss hätte ich Aufregenderes und weniger Belastendes anzufangen gewusst, was mein Gewissen zu verhindern wusste. Einerseits fühlte ich mich dazu verpflichtet, ihn zu besuchen und andererseits wollte ich zumindest einen winzigen Bruchteil des Versäumten nachholen. Ich wollte diesen kranken, alten Mann, der mein Vater war, kennenlernen und ihn ein wenig an mir teilhaben lassen. Mehr durfte ich mir jetzt nicht erwarten.

Als ich mich zu ihm zum Gruß hinab beugte, streichelte er mir sanft meine rechte Wange. Mein Herz schlug einen

Salto. Meine Gerührtheit wechselte umgehend in Wehmut bei dem Gedanken, welchen liebevollen, gut für seine Familie sorgenden Vater er womöglich abgegeben hätte, wenn ihm, wenn uns, das nicht verwehrt gewesen wäre.

Auch Schwester Draga schien sich für uns zu freuen und meinte, dass regelmäßiger, sozialer Kontakt ihm unzweifelhaft gut tun würde. Sie ahnte nicht, wie gut es mir tat. Nicht erwünscht zu sein und nicht seine Wurzeln zu kennen, verursachte einen tiefen Schmerz. Man fühlte stets, dass etwas fehlte, wobei mir dies sonderbarer Weise bis vor wenigen Wochen nicht bewusst gewesen ist. Ich war mit meinem Leben äußerst zufrieden gewesen und hatte mir keine Gedanken über Unvollkommenheit und Herkunft gemacht. Dass ich meine Mutter als Baby verloren hatte, hatte mich nicht belastet, weil ich mich nicht an sie erinnern konnte, sie deswegen in meinen Gedanken nie präsent war und weil ich in Tante Uschi immer so etwas wie meine Mutter gesehen habe. Sie hat mich in Liebe gebettet und mit ihrer Fürsorge umsorgt. Erst mit der Kenntnis dieser Lebenslüge kam vieles ins Wanken. Seitdem ich mich mit meinen Eltern intensiv auseinandersetzte, spürte ich auf eine bizarre Art und Weise vollständig zu werden. Obwohl es anstrengend und belastend war, mich mit unserer Familiengeschichte auseinanderzusetzen, tat es mir unglaublich gut. Ich war dabei, über mich hinauszuwachsen, setzte konsequent Prioritäten, fühlte mich reifer und manchmal sogar stärker. Sobald ich mich an Mutters Tagebucheintragungen erinnerte, haderte ich zum x-ten Mal mit Gott. Gewiss, ich hatte wenigstens jetzt zu meinem Vater gefunden, doch so unsagbar viele Jahre waren untätig vergangen. Weder er noch meine

Mutter hatten mich getröstet, wenn ich mir das Knie blutig geschlagen hatte. Nicht sie waren zu den Schulfesten oder zur Promotion gekommen. Diese Rollen waren Tante Uschi und Onkel Karl zuteil geworden. Auch wenn sie sie bestens ausgefüllt hatten, hätte ich mir gewünscht, dass auch meine Eltern ihren Anteil gehabt hätten. Die Frage nach dem „Warum nur?“ quälte mich tagein, tagaus. In den seltenen Momenten, in denen ich vor Zuversicht strotzte, hielt ich mir vor Augen, dass ich die Vergangenheit ruhen lassen sollte, nachdem mein Leben bisher glücklich verlaufen war. Dann fragte ich mich, warum das Leben so vieler Menschen im Gegensatz zu meinem ohne jede Tragik, wie ein ruhiger Fluss verlief.

IV.

Das Bilderbuchwetter an einem Sonntag im Juni animierte mich zu einer Fahrt ins Grüne. Auf meinem Schreibtisch türmten sich zwar Prüfungsarbeiten, die ich noch zu korrigieren hatte, doch konnte die genauso gut auf den Abend oder den folgenden Tag warten. Nach den letzten hektischen Wochen, wie gewöhnlich gegen Semesterschluss, lechzte ich nach einer Abwechslung.

Die Sonne schien herrlich warm beim Küchenfenster herein. Die Vögel trällerten um die Wette. Und ein zauberhaftes *Potpourri* an Blütendüften animierte tief einzuatmen. Die Natur befürwortete ganz und gar meine Pläne. Ich musste raus aus der Stadt. Und zwar rasch!

Mit einer vagen Idee im Kopf brach ich auf. Kaum hatte ich die Autobahn erreicht, zogen die letzten Wochen an mir vorbei. An der Universität Hektik, die von den kurioserweise erholsamen Zusammentreffen mit meinem Vater im zweiwöchigen Rhythmus durchbrochen wurde. Die Besuche liefen meist nach dem gleichen Muster ab: Meist redete ich und er hörte zu. Wollte er etwas von der Vergangenheit erzählen, ähnelte seine Sprache sehr dem unverständlichen Gebrabbel eines Babys. Ging es um Gegenwärtiges, waren seine Worte klar, wenn auch sehr leise zu vernehmen. Ich ärgerte mich über meine Unfähigkeit, es zu deuten. Er konnte sprechen, gab sich aber zu wenig Mühe oder verweigerte es gänzlich. Laute und Gesten genügten ihm. Gerne hätte ich gewusst, was ihn gerade bewegte oder wie er seine Krankheit damals erlebt hatte, was ihm im Krankenhaus alles widerfahren, was alles genau passiert war. Ja, ich hätte liebend gerne alles gewusst. Jedes noch so unwichtig erscheinende Detail.

Ich sah einzelne Szenen des Films „Einer flog über das Kuckucksnest“ deutlich vor mir: Das Gepäck der Neuzugänge wurde penibel genau kontrolliert und dokumentiert. Die unwürdige Medikamentenausgabe am Schalter mit Lautsprecherdurchsagen. Fixierung mancher Patienten über Nacht und natürlich nur zu ihrem eigenen Schutz, Elektroschockbehandlungen für Unwillige, Unkooperative oder Auffällige. Zittern, dümmliches Grinsen, Grimassenschneiden, Schreikrämpfe, herum tänzelnde oder teilnahmslos und verschreckt in einer Ecke sitzende Menschen in weißen Nachthemden. Diese Bilder zogen an meinem inneren Auge vorbei. Bei den Elektroschock-Szenen – der Patient festgezurrt mit Gummi zwischen den Zähnen – zuckte ich selbst beinahe vom Schmerz ergriffen zusammen. Hatte das eine oder andere mein Vater ebenso über sich ergehen lassen müssen, fragte ich mich. Es war bekannt, dass mit psychisch Kranken in den 1970er Jahren, also in jener Zeit, als bei ihm die Schizophrenie ausgebrochen war, nicht zimperlich umgegangen worden war und die therapeutischen und medikamentösen Möglichkeiten äußerst beschränkt gewesen waren. Somit konnte ich meiner Fantasie freien Lauf lassen. Das ließ mich regelrecht erschaudern!

Sonst machte ich *Smalltalk* und fragte meinen Vater, was er zum Essen bekommen hatte, um ihn zum Sprechen zu animieren. Seinem kulinarischen Bericht konnte ich folgen, seinen Erzählungen über die Vergangenheit, die naturgemäß interessanter gewesen wären, leider nicht. Eigentlich war es egal, ob wir redeten oder uns dazwischen anschwiegen. Er hatte regelmäßig für eine gute Stunde nette Gesellschaft und etwas, das seinem tristen Heimalltag eine zarte Nuance an Farbe verlieh.

Etwa dreißig Minuten von zu Hause entfernt verließ ich die Autobahn und hatte noch eine knappe Stunde Fahrt vor mir. Ich umfuhr Bezirksstädte, kam durch kleinere Ortschaften, deren Namen mir zwar geläufig waren, wobei ich meist verwundert war, dass diese genau dort und nicht anderswo lagen. Diese Gegend hatte ich zuvor noch niemals erkundet und so begleitete mich das eine oder andere Aha-Erlebnis auf dieser Fahrt ins Ungewisse. Der Verkehr nahm merklich ab. Das Land war immer dünner besiedelt. Beiderseits der

Straße Felder, mal eine Pferdekoppel, dahinter ein Streifen Wald und da und dort Einfamilienhäuser und dazwischen ein Flusslauf, der mir seit einer Weile die Richtung zeigte. Einer Tafel entnahm ich, dass ich mein Heimat-Bundesland soeben verlassen habe. Es konnte nicht mehr weit sein, dachte ich. Einige Kilometer Schnellstraße, auf der ich lustvoll aufs Gaspedal stieg. Dem Geschwindigkeitsrausch hätte ich mich gerne weiter hingegeben, doch nach zirka acht Kilometern war Schluss damit. Auf Wegweisern las ich Ortsnamen, die für mich einen fremden, irgendwie sonderbaren Klang hatten. Ein paar Kilometer noch auf der Landstraße, dann sollte ich dort sein. Ich machte Obstbaumplantagen aus und ein Schild klärte mich darüber auf, dass ich mich im „Naturpark Dreiländereck" befand, der sich rühmte, auf Radwegen und Langlaufloipen erkundet zu werden.

Es war sonderbar auf Paps', wie ich ihn in Gedanken seit kurzem liebevoll nannte, Spuren zu wandeln. Als er in noch sehr jungen Jahren, knapp nach dem Ende des Zweiten Weltkriegs, zu seiner Lehrstelle in der nächsten Kleinstadt unterwegs gewesen war, musste er sich mit dem Fahrrad, das damals natürlich keine bequeme Gangschaltung gehabt hatte, auf kürzestem Weg über einen Hügel quälen, während ich bequem mit dem Auto anreiste. Ich war baff erstaunt, dass in einer Region im äußersten Südost-Zipfel Österreichs, in einem Bundesland – dem jüngsten überhaupt –, das seit jeher als das ärmste gegolten hatte, alles picobello herausgeputzt war, mit schmucken Gärten, ohne einem renovierungsbedürftigen Haus oder einem einzigen Schlagloch. Während ich darüber nachsann, bog ich rechts ab, fuhr einen Hügel hinauf und sah bald die Ortstafel des kleinen Heimatdorfes meines Vaters, knapp an der slowenischen Grenze. Klein bezog sich vielmehr auf die Einwohnerzahl, denn die Gemeinde erstreckte sich auf ein weites Gebiet. Die Straße führte bald in Serpentinen in den eigentlichen Ortskern hinab. Am tiefsten Punkt angekommen waren rechts das in Ermangelung an Hecken gut einsichtige Schwimmbad, unmittelbar daneben die Schule, links ein großer Sportplatz, ein kleines Autohaus mit Tankstelle und angeschlossenem Wirtshaus.

Ich stellte mein Auto in der gegenüberliegenden Ausbuchtung an der kaum befahrenen Landstraße ab und hatte keinen weiteren Plan. Ich brauchte ein wenig Bewegung, um einen klaren Gedanken fassen zu können.

Jetzt zur Mittagszeit konnte ich nicht gut bei meinen Verwandten unangemeldet auftauchen. Unangemeldet und ausgerechnet an Sonntagmittag. Es reichte vollkommen, wenn ich ihnen nach dem Essen einen Schock versetzte. Deshalb entschloss ich mich zu einem kurzen Rundgang im Dorf und einem Mittagessen im Gasthof, bei dem ich gerade vorbei gegangen bin. Eine Tafel mit der Ankündigung „Schmankerlwochen“ machte mich neugierig, wenn ich mir in dieser entlegenen Gegend auch nichts Besonderes erwartete. Mit viel Glück könnte ich dort etwas über die Familie Bäck erfahren. In einem Dorf wie diesem kannte man sich und nirgendwo wurde so viel getratscht wie im Wirtshaus. Das Essen konnte noch warten.

Ich spazierte eine steil ansteigende Straße hinauf zu den beiden Kirchen und Friedhöfen, die mir bereits vom gegenüberliegenden Hügel aus beim Hinabfahren in den

Ortskern aufgefallen sind. Hier in diesem entlegenen Winkel gab es für die nicht gerade große Gemeinde tatsächlich jeweils separat Kirche und Friedhof für die Katholiken und die Protestanten, den früheren Glaubenskriegen zum Trotz friedlich nebeneinander liegend. Lediglich die Aufbahrungshalle schienen sie sich zu teilen.

Mein Erkundungsdrang trieb mich noch ein weiteres Stück bergauf, zum Friedhof, wo ich unser Familiengrab vermutete und es letztlich im oberen, zweiten Drittel fand.

Endlich stand ich am Grab meiner Großeltern, die ich nie kennengelernt hatte. Möglicherweise hatten sie mich als Baby gesehen, doch so weit reichte mein Erinnerungsvermögen nicht zurück. Ein merkwürdiges Gefühl hier zu sein, am Grab meiner Blutsverwandten, meiner Vorfahren, den Eltern meines Vaters, die für mich Fremde waren. Auf einmal hatte ich das Bedürfnis, mich ihnen vorzustellen. Irgendwo unterhalb vor mir lagen ihre Gebeine. Ich hatte keine Ahnung, ob mich ihre Seelen hören konnten und stellte mir einfach einen beinahe gesichtslosen alten Bauern und seine Frau vor. Ich hielt einen kurzen Monolog, halblaut, aus Furcht, dass mich hier jemand für verrückt halten könnte. Als ich fertig war und endlich um mich blickte, war evident, dass meine Sorge vergeblich war. Keine Menschenseele weit und breit. Nur die Vögel zwitscherten fröhlich. Bevor ich den Rückweg antrat, begutachtete ich mit dem Grab im Rücken die Aussicht: Unterhalb des Friedhofs erkannte ich die beiden Kirchturmspitzen und weiter dahinter, vermutlich Richtung Slowenien, erstreckte sich ein Wald, wie auch rechts von mir und hinter mir. Dann schaute ich nach links und erkannte weit vor mir die Straße, die ich vorhin hinab gefahren war, daneben Felder, Obstbäume und in die Landschaft eingestreute Häuser. Für eine Städterin wie mich war diese Ruhe einfach unglaublich. Kein Straßenlärm. Nur die Laute der Natur waren zu vernehmen.

Mein Magen ermahnte mich, den Rückweg einzuschlagen und beim „Schmankerlwirt Lampe“ einzukehren. Die Bedienung war prompt und herzlich. Kaum hatte ich bestellt, wurde schon bald die herzhaft, würzige Tagessuppe auf der sonnigen Terrasse serviert, sodass ich meinen Blick von den beiden Kirchen und den ihnen zu Füßen liegenden wunderschön in Blüte stehenden Bäumen losreißen musste. Als Hauptgang folgte eine Strudeltrilogie. Nett angerichtet und nicht minder köstlich. Als die Kellnerin abservierte und mich nach weiteren Wünschen – Kaffee oder Dessert? – fragte, bat ich sie, mein Lob an den Koch weiterzuleiten. Dann erst gab sie sich als die Chefin zu erkennen, die mich voller Stolz aufklärte, dass dieser geniale Koch ihr Mann war. Wider meine Gewohnheit entschied ich mich für eine Nachspeise. Mittlerweile wusste ich, dass ich nicht so bald und sonst wo etwas Besseres bekommen würde. Wie schnell hatte ich meine ursprüngliche Meinung revidieren müssen. Als ich mir einen Löffel voll Beerenmus in den Mund schob, stand auf einmal der Chef und Koch in einer Person in einem weißen Arbeitsmantel an meinem Tisch. Ich gestand ihm, dass ich noch nie so gute Strudeln mit so raffinierten Füllungen gegessen hätte und überschlug mich mit meinem Lob. Er nützte sogleich die Gelegenheit zum Fachsimpeln und um die Werbetrommel zu rühren. Es war die Rede von „Produkten aus der Region“, „alles hausgemacht“, „Besinnung auf das Ursprüngliche“, „laufende Überarbeitung der Speisekarte“ und

„Spezialitätenwochen“. Auf einmal wechselte er das Thema und fragte mich: „Machen Sie hier Urlaub?“

Was für eine Frage! Ja, sicher, die Landschaft idyllisch und absolute Ruhe. Aber alleine wandern und Rad fahren in dieser Einschicht? Ich versuchte mein Erstaunen über diese absurde Frage hinter einem süßen Lächeln zu verbergen und antwortete in der Hoffnung, bei dieser Gelegenheit nützliche Informationen zu erhalten gerade heraus: „Nein. So komisch das klingen mag, ich bin auf der Suche nach Verwandten.“ Ich fing seinen verwunderten Blick auf und fügte erklärend hinzu: „Wir hatten bislang keinen Kontakt. Alles ziemlich verzwickt.“

Ich schien ihn neugierig gemacht zu haben. „Wie heißt denn Ihre Familie, wenn ich fragen darf?“

„Bäck“, erwiderte ich knapp.

„Welche denn?“, hakte er nach.

Ach so, da gab es mehrere? Dann nannte ich ihm die Vornamen, die ich kannte und setzte hinzu, dass sie am Hof meiner Großeltern lebten. Auch die Adresse gab ich ihm preis, mit der ich wiederum nicht viel anfangen konnte.

Meine knappen Informationen schienen auszureichen. Er zeigte sogleich in eine Richtung und erklärte mir den Weg. Der Hof liege da hinten im Graben, schloss er und schaute mich dabei nachdenklich an. Dabei malte ich mir aus, dass er sich womöglich nicht vorstellen konnte, wie ich zu den Bäcks, wie er sie kannte, gehören mochte. Zu mehr kamen wir nicht mehr, denn er musste wieder zurück in die Küche. Mit den Worten „kommen Sie doch wieder“ verabschiedete er sich.

„Ja, gerne, wenn es mich wieder in diese Gegend verschlägt“, antwortete ich.

Wenig später fuhr ich genau jene Strecke, die mir Herr Lampe zuvor beschrieben hatte. Ein flaues Gefühl machte sich auf einmal in der Magengegend breit. Vom Essen kam das bestimmt nicht, viel mehr von meinem ganz persönlichen Gang zu Kanossa. Was wollte ich ihnen eigentlich sagen? Was wollte ich erreichen? Ich hatte noch immer keine konkrete Vorstellung, weshalb ich gezwungen war, die Regie dem Zufall zu überlassen.

Die schmale Holzbrücke über den Bach, die beim Überfahren „klack, klack" machte, lag direkt hinter mir. Die schmale Straße führte nun in Serpentinen steil bergan. Eine weitere scharfe Kurve und dann war Endstation, am Hof meiner Ahnen. Scheu um mich schauend stieg ich aus und fühlte das Pochen meines Herzens bis zum Hals hinauf. Rechts vom Zufahrtsweg ein typischer, mit einem Holzzaun eingefasster Bauerngarten. Direkt dahinter flatterte Wäsche im Wind. Dann drehte ich mich ein wenig und sah vor mir die Wiese sanft abfallen. Hühner liefen frei herum. Ich vernahm das Grunzen von Schweinen und machte sogleich den hinter einer Hecke gelegenen Stall aus. Zögerlich ging ich auf das Haus zu. Es war in mehreren Bauphasen vergrößert und aufgestockt worden und bildete mit dem Kuhstall – anhand der offen stehenden Tür konnte ich ihn als solchen erkennen – und den Scheunen einen von drei Seiten umschlossenen Innenhof, der auf der gegenüberliegenden Seite durch ein Holztor wie auch über die Zufahrt, auf der ich gekommen war, zugänglich war. In der Mitte des Hofes war ein Traktor abgestellt und etwas abseits lag Spielzeug verstreut. Eine Leiter führte zum Heuschober hinauf. An der Holzwand der Scheune hing Pferdegeschirr, vermutlich Souvenirs längst vergangener Tage. Ich konnte nicht sagen, wie lange ich diese Kulisse auf mich wirken ließ. Ich stand wie angewurzelt da und betrachtete, nein, begaffte viel mehr alles. Es war mir wichtig, eine Vorstellung davon zu bekommen, wie und wo mein Vater aufgewachsen war. Es war sein Elternhaus, vor dem ich mich jetzt befand.

Auf einmal schreckte mich die Stimme eines kleinen Mädchens auf. „Grüß Gott“, sagte es laut und deutlich.

Ich schaute sie ein wenig verwundert an und erwiderte: „Grüß dich! Sind deine Eltern zuhause?“

Ohne mir zu antworten, rief sie ins Haus hinein: „Mutti, da ist eine Frau für dich!“

Von drinnen vernahm ich: „Wer ist’s denn?“

Das etwa fünfjährige Kind mit zu Zöpfen gebundenem schwarzem Haar, wandte sich wieder mir zu und ich stellte mich ihr nun vor: „Martina Bäck.“ Dann rief sie meinen Namen nach drinnen zur Mutter.

Das hatte Wirkung gezeigt, denn umgehend öffnete sich eine weitere Tür und eine Frau – vielleicht einige Jahre älter als ich – stand jetzt in Arbeitskleidung und mit einem irgendwie entsetzten und gleichzeitig verwunderten Gesichtsausdruck vor mir. „Martina Bäck?“, fragte sie und ich hätte zu gerne gewusst, was in diesem Moment in ihr vorging. Rasch setzte sie noch irgendwie ungläubig hinzu: „Die Tochter von Josef Bäck?“

„Ja, genau die. Und mit wem habe ich die Ehre?“, entgegnete ich. Es war keck, sie so forsch zu fragen. Immerhin war ich diejenige, die hier unaufgefordert erschien. Innerlich amüsierte ich mich köstlich, ihr diesen Schreck versetzt zu haben. Das konnte noch ein heiterer Nachmittag werden. Erleichtert stellte ich fest, dass das flaue Gefühl sich allmählich verabschiedete und ich meine Sicherheit zurückgewann.

„Ich bin die Cousine“, stotterte sie beinahe und setzte nach, „dann sollten wir „du“ sagen.“

Ich nickte zustimmend. Jetzt erst kam mir in den Sinn, dass ich mich für mein plötzliches Auftauchen noch nicht entschuldigt habe. „Es tut mir leid, dass ich nicht vorher angerufen habe. Ich habe mich heute spontan zu einem Ausflug hierher entschlossen.“ Rückblickend war es gewiss die richtige Entscheidung, mich nicht angekündigt zu haben. So war der Überraschungseffekt größer und das Verhalten meiner Verwandten vermutlich unverfälscht.

Meine Cousine schien sich vom ersten Schreck erholt zu haben, schaute mich noch immer ernst an und sagte: „Dann komm rein.“ An ihre Tochter wandte sie sich im gleichen Ton: „Bist du schon mit allem fertig?“

Was das auch immer heißen mochte.

Hinter meiner neu gewonnenen Cousine trat ich ein in die Küche oder „Stubn“, wie sie sie nannte. Ich fragte mich gerade, ob ich mit ihr je warm werden könnte und ob es eine gute Idee gewesen war, hierher zu kommen. Jetzt war es nicht mehr zu ändern und ich musste es irgendwie zu Ende bringen.

Ich solle mich setzen, sie habe noch ein wenig zu tun, sagte sie, ohne mich dabei anzusehen und ohne jede Wärme in der Stimme. Umgehend widmete sie sich dem Geschirr, das noch darauf wartete, gespült und weggeräumt zu werden. Als ob mich das brennend interessieren würde, erklärte sie, dass die

Renovierung der in die Jahre gekommenen Küche für sie bald manches erleichtern würde. Ihre Eltern wären unglücklich, da auch der große, alte Ofen, mit dem sie bisher geheizt und gekocht hätten und bei dem der Opa so gerne auf der Bank gesessen wäre, auch weg käme. Der Opa? Ach so, jener, den ich vorhin am Friedhof besucht habe. Es war sonderbar sie von ihrer Familie reden zu hören, die auch meine war. Bloß, dass ich keinen Bezug zu ihr hatte. Ich hätte mich genauso gut in irgendein anderes, fremdes Haus setzen und mir das Geschwätz der Leute anhören können. Es hätte mir genauso viel gesagt. Diese Erkenntnis stimmte mich traurig und gab mir gleichzeitig Energie, anzuklagen, was meinen Eltern und mir angetan worden war. Durch Ignoranz oder Verdrängung, das wiederum machte keinen Unterschied.

Wir schwiegen uns an und ich musterte die „Stubn", in der ich auf einem abgewetzten Kissen saß und durch das Fenster nach draußen sah: in den Garten, zu den Hühnern und die Hecke beim Schweinestall.

Ich beobachtete meine Cousine und überlegte, wie unterschiedlich wir zumindest rein äußerlich waren: Sie, die Bäuerin, mit vom Wetter gegerbten Gesicht. Das schwarze Haar, ein wenig strähnig und fettig, lieblos mit einem Band nach hinten gebunden. Die Hände kräftig von der vielen Arbeit. Sonst ein wenig füllig, doch keinesfalls dick. Ich hingegen, die strikt aufs Äußere bedachte Städterin. Zwei Welten prallten aufeinander.

Sie machte gerade Kaffee für mich, als die Tür aufging und ein alter Mann mit kugelrundem Bauch eintrat. „Wen hama denn da?", fragte er sogleich.

Meine Cousine kam mir zuvor und sagte: „Sie ist Onkel Josefs Tochter.“ Es schien ihm die Sprache verschlagen zu haben.

„Willst auch an Kaffee?“, fragte sie darauf ihren Vater.

„Auf den Schreck'n schon“, erwiderte er und schlurfte zu mir an den Tisch. Er streckte mir die Hand entgegen und sagte: „Grüß Gott! Ich bin der Bruder deines Vaters.“ Er setzte sich fensterseitig, also mit Respektabstand zu mir, auf die Bank.

„Und ich bin Martina, wie du vermutlich weißt.“ Wie lief das steif! Das konnte noch etwas werden. Was hatte ich auch erwartet? Dass sie mich nach Jahrzehnten liebevoll in den Arm schlossen? Hatten sie nicht auch meinen Vater, der ihnen verwandtschaftlich gesehen näher als ich stand, nicht auch vergessen?

Die Cousine stellte einen Teller voll Kuchen, Tassen, die Kaffee- und Milchkanne auf den Tisch und sagte beim Setzen zu ihrem Vater: „Mutti hat sich hinglegt. Es geht ihr heut net so guat. Das Herz wahrscheinlich.“

Das Frage-und-Antwort-Spiel konnte beginnen. Begleitet von einem verlockend duftenden, hausgemachten Kuchen und einer dünnen, schwarzen Suppe, die sie Kaffee nannten. Ich wollte gerade auf die Frage, warum ich sie gerade heute, nach all den Jahren besuchte, antworten, als die Tür, durch die auch vorhin der Onkel gekommen ist, aufging. Eine gebückte, alte, Frau – die weiß-grauen Haare zu einem Knoten zusammengesteckt – kam zu uns in die Stube und wurde von ihrer Tochter aufgeklärt, wer ich war. Sie begrüßte mich bisher am freundlichsten von den dreien: „Servus, Martina. Ich bin deine Tante. Schön, dass du uns besuchst.“

Der Zeitpunkt war günstig gewählt, denn jetzt konnte ich allen dreien auf einmal erklären, warum es mich in diese Gegend verschlagen hat. Ich tischte ihnen eine Kurzfassung der Ereignisse der letzten Wochen auf: Vom Geständnis meiner Tante an jenem verregneten Sonntag im April dieses Jahres, von der Kontaktaufnahme im Heim bis hin zu den Besuchen.

Dann betretenes Schweigen und der Hinweis der Tante, dass ich noch gar nichts vom Kuchen gegessen hätte und dass der Kaffee doch schon kalt sein müsste. Ich bat um ein Glas Wasser und schwindelte, dass ich den Kaffee besser lassen würde, weil ich wegen der ganzen Aufregung um meinen Vater in letzter Zeit öfters Magenprobleme hätte. Ein besorgter und verständnisvoller Blick der Tante war mir sicher. Der Onkel wollte sich nicht so recht am Gespräch beteiligen, blickte immer wieder auf die Uhr und teilte mir mit, dass er bald weg müsste, da er in Funktion des Pfarrgemeinderates noch etwas Dringendes, Unaufschiebbares zu erledigen hätte. Ich wollte gerade danach fragen, warum sie nie den Kontakt zu mir gesucht hatten, als der Onkel aufstand.

Die Tante erbat Aufschub: „Aber bleib noch ein bisserl, wenn uns Martina schon mal besucht.“

Ihr Wunsch blieb ungehört. Er tat noch ziemlich geschäftig, teilte den beiden Frauen mit, wann sie mit ihm wieder rechnen könnten und dann fiel auch schon die Tür ins Schloss.

Meine Cousine musterte mich nach wie vor ernst und machte sich daran, das Geschirr abzuräumen, als ihre Mutter zu mir sagte: „Das war wirklich eine gute Idee, dass du uns endlich besuchst.“

Dieses „endlich“ war nun mein Stichwort. Ich verzog den Mund zu einem verkrampften Lächeln. Dann gab ich mir einen Ruck und fragte sie, warum sie nie von sich aus den Kontakt zu mir gesucht hatten.

Nach so vielen Jahren kam mir ihr Vorname einfach nicht über die Lippen und so blieb sie für mich auch in Gedanken „die Tante“, womit eine gewisse Distanz gewahrt blieb. Nun gab die Tante kleinlaut zu: „Der Josef hot doch immer gsagt, dass d'net sei Kind bist. Wir ham ihm nur glaubt.“

Entsetzt konterte ich, nun bestimmter und um eine Spur lauter: „Kam euch nie in den Sinn, dass er mich nur wegen seiner Krankheit verleugnet haben könnte?“ Dann musste ich mich zusammen nehmen, um sie nicht nachzuäffen „Wir ham ihm nur glaubt!“.

Vielleicht kam ihr das vorgebrachte Argument auf einmal ebenso fadenscheinig vor, denn sie versuchte einzulenken: „Am Anfong hama zu bsondren Anlässen klane Packerln gschickt. Vül konnt ma jo net gebn“, gestand sie und zeigte zur Erklärung mit der Hand um sich. „Anfangs hat dei Tant no Bülder von dir gschickt, das hot si dann aufghört. Wir dochtn holt, dass sie kan Kontakt mit uns hobn wolltn, so vornehm wie's warn.“

Das konnte ich nun glauben oder nicht. Andererseits deckte sich das auch wieder mit dem, was Tante Uschi von den Standesunterschieden und Vorurteilen berichtet hatte.

Meine Cousine hantierte wieder in der Küche herum und ihre Mutter machte sich daran, nach einigen Fotos, die sie mir nun unbedingt zeigen wollte, im Wohnzimmer, das hinter jener Tür, durch die sie vorhin gekommen war, zu liegen schien, zu suchen. Erstaunlich rasch war sie wieder bei mir. Meine Tante war eine nette Gastgeberin und es schien ihr ein Anliegen zu sein, mir umgehend meine Familie vorzustellen, wenn auch nur auf alten Fotografien. Irgendwie rührte mich das. Sie erklärte bereitwillig: Hier sind deine Großeltern, das ist die Tante, der Onkel oder Cousin so und so, hier deine – also meine Eltern –, das Haus wie es früher ausgesehen hat und das ist Tante Erika. Sie hielt auf einmal inne und schaute mich betrübt an. „Weißt von ihr?“

Ich nahm an, dass es sich nach dem traurigen Blick zu schließen, dabei um jene Tante handelte, die genau so wie Papa psychisch erkrankt war. Deshalb nickte ich und ließ sie erzählen. Währenddessen betrachtete ich das Schwarz-Weiß-Foto genauer. Diese Frau, meine Tante, war einst bildhübsch gewesen. Sicher die hübscheste der ganzen Familie. Sie war der Aufhänger, nach meinem Vater zu fragen: Wie die Krankheit begonnen hatte? Ob ihnen etwas aufgefallen wäre? Ob sie ihn besucht oder irgendetwas für ihn unternommen hätten?

Als wir auf dieses brisante Thema zu sprechen kamen, hatte sich meine Cousine mit der Erklärung, dass sie draußen noch einiges zu arbeiten hätte, empfohlen. Möglicherweise konnte sie von alledem nichts mehr hören. Oder sie war froh, dass ihre Mutter eine, wenn auch etwas schwierige und kritische Gesprächspartnerin hatte.

Viel wusste die Tante nicht zu berichten. Manches deckte sich mit dem, was ich schon in Erfahrung bringen konnte. Sie entschuldigte sich mit den Worten „Dos is olles scho so lang her!“ dafür, mir nicht mehr erzählen zu können. Klar, war es schon lange her. Vergaß man tatsächlich ein einschneidendes

Erlebnis wie einen Schub eines Schizophrenen? Oder wollte sie eher nicht mehr darüber sprechen? Ich blieb hartnäckig und fragte abermals, ob sie ihn regelmäßig besucht hätten. Denn diese Antwort war sie mir nach wie vor schuldig geblieben.

„So guat ma konntn", antwortete sie.

Das wiederum ließ keinen Interpretationsspielraum zu. Sie sah drein wie ein kleines Kind, das man bei einem Streich erwischt hatte. Natürlich legte sie sich nicht darauf fest, wie oft pro Jahr sie ihren Schwager besucht hatte. So niedergeschlagen wie sie vor mir saß, wie eben ein ertapptes Kind, bestätigte sie damit nur meine Vermutung. „So gut ihr konntet", sagte ich mehr zu mir selbst als zu ihr. „Der Weg war zu weit und sicher immer viel zu tun", heuchelte ich Verständnis.

Sie verstand meinen Sarkasmus nicht und nickte. Das wiederum reizte mich. „Ihr seid doch gläubig, nicht wahr? Wo der Onkel doch im Pfarrgemeinderat ist", stellte ich fest.

„Ober sicher!", erwiderte die alte Frau, die meine Tante, also die Schwägerin meines Vaters war, voller Inbrunst.

„Dann frage ich mich nur, wie ihr es mit eurem Gewissen vereinbaren könnt, ihn abgeschoben, ihn in eine Anstalt gesteckt und nicht mehr herausgeholt zu haben. Wo blieb eure Nächstenliebe?", schleuderte ich ihr in bewusst ruhigem Ton entgegen.

Sie war irritiert, wusste nicht so recht, was sie erwidern sollte.

Darum kam ich ihr mit meiner Schlussfolgerung zuvor: „Hier hättet ihr genug Platz gehabt, damit er wieder ins Leben zurückfinden und irgendwann wieder auf eigenen Beinen stehen hätte können.“ Mir entging ihr entsetzter Blick nicht und deshalb setzte ich noch drauf: „Des Geredes wegen im Dorf konntet ihr nicht. Eh klar.“

Die Tante hüstelte verlegen.

Ich hingegen griff nach meiner Handtasche, stand auf und sagte: „Danke für Speis und Trank. Ich finde den Weg. Auf Wiedersehen.“

Sie versuchte wieder das Gesicht zu wahren und antwortete: „Komm doch wieder.“

„Das kann ich nicht versprechen“, antwortete ich und schloss die Tür hinter mir. Dem im Hof mit Katzen spielenden Mädchen winkte ich zum Abschied. Meine Cousine erblickte ich nirgends, doch war das vermutlich gut so.

Meine Familie begleitete mich in Gedanken auf der Fahrt und ich wünschte, mir wäre es gelungen, sie abzuschütteln. Stattdessen nervte sie und nahm mir den Spaß an der Fahrt. Mich drängte es heimwärts, während gewisse Bilder unaufhörlich vor meinem inneren Auge abliefen. Ich hatte kein Problem, bäuerliche Familienbande zu haben, auch wenn es ungewohnt war, diesen Hof als eine meiner Wurzeln zu betrachten. Trotz korrekten Verhaltens demonstrierten Onkel und Cousine offenes Desinteresse, während die Tante freundlich, wenn auch nicht allzu herzlich war. Ihre Heuchelei erregte mich zutiefst. Sonntags brav in der Kirche beten und die Engsten im Stich lassen, wenn sie der Hilfe bedurften.

V.

Das Sommersemester war endlich beendet. Anders als in den Jahren zuvor bin ich diesmal nicht ans Meer gefahren, sondern habe es mir auf meiner Terrasse zwischen all den Topfblumen gemütlich gemacht, um wie besessen in psychiatrischen Fachbüchern zu lesen. Dabei ging ich wider meine Gewohnheit chaotisch vor, um trockene Informationen der Schizophrenie aus der Sicht von Wissenschaftlern mit praxisnahen Schilderungen von Betroffenen zu bereichern. Deshalb türmten sich immer mehrere Bücher auf dem Tisch, während ich meine Lage kontinuierlich veränderte: vom Stuhl auf die Liege und wieder retour, mal in den Schatten unter dem Sonnenschirm, mal in die Sonne. Nur gestern habe ich meine Leseorgie für drei Stunden unterbrochen, um im nahen Freibad eine Länge nach der anderen zu schwimmen und dabei den Kopf frei zu bekommen. Dann saugte ich weiterhin begierig auf, was irgendwo über diese verteufelte Krankheit meines Vaters geschrieben stand. Ich wollte und musste verstehen.

Es klingelte. Verärgert darüber, gestört zu werden, ging ich zum Geländer und beugte mich weit nach vorne, um zum Gartentor zu sehen. Es war Marie, meine Freundin, die ich wie viele andere auch, in den letzten Monaten ziemlich vernachlässigt habe. Deswegen musste ich zur Begrüßung eine Schimpftirade über mich ergehen lassen. Während ich in der Küche für uns einen erfrischenden Drink zubereitete, erzählte sie mir von den jüngsten Begebenheiten. Auf der Terrasse durchstöberte sie sogleich die Wälzer auf dem Tisch und fragte mich entsetzt: „Sag mal, sattelst du um oder liest du das aus purem Interesse?“

Ich setzte mich und antwortete etwas frostig, weil ich noch immer wegen der Störung ungehalten war: „Die Antwort kennst du und du wirst es nicht verstehen.“

„Wenn du das alles liest, wirst du sicher selbst bald verrückt werden“, schleuderte sie mir lautstark entgegen.

Dann platzte mir der Kragen. „Wenn du nicht mehr zu sagen hast, kannst du wieder gehen.“ Und ich meinte das ernst.

„Ist schon gut, meine Liebe. Verstehst du denn nicht, dass ich mir Sorgen um dich mache, Tina?“, erwiderte sie nun in sanfterem Ton und setzte sich mir gegenüber.

„Sorgen? Wieso denn das?“, fragte ich verdattert.

„Schau dich doch an!“

„Wieso, was passt denn nicht?“ Als ich ihren Blick an mir hinunter wandern sah, setzte ich spitz nach: „Zuhause werde ich wohl noch in bequemen Shorts und Shirt herumlaufen dürfen. Wenn ich mich für dich das nächste Mal *stylen* muss, wirst du vorher anrufen müssen!“

„Ist schon gut, so hab` ich das nicht gemeint.“, gab sie kleinlaut zu. „Schau mal, du bist bisher immer im Urlaub weggefahren. Es konnte nie weit genug und nach Semesterschluss schnell genug sein. Und jetzt? Sitzt du wahrscheinlich seit Tagen alleine hier herum und liest diesen Psychokram. Du musst endlich unter Leute, Mädl!“, dann musterte sie mich weiter eindringlich und fügte hinzu, „und auch mal etwas Anständiges essen!“

Um weiteren Vorwürfen zuvor zu kommen antwortete ich schnell: „Du weißt, dass heuer nichts so wie früher ist. Es ist ein Ausnahmejahr und es ist mir wichtig, dass ich alles, was Papa betrifft verstehen kann. Wenn mir danach ist, gehe ich unters Volk. Nur, im Moment habe ich keinen Bedarf.“ Ich mochte Marie. Wir waren schon seit unserer Kindheit befreundet und sind sogar einige Jahre lang in dieselbe Klasse gegangen. Nur jetzt, ging sie mir gewaltig auf die Nerven. Genau genommen hat sie mich gerade in einem ungünstigen Moment gestört. Ich war mittendrin in einer mitreißenden, unter die Haut gehenden Schilderung einer Kranken, einer intelligenten Frau wie es mir schien, die vortrefflich und in einer gelungenen Sprache ihre Gefühle schilderte. Und ausgerechnet jetzt musste Marie stören! Ich gab zu, dass es das erste Mal war, dass ich mich nicht über sie oder ihren Besuch freute.

Sie kannte mich gut genug, um meinen eisigen Empfang deuten zu können.

„Soll ich wieder gehen?“, fragte sie.

„Drink wenigstens aus“, forderte ich sie nicht gerade gastfreundlich auf. Ich fing ihren überraschten Gesichtsausdruck auf und sagte: „Inzwischen werde ich dir etwas erzählen, von dem Psychokram, wie du das nennst. Vielleicht denkst du dann anders.“ Erstaunlicherweise ließ sie sich das gefallen, lehnte sich entspannt zurück und nuckelte am Glas. Nun hatte ich ein Opfer, das ich bekehren wollte, damit sie künftig über psychisch Kranke anders und nicht gerade belustigt dachte. Zu diesem Zeitpunkt – es war Mitte des Nachmittags – konnte ich noch nicht ahnen, dass wir noch viele Stunden beieinander sitzen und uns nur diesem einen Thema widmen würden.

„Was weißt du über Schizophrenie, Marie?“, eröffnete ich.

„Uff, du stellst manchmal Fragen. Ich weiß nicht, was soll

ich sagen?“, wich sie mir anfänglich aus, wurde jedoch bald konkreter. „Ich assoziiere das mit Gummizelle, Zwangsjacke, Verfolgungswahn und Massenmördern zum Beispiel.“

Ich musste mich wahrhaft bemühen nicht aufzubrausen. Eigentlich hätte ich es ahnen können. Wie Marie dachte doch das Gros der Bevölkerung. „Hollywood lässt grüßen, nicht wahr?“, erwiderte ich mit einem leicht süffisanten Lächeln. „Was die Massenmörder betrifft, muss ich dich enttäuschen, denn diese Straftaten werden meist von Menschen verübt, die geistig und psychisch gesund sind. Und außerdem: Schizophrene sind eben keine Psychopathen!“ Meine Freundin fühlte sich offensichtlich unbehaglich und kaute verlegen am Strohhalm. „Mit dem Rest hast du leider Recht. Allerdings verbringen sie nicht Zeit ihres Lebens in Zwangsjacken und Gummizellen. Wenn ich genau darüber nachdenke, sind diese Jacken heutzutage sowieso *out*. Die Kranken werden inzwischen Gottlob humaner behandelt. Nur so zur Info“, sagte ich.

Marie starrte mich nach wie vor über den Tisch hinweg an, während ich nach einem der Bücher griff, darin blätterte und ihr vorzulesen begann: „*Man hat mir nie wirklich die Bedeutung dieser Krankheit erklärt, aber ich weiß aus Erfahrungen, die ich gemacht habe, dass bestimmte Medikamente notwendig sind, um meine Umwelt nicht durch mich zu gefährden. Nicht so sehr, weil ich gefährlich bin, eher deswegen, weil mein Verhalten so unverständlich und aberwitzig anmutet, dass man diese Gefahr einer Verletzung der Moral nicht ausschließen kann. Anfangs wehrte ich mich gegen mein Schicksal, doch mit jedem erneuten Aufenthalt verkroch ich mich mehr und mehr… Was mich angeht, glaube ich, dass ich ein Durchschnittsmensch bin, der an einer*

Krankheit leidet, die man Schizophrenie nennt ... Man gewöhnt sich daran, dass sich abgesehen vom Wetter nichts verändert.“

Immer und immer wieder hatte ich diese Worte gelesen, aber sie bewegten mich nach wie vor.

Auch bei Marie hatten sie ihre Wirkung nicht verfehlt. Sie stellte ihr Glas ab und gestand: „Langsam beginne ich dich zu verstehen. Sehr gut formuliert. Von einer oder einem Betroffenen?“

Ich nickte. Mit Genugtuung stellte ich fest, dass ich meine sonst eher oberflächliche Freundin zum Nachdenken gebracht habe. „Eine psychiatrische Erkrankung hat nichts mit dem Intellekt zu tun. Im Gegenteil, oft sind das sogar herausragende Persönlichkeiten. Denke an Virginia Woolf, John Nash und Ernest Hemingway“, hörte ich mich dozieren.

„Die waren alle plemplem?“ Und dabei drehte sie ihren rechten Zeigefinger an ihrer Schläfe.

„Es ist zumindest belegt, dass sie gewisse Probleme hatten.“ Ich trank einen Schluck und fragte sie: „Du kennst doch sicher den Film *A beautiful mind*, nicht wahr?“

„Ist das der mit dem durchgeknallten Mathematiker, der alles mit seinen Formeln voll schrieb und als älterer Herr noch am Uni-Campus herum spazierte?“

„Ja, genau. Dem Film liegt die Biographie des amerikanischen Mathematikers John Forbes Nash zugrunde. Wusstest du, dass er, ausgerechnet ein Schizophrener, den Nobelpreis für Mathematik für Leistungen auf dem Gebiet der Spieltheorie erhalten hat?“

„Wow, nicht schlecht“, gab sie ihre Bewunderung auf ihre Weise kund.

Marie schien es auf einmal gar nicht so eilig mit dem Gehen zu haben und mein Psychokram, wie sie zu sagen pflegte, schien sie zu interessieren zu beginnen. Nach einem Blick auf ihre Uhr versetzte sie mich mit ihren Worten in Erstaunen: „Bis zu meinem *Date* habe ich noch Stunden Zeit. Tina, nütze sie und kläre mich Unwissende auf!“

„Meinst du das ernst?“, fragte ich verdutzt.

„Aber sicher! Außerdem habe ich gerade nichts Besseres vor“, antwortete sie mit einem herausforderndem Lächeln.

Auf ihr Geheiß begann ich mit meinem Referat. Dabei griff ich zu einem Lehrbuch, das ich spannend wie einen Krimi geschrieben fand, um es meiner Freundin zu zeigen, die umgehend darin blätterte. Um eine gewisse Systematik zu befolgen, ging ich zurück zu den Anfängen, das heißt zu den einzelnen Theorien und der Namensfindung. Im 19. Jahrhundert sei es zu einem sprunghaften Anstieg der Erkrankungen gekommen und man fragte sich, ob der Zerfall der traditionellen Familie, die Landflucht infolge der industriellen Revolution oder gar ein Erreger ausschlaggebend dafür gewesen sein könnte. Es lag jedoch auch die Vermutung nahe, dass bisher psychisch Gestörte in der bislang rauen, primitiven Gesellschaft leichter untergegangen waren. Wir schrieben noch immer das 19. Jahrhundert, als der Bau von Irrenanstalten, wo die Krankheitsbilder auf einmal besser beobachtet und dokumentiert werden konnten, rapide zunahmen.

In der Folge widmete ich mich der Begriffsfindung und spannte den Bogen von der Neurose über die Psychose bis hin zur ersten klinisch angemessenen Beschreibung der Schizophrenie durch einen französischen Arzt, der 1852 die Bezeichnung „démence précoce“ – was so viel wie vorzeitige Verblödung bedeutete – einführte, die dem Bild des auffällig häufigen Einsetzens der Störung bei Jugendlichen und ihrem galoppierendem Verlauf entsprach. Erst 1908 wurde vom Schweizer Eugen Bleuler der Ausdruck Schizophrenie eingeführt, der wörtlich übersetzt Geistesspaltung bedeutete, weshalb viele glaubten, dass Schizophrene eine gespaltene oder multiple Persönlichkeit hätten. Um dies zu unterstreichen, lies ich Marie eine Passage aus dem Lehrbuch vor: *„Dem ist nicht so. Die Schizophrenie kann ihr Opfer – eine Zeitlang, mehrmals oder für immer – von einem vernünftigen, intelligenten Menschen zu einer irrationalen, völlig verwirrten Person machen, doch sie schafft keine neue Person.*“

Ich fürchtete, mich zu sehr zu verlieren, hielt kurz inne und schaute fragend zu Marie. Erstaunlicherweise nickte sie mir zu, um fort zu fahren. Dann kam ich auf die Sache mit der Vererbung und den damit verbundenen Sorgen meinerseits zu sprechen. Jetzt war Marie es, die voll in ihrem Element war und mich zu beruhigen versuchte.

Die Hitze des Tages war inzwischen in laue Luft übergegangen und jetzt war es angenehm auf meiner Terrasse. Ich richtete für uns rasch belegte Brote und einen Krug verdünnten Holundersaft mit frischen Minzblättern aus dem Garten. Meine Freundin half mir beim Decken des Tisches. Ich nahm an, dass sie nun genug gehört hatte. Aber, nein! Stattdessen ermunterte sie mich, den Verlauf der Krankheit zu beschreiben.

Ich ließ mich nicht lange bitten. Wenn ich ihr Interesse geweckt hatte, dann wollte ich es auch gerne stillen. Ich erklärte Marie, dass die Symptome in zwei Gruppen eingeteilt wurden. Die Plus-Symptomatik umfasst wahnhafte Überzeugungen, Sinnestäuschungen und Denkstörungen, während die Negativ-Symptomatik von Antriebsarmut, Konzentrationsproblemen, dem reduzierten Erleben von Gefühlen und dem Wunsch, alleine zu sein, geprägt werden. Plus und minus wechseln sich im Krankheitsverlauf ab.

Die Prodromalphase leitet diese unglückselige Erkrankung unspezifisch und bei jedem anders verlaufend ein: Veränderungen im Befinden und Verhalten, das Auftreten von Ängsten, Depressionen, Interessensverlust, der Rückzug aus der Arbeit und von sozialen Aktivitäten, Konzentrationsstörungen, Misstrauen, Vernachlässigung der körperlichen Hygiene, abstrakte und ungenaue Sprache usw.

Dann folgen eine akute Phase, in der die Kranken Wahnvorstellungen haben und Stimmen hören. Ebenso gibt es Fälle, die ohne Halluzinationen verlaufen. Mal werden Stimmen gehört, mal gibt es Bilder dazu. Die Krankheit verläuft sehr unterschiedlich und zeigt sich in verschiedensten Facetten. Ein Übergang in eine stabile Phase wäre möglich, genauso wie Krisen und Rückfälle. Ein ständiges Auf-und-ab, sowohl für die Kranken, als auch für deren Angehörige.

Wir vertieften uns weiter. Ich durchblätterte die Bücher, um meiner Freundin, die eine oder andere Schilderung von Betroffenen oder Angehörigen vorzulesen. Dabei war immer wieder die Rede vom Leben draußen und drinnen. Selbstverständlich waren die Aufenthalte im Familienkreis und im Krankenhaus damit gemeint, doch war eine Assoziation mit Gefangenen – wie wir das Gerede von „draußen“ aus Filmen kannten – unvermeidbar. Marie und ich waren uns einig, dass beide Gruppen, sowohl die Kranken als auch die Verbrecher, jeder auf ihre Weise weggesperrt wurden. Die Einen, um zu genesen und vor sich selbst geschützt zu werden und die Anderen, um den Rest der Welt vor ihren kriminellen Taten zu schützen. Wir diskutierten über das Weggesperrtsein, das Verwahren, die Gettoisierung und das Vergessen von Erkrankten, dann über Erniedrigung, Verlust der Menschenwürde und die Schwierigkeit, wieder im „normalen“ Leben Fuß zu fassen, einem Beruf nachzugehen, eine Familie zu gründen, für sich selbst zu sorgen und dabei stets von der Angst, wieder einen Rückfall oder eine Krise zu erleiden, begleitet zu werden.

Mittlerweile war auch Marie gefangen von all dem und zutiefst berührt. Ich glaubte, dass sie allmählich nachempfinden konnte, welche Ängste ich ausstand, eines Tages selbst ein Opfer dieser fürchterlichen Krankheit zu werden und welches Mitgefühl, ich meinem Vater entgegenbrachte.

Wir spannten den Bogen weiter und kamen auf die nationalsozialistische Lösung zu sprechen. Ich beteuerte, dass ich so froh war, dass mein Vater damals noch gesund war, denn diese Gräueltaten hätte er niemals überleben können – wie wir zu gut aus den Geschichtsbüchern wussten. Andererseits wäre ich dann auch nicht geboren worden, warf Marie richtig ein. Endlich lachten wir wieder gemeinsam. Unser Lachen erstarb rasch, als ich ihr aus einem Lehrbuch Zahlen vorzulesen begann, die unvorstellbares Leid von viel zu vielen Menschen ausdrückten.

Die Vorstellung, dass Hitler 1933 per Gesetz eine eugenische Sterilisation vorgeschrieben hatte, schockierte mich stets aufs Neue. Wer hatte überhaupt das Recht, eine so folgenschwere Entscheidung zu treffen? So mussten all jene zwangssterilisiert werden, die laut einem Bericht an einer „Erbkrankheit“ litten. Der Begriff „Erbkrankheit“ wurde sehr weit gefächert und umfasste geistig Behinderte, Schizophrene, Manisch-Depressive, Epileptiker, Blinde, Taube, Leute mit angeborenen Missbildungen usw. Unvorstellbare 3,5 Millionen Frauen und Männer waren in den Jahren 1934 bis 1945 aus eugenischen Gründen sterilisiert worden.

„Marie, kannst du dir das vorstellen? 3,5 Millionen? Stell dir vor, das ist ein Vielfaches der Einwohnerzahl unserer Stadt“, erläuterte ich ihr entsetzt.

Marie schüttelte angewidert den Kopf.

Sogleich erzählte ich ihr, dass 1935 diese wahnwitzigen Gesetze auf die Eheschließung ausgedehnt wurden. „Wer es verletzte, kam ins Gefängnis, und seine Ehe wurde annulliert. Die Heiratserlaubnis war nur über ein Kreuzverhör zu erlangen.“

„Ich kann mir gut vorstellen wie dieses Verhör aussah!“, fiel mir Marie aufgebracht ins Wort.

Ich nickte vielsagend. Als ich erwähnte, dass der Katalog von Erkrankungen, die zur Sterilisation führten, erweitert wurde mit Hysterie, Homosexualität, suizidalen Neigungen, Stimmungswechsel, Zwangssymptomen, jugendlichem Diabetes und Hämophilie, um nur einige zu nennen, schimpfte sie zu recht gleich noch viel mehr über die Nazis.

„Ganz deiner Meinung, Marie, Menschen wurden wie

Vieh am Markt ausgewählt, um sie systematisch zu züchten", wandte ich ein.

„Tina, wie das klingt! Da soll sich noch einer darüber aufregen, dass Frauen einen Samenspender aus einer Kartei auswählen, einen bestimmten IQ, Herkunft und das Fehlen von Krankheiten in der Familie fordern und ihr Kind im Reagenzglas heranzüchten lassen. Viel anders war das doch auch nicht."

„Nur, wenn du so willst, ist das heute eine Art Züchtung oder Auslese im Miniaturmaßstab. Aber bleiben wir noch kurz bei den Gräueltaten der NS-Zeit. Wusstest du, dass ab 1939 im Rahmen des Programms zur „Reinerhaltung der Rasse" mindestens 5.000 geistig behinderte Heimkinder umgebracht worden sind?"

„Diese Schweine!"

Ich konnte meiner Freundin ihre derben Worte nicht verübeln. Ich holte noch ein Stück weiter aus und wies darauf hin, dass der Gnadentod von den Kindern weiter ausgedehnt wurde auf alle „unheilbar geltenden Patienten", was unter dem Codenamen „T4" lief. „Das Programm war so umfassend, dass die meisten Psychiater und viele andere Fachleute daran beteiligt gewesen sein müssen. Sechs psychiatrische Krankenhäuser wurden zu Tötungszentren umgewandelt. Dort wurden 100.000 psychiatrische Patienten mit Kohlenmonoxid ermordet, das sie als die humanste Tötungsmethode ansahen. Was daran so human sein soll, zu ersticken, weiß ich wirklich nicht", schloss ich.

Marie hielt mit ihrer Abscheu nicht lange hinter dem Berg. Natürlich sprach sie mir aus dem Herzen, wenn ich es auch etwas anders ausgedrückt hätte.

„Ab April 1940 hatten sie es zusätzlich auf Juden und andere Nichtarier abgesehen und dehnten ihre Mordmaschinerie fleißig aus. Ab nun verwendeten sie netterweise Blausäure, die schneller als das zuvor benutzte Kohlenmonoxid wirkte. Sehr vorausschauend, nicht wahr?“, sagte ich mit sarkastischem Unterton. „Den Rest kennen wir“, schloss ich und klappte das Buch, aus dem ich zitiert habe, energisch zu. Jetzt reichte es auch mir. Begriffe wie Untermenschen und Herrenvolk widerten mich an und diese unvorstellbar grausame und gewaltvolle Tötungsmaschinerie bedrückte mich. „Es wundert mich wirklich nicht, dass psychiatrische Kliniken nach diesen furchtbaren Zeiten nach wie vor negativ besetzt sind“, sagte ich, als ich meine Bücher zu stapeln begann.

Marie sah wieder einmal auf ihre Uhr. Es war unglaublich spät geworden, aber sie wollte noch bleiben. Wir philosophierten und erhitzten uns weiter. Wie so oft fühlte ich mit den Erkrankten, sodass ich ihr Leiden selbst zu verspüren glaubte. Ich war so richtig auf Touren gekommen und konnte meinen Groll all meinen Verwandten gegenüber nicht verbergen. Das war dann auch das Stichwort, um meiner Freundin kurz von meinem unangemeldeten Besuch bei Papas Familie zu erzählen.

Es war Zeit, meine Freundin zu erlösen. Darum lenkte ich das Thema auf Fröhlicheres. „Hattest du nicht ein Date?“

„Ja, aber ich bin noch gut in der Zeit!“

„So spät noch?“, fragte ich verwundert.

„Sie hat nie früher Zeit?“

„Sie??“, entfuhr es mir überrascht. „Stehst du neuerdings auf Frauen?“ Marie verabscheute es seit jeher den Normen zu entsprechen. Deshalb sollte es mich nicht überraschen, dass sie sich nun sogar dem eigenen Geschlecht zuwandte. Sie war immer für Überraschungen gut.

„Ja! Das solltest du auch mal probieren! Kann ich nur empfehlen!“

Heftig den Kopf schüttelnd, mit der Hand abwehrend und angewidert stieß ich hervor: „Niemals! Wenn's dir gefällt, von mir aus.“

„Und du? Was läuft bei dir? Wie geht es Leo-Schatz?“

Ich zog die Schultern hoch und antwortete lächelnd: „Was soll bei mir schon laufen? Du siehst doch selbst, dass ich keinen Kopf dafür habe.“ Um dies zu unterstreichen machte ich mit meinem rechten Arm eine ausladende Bewegung, um auf die vielen Bücher zu zeigen. „Und Leo“, setzte ich hinzu, „von dem habe ich schon ewig nichts mehr gehört. Ich habe etwas läuten hören, dass er wieder etwas mit so einem jungem Ding laufen hat.“

„Du solltest dir wirklich einen anderen anlachen. Diese aufgewärmte Geschichte ist nichts mehr. Mit deinem Vater wirst du auch bald Routine bekommen und dann hast du Zeit und auch Lust auf einen Mann. Glaub mir!“, verkündete sie augenzwinkernd.

Ich begleitete sie zum Gartentor, entschuldigte mich endlich für meinen forschen Empfang und dankte ihr fürs aufmerksame Zuhören. Sie wiederum wehrte ab und tat so, als ob sie meinen Fehltritt schon vergessen und einen anregenden Abend verlebt hätte. Bevor Marie das Gartentor hinter sich zuzog, rang sie mir das Versprechen ab, dass wir das nächste Mal gemeinsam, wie in den guten, alten Studentenzeiten, in die „Bar 3“ gehen mussten, damit ich endlich auf andere Gedanken käme.

Etwa drei Wochen später rief mir Marie mein Versprechen, sie in unsere einstige Stammbar zu begleiten, in Erinnerung. Auch diesmal fanden wir uns auf meiner Terrasse ein. Es war ein herrlicher Sommer und sooft ich konnte, war ich draußen.

Meine Freundin lies ihre Augen musternd über mich gleiten. „Sag mal, willst du so gehen?“

Ich wehrte ab. Natürlich wollte ich abends nicht wie eine graue Maus außer Haus gehen.

Marie entging nicht meine Niedergeschlagenheit. „Sag mal, Tina, was ist denn los mit dir?“

Ich zeigte auf ein Buch und antwortete: „Ich habe gerade eine Schilderung einer an Schizophrenie erkrankten Pharmaziestudentin gelesen, die aus ihrer Sicht, also aus der der Kranken und ebenso aus der der angehenden Fachfrau, die Problematik des Eingestelltwerdens und die Nebenwirkungen und die damit verursachten Probleme im Alltag anschaulich berichtete.“ Ich schlug Marie das Buch an der fraglichen Stelle auf und machte mich auf den Weg ins Bad.

Marie war wie ich beeindruckt und las mir eine Stelle, die sie ganz besonders ergriffen hat, vor: „*Und immer noch blicke ich um mich auf meine Mitstudenten und sage mir, dass sie es ohne Medikamente, Ärzte oder Psychiatriestaion schaffen. Doch ich brauchte all das, um mit den Belastungen und dem Stress des Studiums und des Lebens fertig zu werden. Was ich hier darstellen wollte, ist der Gegensatz zwischen dem, was es heißt, als konkrete Person, ganz real, „individuell auf eine antipsychotische Medikation eingestellt" zu sein und Schizophrenie zu haben, und dem, wie objektiv und leicht sich das im Pharmaziestudium darstellt. Meine Dozenten haben festgestellt, dass antipsychotische Medikamente Symptome lindern, aber Psychosen nicht heilen, doch diese nüchterne Aussage hat eine sehr persönliche Bedeutung für mich. Sie impliziert innere Konflikte und viele komplizierte Anpassungsprozesse – einen Psychologen außerhalb der Stadt aufsuchen oder, falls das notwendig wird, in ein Krankenhaus außerhalb der Stadt zu gehen, damit Kommilitonen und die Fakultät nichts davon erfahren ...*"

In der Bar verjagten wir rasch unsere Betroffenheit. Sogar ich vermochte für wenige Stunden mein persönliches Familiendrama aus meinen Gedanken zu verbannen. Marie war wieder ganz die „Alte" und begann mich auf einmal damit zu nerven, mich auf einer der mittlerweile boomenden Single-Seiten im Internet zu registrieren. Natürlich wehrte ich ab und lenkte umgehend mein Interesse auf ihr Liebesleben. „Und wie läuft's mit deiner Flamme?"

„Ich besinne mich gerade wieder auf Männer. Bin aber derzeit auf der Suche, wenn du's genau wissen willst", hielt sie mich bereitwillig auf dem Laufendem.

„So, so. Jetzt wieder Männer?", nahm ich ihren Sinneswandel amüsiert zur Kenntnis.

„Die Probleme sind doch immer die gleichen, egal ob mit Mann oder Frau", plauderte sie aus dem Nähkästchen.

VI.

Marie war meine beste Freundin und engste Vertraute. Ähnlich wie Leo.

Seit einiger Zeit beschränkten sich meine privaten Kontakte – abgesehen von meinem Vater – ausschließlich auf diese beiden und Tante Uschi. Mir ist klar geworden, dass ich nur ihnen vertrauen und nur auf sie bauen konnte und nur sie mir gut taten. Seit längerem war ich in Ermangelung an Zeit hauptsächlich wegen meiner regelmäßigen Besuche im Heim gezwungen, Verabredungen mit irgendwelchen Freundinnen oder Bekannten, die ich bislang als unentbehrlich gehalten habe, zu verschieben.

Als vage Gründe brachte ich familiäre Probleme vor, die nie hinterfragt wurden. Rasch wurden die Kontakte loser. Mich stimmte diese Oberflächlichkeit sehr nachdenklich. War jemand krank? Gab es einen Unfall? Oder was war passiert? Tina, kann ich etwas für dich tun? Brauchst du Hilfe? Doch nichts von alledem! Einerseits war ich froh, mir keine Ausrede einfallen lassen zu müssen, andererseits traf mich dieses eindeutige Desinteresse von Menschen, die lange meinen Lebensmittelpunkt dargestellt hatten. Völlige Teilnahmslosigkeit. Man wollte sich mit mir offensichtlich nur bei heiterem Sonnenschein umgeben. *Happy-peppy sein*, war das unverkennbare Lebensmotto. So kam es, dass ich meinen Freundeskreis rigoros reduzierte. Mein persönliches Schicksal hatte mich gelehrt, dass es nicht auf die Quantität sondern auf die Qualität ankam.

Marie's tadelnde Worte im Ohr habend besann ich mich wieder auf meine eigenen Bedürfnisse und Interessen. Natürlich hatte ich niemals beabsichtigt, den Rest meines Lebens als Einsiedlerin mit Psychokram-Büchern, um Maries Worte zu gebrauchen, zu verbringen. Ich war in einer Art Ausnahmezustand gewesen. Nach dem exzessivem Studium rund um das Thema Schizophrenie – denn ich las wirklich alles, was ich zwischen die Finger bekam – fand ich einigermaßen in mein bisheriges Leben zurück. Seit der Lüftung unseres dunklen Familiengeheimnisses gab es für mich gute und schlechte Tage. Fühlte ich mich gut, konnte ich wenigstens für Momente, bestenfalls Stunden unser Drama vergessen, malte mir nicht aus, wie mein Leben verlaufen wäre, wenn Papa nicht krank geworden wäre und versprühte beinahe jene Lebenslust und Fröhlichkeit wie früher.

An den schlechten Tagen haderte ich mit unserem Schicksal, fragte mich unaufhörlich, warum ausgerechnet uns das passieren hatte müssen und warum unsere Verwandten uns im Stich gelassen hatten. Rührende Szenen von Kindern mit ihren Eltern ertrug ich schon lange nicht mehr. Ich haderte und schimpfte was das Zeug hielt, war zornig auf Gott und meine kleine Welt. Gerechtigkeit gab es keine, fand ich. So sehr ich meinen Groll auch nach draußen trug, wusste ich, dass mir das nicht weiterhalf. Meine Mutter war schon lange tot und mein Vater nun ein kranker, alter Mann, der vermutlich auch nicht mehr lange zu leben hatte.

Erschwert wurde meine Situation dadurch, dass es mir nicht viel anders erging als jener Pharmaziestudentin, von der Marie und ich unlängst einen Aufsatz gelesen hatten.

Wie sie vertraute ich mich nur meinem engsten Kreis an. Natürlich schämte ich mich nicht meines Vaters. Ich ahnte, dass es meiner Karriere und Reputation an der Universität nicht gerade förderlich war, wenn bekannt wurde, dass mein Vater schizophren war oder schlimmer noch, wir sogar zwei Fälle in unserer Familie vorweisen konnten. Bildhaft konnte ich mir das Tuscheln auf den Gängen, in den Vorlesungssälen und Seminarräumen vorstellen. Ich würde gemieden wie vom Teufel das Weihwasser, geschnitten und gemobbt werden. Darauf konnte ich wahrhaft verzichten. Ich musste mir nicht unnötig Steine in den Weg legen.

Die nächste Hiobsbotschaft erreichte mich, kaum hatte das Herbstsemester begonnen. Mein Vater musste wegen einer neuerlichen Lungenentzündung ins Spital, obwohl seine letzte erst ein knappes halbes Jahr zurücklag. Als ich ihn dort das erste Mal besuchte, erschrak ich bei seinem beklagenswerten Anblick. Nur ein kurzes Öffnen der Augen. Ich fürchtete, dass er die nächsten Tage nicht überleben würde, weswegen ich pflichtgetreu einen seiner Brüder, um bei der Wahrheit zu bleiben, den letzten noch lebenden, informierte. Ja, genau jenen geflissentlichen Pfarrgemeinderat.

Dieser reagierte vollkommen entspannt. Das Heim habe ihn bereits informiert und er wäre außerdem sehr beschäftigt. Mit dem Einen ging es gesundheitlich rapide bergab und dem Anderen war das völlig gleichgültig. Gläubig ja, doch Mitgefühl ausgeschlossen, zumindest für gewisse Personen. Das musste ich endlich begreifen!

Die Infusionen hatten schon am nächsten Tag erfolgreich seine Dehydrierung bekämpft. Als ich ihn am späten Nachmittag besuchte, nahm mich mein Vater wieder wahr, grüßte artig und schob lustlos den Brei auf seinem Teller von A nach B, um dazwischen einen Löffel voll in seinen Mund zu schieben. Still dankte ich dem medizinischen Fortschritt, desinfizierte sogleich meine Hände und schob einen Sessel an sein Bett, um das Kommando zu übernehmen.

Bei seinem Tempo hätte er nicht einmal bis zum Sanktnimmerleinstag seinen Teller geleert. Als er genug von den Leckereien der Spitalsküche hatte, verfinsterte er seinen Blick und machte mit seiner Rechten in der Luft eine energische horizontale Handbewegung, was so viel wie „*basta*" bedeuten sollte. Damit erheiterte er mich. Von nun an sollte ich noch einige solcher Gesten kennenlernen, mit denen er sich zu verständigen suchte, wenn er nicht sprechen konnte oder eher wollte.

In der Folge sah ich jeden Tag nach ihm, um ihn aufzumuntern, zum Essen zu animieren, das heißt zu füttern, und nach dem Rechten zu sehen, damit er für das Krankenhauspersonal nicht irgendeine x-beliebige, bedeutungslose und hilflose Nummer blieb. Er redete kaum und für Fremde oft unverständlich, was in dieser Situation alles andere als hilfreich war. Er wiederum schien meine täglichen Besuche zu genießen.

Abzugehen schien ihm hingegen keiner unserer Verwandten, die sich erwartungsgemäß nicht blicken ließen. Ich wurde den Verdacht nicht los, dass er auf sie ebenso pfiff. Um seine Sympathieverteilung innerhalb unserer Familie abzutesten, befragte ich ihn zu gewissen Personen. Mochte er denjenigen, erhellte sich sein Gesicht und er begann irgendetwas zu erzählen. War ihm derjenige zuwider, schaute er stur und ablehnend in die entgegengesetzte Richtung. Manchmal war dieses Spielchen ungemein unterhaltsam. Auf diese Weise konnte ich anhand seines Verhaltens seine Sympathieverteilung innerhalb unserer Familie exakt feststellen, auch wenn er sich gerne mit dem Sprechen zurückhielt.

Bei seiner Krankenhausentlassung nach knappen zwei Wochen fiel mir in zweierlei Hinsicht ein Stein vom Herzen: Er war genesen und wurde fortan wieder im Heim gut betreut, was die Rückkehr auf den früheren Besuchsrhythmus von zwei Wochen bedeutete. Obwohl ich für meinen alten Herrn nicht sorgen musste, lechzte ich nach dieser intensiven Zeit nach Abstand. Und Ruhe für mich selbst.

Das sollte mir ein kurzer Italientrip gewähren. Das Abschalten vom Alltag funktionierte nicht wie geplant. Fortwährend drängte sich das Bild meines Vaters hartnäckig vor mein inneres Auge, um mir Schuldgefühle zu bereiten. Er erlebte Tag ein Tag aus das Gleiche oder besser gesagt absolut Null. Und ich selbstsüchtiges Stück wollte mich vergnügen? Erst dank Leo's eindringlicher Worte, dass ich mehr auf mich achten sollte, gelang es mir, meine kurze Auszeit zu genießen.

Es war eine schreckliche Ironie des Schicksals. Nach vierunddreißig Jahren hatten mein Vater und ich zueinander gefunden. Jetzt war er alt, krank und hilflos, weswegen ich mich für ihn verantwortlich fühlte, bemüßigt, ihm beizustehen und nach dem Rechten zu sehen. Ich kam mir jetzt eher wie sein Elternteil und nicht wie seine Tochter vor. Wir hatten die Rollen getauscht.

Unter den gegebenen Umständen war es schwierig, fortwährend herzliche Zuneigung für ihn zu empfinden. Gewiss, beim ersten Treffen war ich von seinem Verhalten überwältigt.

Die Tatsache, doch kein unerwünschtes Kind gewesen zu sein, war für mich persönlich wichtig. Auf Verantwortungssinn und Pflichtgefühl fußte unsere recht junge Beziehung, gefolgt von Zuneigung und Verbundenheit. Es spielte für mich keine Rolle, wie ich mich bei unseren Begegnungen fühlte, hatte ich Leo einmal erläutert. Wäre unser Leben anders verlaufen, würde ich ebenso an seinem Krankenbett sitzen. Darin sah ich meine Pflicht als Tochter. Natürlich fehlten uns sagenhafte vierunddreißig Jahre. Wir hatten keine gemeinsame Vergangenheit, keine gemeinsamen Erlebnisse, bis auf jene Momente im Spital und im Heim, an die ich mich in Ermangelung glücklicherer Augenblicke ewig erinnern würde. Und das war der Stoff der Melancholie, die wie eine getreue Freundin seit Monaten nicht von meiner Seite wich.

Genauso wie die Verblüffung und das Erschrecken über das Wunder der Genetik. Inzwischen musste auch ich zugeben, dass ich das komplette Abbild meines Vaters war. Mich erstaunten viel mehr Kleinigkeiten, wie das Halten unserer Hände oder irgendeine Geste, die mir von mir selbst vertraut war. Dann beschäftigte er sich unaufhörlich mit den Krümeln auf der Bettdecke, die mich auch gestört hätten oder er wies mir einen Platz für dieses oder jenes ganz präzise an. Auch das kannte ich. Ordnung musste sein.

Unordnung und Schmutz verabscheute ich und diese Liste an Gemeinsamkeiten ließe sich endlos fortsetzen. Wenn ich auch immer bedauerte, dass unser beider Leben nicht anders verlaufen war, wir keine normale Vater-Tochter-Beziehung haben durften, war ich in gewisser Weise dankbar, ihn wenigstens jetzt zu erleben. Durch ihn lernte auch ich mich besser kennen und er animierte mich unbewusst dazu, mich mit meinen Wurzeln auseinanderzusetzen, mich auf meine ganz persönliche Spurensuche zu begeben. So traurig die Umstände auch waren und das Ende absehbar, war ich froh, dass ich diejenige sein durfte, die ihn auf seinem letzten Weg begleitete.

Je mehr ich über das Krank- und Altsein und genauso über das Sterben nachdachte, wusste ich dass es Zeit war, Kontakt zu Vaters Sachwalter aufzunehmen. Eine Krankheit wie die Schizophrenie bedingte ein fremdbestimmtes Leben und in seinem Fall dies bereits seit Jahrzehnten. Ich wollte mich keinesfalls wichtig machen oder gar Unruhe stiften. Noch weniger wollte ich mich selbst um dieses Amt bemühen. Soweit ich das beurteilen konnte, schien er seine Arbeit gut zu machen.

Eines Tages traf ich Herrn Schmitz. Einerseits um mir ein Bild von jener Person zu machen, die seit geraumer Zeit, über das Wohl meines Vaters zu entscheiden hatte und andererseits um mich mit ihm bezüglich des unvermeidbaren Ablebens zu besprechen. Diesbezüglich gab er mir den Ratschlag, im Sekretariat des Pflegeheims schriftlich zu deponieren, wo Papa beigesetzt werden sollte. Am hauseigenen Friedhof oder anderswo.

Ich war erleichtert, einen verständnisvollen und mitfühlenden Mann vor mir zu haben, der mir den Eindruck vermittelte, dass ihm seine Schützlinge am Herzen lagen. Vor diesem Treffen hatte ich mich über das Thema Sachwalterschaft informiert und manche Fallberichte schockierten mich zutiefst. Da war etwa die Rede von für die Klienten unerreichbaren Sachwaltern oder unhöflichem und verletzendem Verhalten oder ebenso drastischen Eingriffen in Entscheidungen, wie Freizeit, Beruf, Privatleben und sogar Sexualität. Niemals zuvor hatte ich daran gedacht, wie demütigend es sein musste, als Erwachsener einen Dritten fragen zu müssen, ob man mit jemand eine Ehe oder eingetragene Partnerschaft eingehen durfte. Natürlich hatte ich nicht daran gedacht, denn ich hatte mir niemals zuvor diese Fragen gestellt. Wie über so manches nicht bis vor gar nicht allzu langer Zeit.

Als ich Herrn Schmitz beim Sprechen aufmerksam beobachtete und auch zwischen den Zeilen irgendwelche Botschaften zu vernehmen suchte, war ich froh, dass all die abstoßenden Beschreibungen, die ich über seine Kollegen gelesen habe, auf ihn nicht zuzutreffen schienen.

Ähnlich wie meinem Vater erging es in Österreich 52.379 Personen, die wie er ein fremdbestimmtes Leben führten.

Betroffen waren davon Menschen mit körperlicher oder intellektueller Behinderung, verunfallte, alte oder demente Menschen, für die vom Gericht eine Person zur Betreuung bestimmt wurde. Meist handelte es sich dabei vorrangig um Verwandte oder nahestehende Personen. Die nächste Ebene stellten die Sachwaltervereine dar. Sagten auch diese – vornehmlich aus Personalmangel – ab, kamen Anwälte oder Notare zum Zug. Angeblich käme es ausgerechnet bei der Gruppe der Rechtsvertreter öfters zu Beschwerden. Finanzielles Interesse warfen ihnen die einen vor und die anderen meinten, dass es in ihrem Berufsalltag unmöglich wäre, sich mit schwierigen Menschen auseinanderzusetzen und ihnen eine passende psychosoziale Betreuung oder Fürsorge zukommen zu lassen.

Bei Herrn Schmitz konnte ich mir kein alleiniges finanzielles Interesse vorstellen. Er wirkte mir dafür zu menschlich, besorgt und anteilnehmend an Papas Historie. Um bei der vollen Wahrheit zu bleiben, war bei ihm auch nichts zu holen. Sachwalter hatten von Gesetz wegen einen jährlichen Anspruch von zwei Prozent des Vermögens ihres Klienten und weitere fünf Prozent vom Einkommen. Nachdem mein Vater beim Ausbruch der Schizophrenie gerade mal Ende Dreißig war und seither arbeitsunfähig geblieben war, nahmen sich seine monatlichen Bezüge entsprechend bescheiden aus. Keine Frage, dass der eine oder andere Sachwalter dazu verleitet werden mochte, die Interessen des Schützlings hintan zu stellen, das heißt ihm ein geringeres Taschengeld zu geben, ihm größere Ausgaben oder gar Urlaube zu verwehren, damit letztlich für sein eigenes Honorar deutlich mehr übrigbliebe. Schließlich sind die Aufgaben eines Sachwalters breit gefächert: Von der Abwicklung von Rechtsgeschäften, der Erledigung von Behördenwegen, Entscheidungen über medizinische Behandlungen, bis hin zum finanziellen Gebaren und womöglich sogar Eingriffen in persönliche oder intime Entscheidungen.

Als ich mich von Herrn Schmitz verabschiedete, war ich froh, dass es Menschen wie ihn gab, die sich für die Anliegen von psychisch Kranken einsetzten. Ich konnte wieder ruhig schlafen.

VII.

Starr vor Panik beobachtete ich das Geschehen. Eine Hand voll medizinisches Personal steckte seine Köpfe zusammen, tuschelte, warf dazwischen einen kurzen Blick auf mich und beriet sich weiter. Die Worte, die ich aufschnappte, gefielen mir überhaupt nicht. Diesen Leuten gnadenlos ausgeliefert zu sein, bereitete mir panische Angst.

„Probieren wir diesmal die Fiebertherapie, nachdem sie auf die Dauerbäder und Schlafkuren nicht angesprochen hat. Obwohl wir sie mit *Somnifen* zwölf Tage unter Dauernarkose gestellt haben, hat uns das keinen Schritt weiter gebracht. Im Gegenteil, ich fürchte, dass wir damit ein Risiko eingehen. Werte Kollegen, denken Sie an die letzten zwei, die wir so behandelt und letztlich verloren haben“, hörte ich den Grauhaarigen sprechen.

Bei „verloren“ steigerte sich meine Panik. Am liebsten hätte ich um Hilfe geschrien, aber wer hätte mir hier helfen können? Abtoben zum Abreagieren wäre eine weitere Möglichkeit gewesen, aber pumpten sie mich dann nur weiter mit ihrem Gift voll. Es ging ihnen nicht um mich, sondern nur um ihre Statistiken und Studien. Letztlich war ich nichts anderes als ihr zweibeiniges Versuchskaninchen.

„Hervorragende Idee, Herr Professor“, meldete sich ein Jüngerer zu Wort. „Sollen wir Schwefelöl nehmen oder besser Pyrifier, dieses neumodische Zeug aus Bakterieneiweißstoffen der Coligruppe, oder die uns vertrauten Malariaerreger anwenden?“, fragte dieser den Grauhaarigen, der offensichtlich der Herr Professor war.

„Setzen wir auf Altbewährtes. Wie üblich lassen wir die Temperatur auf 40°C ansteigen und behandeln sie zwei oder drei Mal pro Woche“, erwiderte der Ältere.

„Gewiss eine Möglichkeit, Herr Professor, aber gestatten Sie mir, darauf hinzuweisen, dass laut einer neuen Studie mit der Insulinmethode bessere Ergebnisse erzielt werden könnten“, meldete sich eine Adrette zu Wort.

Fragte MICH endlich jemand? Ich wollte gerade ansetzen, einen Laut von mir zu geben, doch meine Mundmuskulatur fühlte sich wie gelähmt an. Was hatten diese Teufel nur wieder mit mir angestellt?

„Verehrte Kollegin, lesen Sie das Krankenblatt der Patientin“, ermahnte sie postwendend ihr Chef. „Das haben wir längst versucht, als Sie im Urlaub waren. Die Insulindosis wurde täglich gesteigert bis zu einem schweren hypoglykämischen Schock, aber vergeblich. Diese Therapie wird überbewertet. Außerdem habe ich keine Lust, ständig mit unseren Internisten wegen der Kontraindikationen, wie Herz-, Leber- und Nierenleiden, Rücksprache halten zu müssen.“

Als ich das hörte, spürte ich auf einmal die Stelle, an der die Nasensonde zur Zuckerzufuhr angebracht worden sein musste. Wieder fragte ich mich, was sie mir noch alles antun wollten. Ich schloss die Augen in der Hoffnung, dass dieser Albtraum zu Ende wäre, wenn ich sie wieder öffnete.

Auf einmal drängten sie sich in ihren raschelnden Mänteln um mein Bett. Einer zog eine Spritze auf und lachte mich süffisant an. Er klopfte mit seinem Zeigefinger daran, damit die Luft entwich. Es schien ihn anzumachen, mich hier hilflos liegen zu sehen. Zwei der jüngeren Ärzte amüsierten sich prächtig. Als ich erkennen konnte, was einer von ihnen in den Händen hielt, versetzte es mir einen Stich im Herzen.

„Nein!“, schrie ich so laut ich nur konnte und war froh, endlich einen Ton raus zu bekommen.

Der eine fuchtelte hämisch grinsend mit den Elektroden vor mir herum und der andere gestikulierte ähnlich mit der Spritze.

„Verschwindet! Lasst mich endlich in Ruhe!“, schrie ich voller Innbrust.

Sie kamen näher an mich heran, so dass ich ihren Atem spüren konnte.

„Nein!“, schrie ich dem einen so laut ich konnte ins Ohr, dass dieser entsetzt zurück wich.

„Wenn sie die Elektroschocks gar so verabscheut, probieren wir es doch mit Leukotomie“, meldete sich die Junge wieder zu Wort.

„Leuko, was?“, fuhr ich sie an.

Sie grinste mich schadenfroh an und antwortete in schriller Tonlage: „Wir durchbohren deine Schädeldecke und spritzen dir Alkohol ins Frontalhirn, damit die Nervenbahnen an dieser Stelle zerstört sind.“

„Seid ihr komplett irre? Dann bin ich vielleicht, aber wirklich nur vielleicht, die Stimmen los, aber stattdessen total verblödet. Schert euch zum Teufel!“

Ihr Kollege hob ein Skalpell in die Höhe und antwortete lachend: „Oder wir schneiden ihr damit die Nervenbahnen durch! *Hihi*. Frau Kollegin, wir machen einfach eine Lobotomie!“

Ich schrie sie an, schrie um Hilfe, wenn ich auch nicht wusste, wer mich überhaupt aus den Fängen dieser Frankensteins befreien würde. Als ich versuchte, von dem verdammten Bett runter zu kommen, bemerkte ich, dass ich an Händen und Beinen fixiert war. Dann gab es kein Halten mehr. Ich bewegte mich kräftig, aber diese verdammten Halterungen rührten sich keinen Millimeter.

Egal wie heftig ich mit Armen und Beinen rüttelte, sie gaben nicht nach. Dann beschimpfte ich all die Weißmäntel, denn Respekt vor ihnen hatte ich schon längst keinen. Ich spuckte um mich, um zu demonstrieren, was ich von ihnen und ihren Foltermethoden hielt. Am liebsten wäre ich auf der Stelle tot gewesen. Ja, am liebsten tot und erlöst.

Die Gestalten rund um mich verschwammen zunehmend. Ihre Stimmen wurden immer schriller. Sie ergötzten sich an meinem Schicksal und ließen sich eine Methode nach der anderen einfallen, die sie an mir, dem gar so schwierigen Fall, anwenden wollten. Natürlich nicht um mich zu heilen, sondern des Experiments wegen. Kaum hatte einer einen Einfall, dankten es ihm die anderen mit lautem Beifall und nicht enden wollenden Lachattacken. Ich hingegen bewegte sehr zur Erheiterung der anderen weiterhin heftig Arme und Beine, schlug meinen Kopf wie wild umher, bis ich irgendwann völlig erschöpft, bitterlich weinte.

Dazwischen vernahm ich: „Binden wir sie auf eine Drehmaschine und lassen sie solange um ihre Achse rotieren bis sie das Bewusstsein verliert.“

Nach einer Weile, die mir wie eine Ewigkeit vorkam, näherte sich der Arzt mit der Spritze und grinste mich gleich doof wie vorhin an. Ehe ich mich versah, ließ er die glasklare

Flüssigkeit in meinen Po rinnen. An der gegenüberliegenden Bettseite machte sich sein Kollege zu schaffen und brachte in Windeseile die Elektroden an. Dann verspürte ich einen heftigen Stoß, von dem ich glaubte, dass er mich ins Jenseits befördern würde.

Schweißgebadet tapste ich nach dem Schalter meiner Nachttischlampe. Ich zitterte am ganzen Leib. Die Qualen, die ich in diesem schauderhaften Traum durchlitten hatte, wünschte ich meinem schlimmsten Feind nicht. Besorgt blickte ich auf meine Armgelenke und Fußfesseln. Nein, es gab keine Spuren. Ich war nicht wirklich fixiert worden. Ich hatte Gott sei Dank alles nur geträumt. Mich schüttelte es vor Aufregung und die aufsteigende Gänsehaut ließ mich frösteln, obwohl ich einen Flanellpyjama unter meiner dicken Daunendecke trug.

Ich stieg aus dem Bett, zog meinen Morgenmantel über und machte mir warme Milch mit Honig, die laut meiner Großmutter wahre Wunder zu bewirken vermochte. Währenddessen wanderten meine Gedanken von meiner verstorbenen Oma zurück zu meinem Albtraum. Das kürzliche aufwühlende Studium interessanter und gleichermaßen abstoßender Literatur über veraltete Methoden in der Psychiatrie war sicher Auslöser für diesen lebhaften Traum. Beim Lesen hatte ich gar nicht glauben wollen, wie sehr psychisch Kranke bis vor weniger als hundert Jahren in Ermangelung an passenden Medikamenten Versuchskaninchen ihrer Ärzte gewesen waren. Dachte ich an die Leukotomie oder Lobotomie, das heißt der Zerstörung von Nervenbahnen durch Alkohol oder Operationen, oder dachte ich daran, dass Kranke wie im Zirkus in Drehmaschinen gedreht wurden, allerdings so lange bis ihnen irrsinnig schwindelig wurde, bis sie erbrochen oder sogar das Bewusstsein verloren hatten, empfand ich tiefstes Bedauern.

Fünfunddreißig Grad Celsius warme, mehrere Stunden andauernde Bäder, Dauerschlafkuren, die im Schnitt acht bis zwölf Tage andauerten, Konvulsionstherapien, bei denen epileptische Krämpfe zum Beispiel durch die Injektion von Kampfer provoziert wurden, Insulinschocks und Fiebertherapie bereiteten mir kalte Schauder wie die Elektroschock-, oder wie sie in Fachkreisen Elektrokrampftherapie (EKT) genannt wurde.

Die Fachpresse wusste zu berichten, dass die EKT angeblich fälschlicherweise als überholt, inhuman oder grausam betrachtet wurde. So bediente man sich nach wie vor, aber äußerst selten, ihrer bei einer Therapieresistenz für Psychopharmaka beziehungsweise bei einem gutem Ansprechen bei früheren Behandlungsepisoden. Durchgeführt werden durfte sie nur von entsprechend qualifizierten Fachärzten unter Beteiligung eines Anästhesisten und nach umfassender Aufklärung des Patienten. Das wiederum nahm mir meine Skepsis nicht.

Schon Bleuler, der der Schizophrenie zu ihrem Namen verholfen hatte, hatte im letzten Jahrhundert in den ursprünglichen Therapien der Psychiatrie die Auslösung eines Anpassungs-Syndroms und eine damit verursachte positive Beeinflussung des Krankheitsverlaufs gesehen. War gut angepasst mit umgänglich, friedfertig und verhaltensunauffällig gleichzusetzen? Oder hatte man viel mehr den Willen der Patienten gebrochen und sie auf diese Weise gefügig gemacht, so dass sie ihr Leid in Folge still und teilnahmslos ertrugen, fragte ich mich.

Meine persönliche Meinung tat nichts zur Sache, sagte ich mir, trank sogleich die Milch aus und starrte eine Weile gedankenverloren in den Raum. Dann legte ich eine CD in den Player, setzte mich wieder auf meine Couch, schloss meine Augen, als die stimmungsvolle Musik ertönte, und versuchte meine Gedanken auf etwas Anderes, Angenehmes zu fokussieren. Erst ein leises Klicken des Geräts, das das Ende der CD ankündigte, ließ mich hochschrecken. Dann schleppte ich mich im Morgengrauen müde zurück in mein Schlafzimmer.

VIII.

Gleich einem Wunder verlebte ich mit geraumer Verspätung den ersten Heiligen Abend mit meinem Vater. Zur Vorfreude, die der eines Kindes ähnelte, mischte sich die Angst vor der Stimmung auf der Station. Niemals zuvor hatte ich mit Fremden, geschweige denn mit Behinderten oder Kranken gefeiert.

Nach Öffnen der schweren Glastür wurde ich mit der gewohnten Geräuschkulisse empfangen. Den offenen Wohn- beziehungsweise Speiseraum zierte ein großer, bunt geschmückter Weihnachtsbaum, mit allerlei Päckchen darunter. Soweit die übliche weihnachtliche Kulisse. An den gedeckten Tischen saßen die Pfleglinge gestriegelt und sauber zurecht gemacht mit wenigen Angehörigen und einigen Pflegern dazwischen. Sogar die Bettlägerigen waren in ihren

Betten herbei geschoben worden. Neben meinem Vater sitzend beobachtete ich die Szenerie im matten Schein der Lichterkette.

Auf einmal war es ruhig. Keine abnormen Schreie. Allen war bewusst, dass heute ein besonderer Tag war. Alle waren wir bewegt. Wir sangen, wir beteten und die sonst oft so traurig dreinblickenden Gesichter erstrahlten glücklich im Glanz der Kerzen. Diese alten, kranken, vom Leben gezeichneten Menschen sahen auf einmal wunderbar glücklich drein. Der himmlische Weihnachtsgedanke konnte wahre Wunder vollbringen. Als die Brötchen gereicht wurden, stieg der Lärmpegel, der erst bei der Bescherung nachließ. Als diese erwachsenen Leute den Pflegern ungestüm wie Kinder um deren Hälse fielen, war ich von ihrer offenen Freude ergriffen.

Mein Herr Papa zog es vor, mein Päckchen in seinem Zimmer ganz unter uns zu öffnen.

Er ließ seine Hand über die in unserer beider Lieblingsfarbe Blau gehaltenen Strickweste gleiten und seine perfekt auf sie abgestimmten Augen strahlten mich und sie abwechselnd an. Er streichelte sanft meine Wange, was unter anderen Umständen nicht außergewöhnlich gewesen wäre. Allerdings verstieß unsere Beziehung gegen jede Norm. Genaugenommen war die Feier auf der Station Lukas vollkommen unspektakulär. Aber nicht für meinen Vater und mich. Wahrscheinlich war sie für uns beide das größte Geschenk dieses Weihnachten, weil wir erstmals vereint waren.

Mit meinem Gehen war für ihn der Zauber vorbei. Für mich fanden die Feierlichkeiten eine Fortsetzung in meinem ureigensten Zuhause bei meinen Ersatzeltern, wo ich dieses

Jahr wegen der heftigen Auseinandersetzung bei Lüftung unseres Familiengeheimnisses nur selten gewesen war.

Als braves Mädchen störte ich den Weihnachtsfrieden nicht und kommentierte deswegen meinen Besuch bei meinem Vater nicht weiter. Diesen Festtag wollte ich, wie wir es gewohnt waren, friedlich und besinnlich begehen: Festessen, gemütliches Zusammensitzen, für eine Weile alles vergessen, verträumt in den warmen Lichterglanz der Kerzen am festlich geschmückten Baum schauen, andächtiges Singen und zu viele der von der Tante selbst gebackenen Kekse stibitzen. Bisher waren sie das Zentrum meines Universums gewesen. Für sie hatte ich Gefühle, wie man sie den Eltern entgegenbrachte, die ich seit Monaten nicht mehr zuließ.

Darüber hinaus zeichnete sich dieses Weihnachten ab, dass meine Familie im Begriff war, zu wachsen, als mich ein im Ausland weilender Cousin zu seiner bevorstehenden Geburtstagsfeier in seinem Heimatdorf einlud. Als ich ihn reden hörte, wechselte meine Stimmung von überrascht, über wachsam bis hin zu hoch erfreut und dann wieder ablehnend. Immer auf der Hut, hielt ich mir alle Möglichkeiten offen. Die Sippenhaft wog schwer, weshalb es unwesentlich war, dass der nette Anrufer damals, als Papa verrückt wurde, noch ein Kind gewesen war, zu jung, um den Rest der Familie zum Umdenken zu bewegen. Auch wenn diese Ereignisse weit zurücklagen und heute vielleicht keine Rolle mehr spielten, gedachte ich ihnen immerzu.

IX.

Meine Neugierde überwog. Auf einmal sah ich in dieser Geburtstagsfeier eine passende Gelegenheit, meine väterliche Familie vollständig kennenzulernen. Wie am Servierteller wurde ich herumgereicht. „Du bist Josefs Tochter? Nicht zu glauben!“ oder „Diese Ähnlichkeit, einfach unglaublich!“ oder „Was für eine hübsche Tochter der Josef hat!“ So oder so ähnlich wurde ich begrüßt.

Zugegeben, die Reaktionen waren unterschiedlich. Die Cousine und Onkel Ferdl, deren Vergnügen ich schon letzten Juni hatte, lagen mir nach wie vor nicht, weswegen ich mich ihnen sicherheitshalber fernhielt.

Die älteste Schwester meines Vaters war mir allerdings auf Anhieb sympathisch. Eine herzliche, alte Frau, die mir die gute Seele des gesamten Clans zu sein schien. Sie erzählte mir mit sanft strahlenden Augen von meinem Vater. Mit einem Altersvorsprung von fünfzehn Jahren wäre sie wie eine Mutter für ihn gewesen. Sie habe sich gekümmert, dass er rechtzeitig vor dem Winter einen warmen und vor allem passenden Mantel bekommen habe, was so kurz nach dem Krieg eine große Herausforderung gewesen wäre. Zu Fuß wären sie durch den Wald quer über die Hügel in den nächsten größeren Ort gegangen. Am Heimweg habe sie die Dunkelheit überrascht und Josef habe sich voller Angst dicht an sie gekuschelt, als sie kurz Rast hielten. Zum ersten Mal klangen Erzählungen über ihn für mich warm, herzlich, mit Mitgefühl, und zu meiner großen Überraschung ohne anzuklagen.

Dann lernte ich eine Reihe von Cousins und deren Familien kennen. Meine Generation war im Großen und Ganzen recht nett. Die fehlenden, gemeinsamen Erlebnisse der letzten Jahrzehnte bildeten eine unsichtbare, unüberwindbare Mauer zwischen uns. Ob sie jemals verschwinden würde, wagte ich nicht zu beantworten. Blut war das Einzige, was uns verband.

Allerlei Namen bekam ich zu hören, wobei ich beim Merken und vor allem Zuordnen zu den einzelnen Gesichtern und den entsprechenden verwandtschaftlichen Beziehungen meine große Mühe hatte. Mitzi, Franzl, Rosi, Zenzi, Maria, Poldi, Pepperl, Fritzl, Ricki, Liesl, Bertl, Hansl und wie sie alle hießen. Mir schwirrte der Kopf. Es war ungewohnt Teil einer großen Familie zu sein. Zumindest rein theoretisch. Eigentlich fühlte ich mich eher als Fremdkörper oder Eindringling.

Deshalb verabschiedete ich mich frühzeitig zum – wenn vielleicht manchmal auch geheucheltem – Erstaunen der Festgesellschaft mit der Ausrede, dass ich noch einen weiten Weg vor mir und am nächsten Tag einen Termin hätte. Das stimmte nur bedingt. Ich hatte mich bereits gestern in der Region in einem Hotel, das einen hervorragenden Ruf genoss, einquartiert. Meine Ausrede war keine Lüge, sagte ich mir. Weit war relativ und natürlich hatte ich morgen einen wichtigen Termin, wenn auch nur im Wellnessbereich jenes großartigen Hauses, das ich morgen ohnedies wieder verlassen musste.

Vor der Feier hatte ich die Gelegenheit genützt, mich in der Heimat meiner Vorfahren genauer umzusehen. In einem Café der nahen Bezirksstadt hatte ich die Einheimischen belauscht. Ihr Dialekt ließ mich manchmal schmunzeln. Immer wieder war die Rede von „di Sochn". Aha, die Sachen, dachte ich mir irgendwann. So benannten sie alles oder sogar jeden! Man gebrauchte flott das Du-Wort, auch mir gegenüber. Egal, so hatte ich rasch das Gefühl, dazu zu gehören. Es ging wesentlich lockerer zu als in meiner Heimatstadt. Auch später in der gegenüberliegenden Apotheke, wo ich mir etwas besorgen wollte, war in der langen Schlange vor mir immer wieder die Rede von „di Sochn". Außerdem schien hier wirklich jeder jeden zu kennen. Schneller Austausch von Neuigkeiten, ein nettes Wort oder einen Scherz auf der Lippe. So machte Warten Spaß.

Mal vernahm ich eine beinahe singende Tonlage, dann auch wieder fast nach der Schrift Gesprochenes oder unverständliches, tiefes Gebrummel. Allmählich rückte ich in der Reihe auf und verfolgte das Geschehen direkt vor dem Verkaufspult. Irgendjemand schien etwas verlangt zu haben, das die Apothekerin nicht auf Anhieb fand und Rat suchend um sich blickte bis die Kundschaft ihr gerne auf die Sprünge half: „I was wo si sein!", und auf ein Regal deutete. „Ich weiß, wo sie sind", übersetzte ich dann still und heimlich für mich. Bald war ich an der Reihe, wurde liebenswürdig bedient und mit einem breiten „Wiederschaun" verabschiedet.

Es lag mir fern, mich über die Landsleute meines Vaters lustig zu machen. Mein alter Herr, ein recht einfacher Mann, sprach nahezu nach der Schrift. Nun ja, wenn er redete, was – wie wir wussten – nicht häufig geschah.

Ich spazierte die wenigen Schaufenster entlang. Außer den Nahversorgern gab es nichts. Zu meiner großen Überraschung war das einzige Hotel, das gleich direkt neben der Apotheke lag und das bis vor kurzem von einem begnadeten, hoch betagten Wirt geführt worden war, bis weit über die Landesgrenzen bekannt. Allerlei Berühmtheiten waren hier schon eingekehrt. Hier in der tiefsten Provinz, in der Heimat meiner Vorfahren.

Ich ließ meinen Blick quer über die Straße bis zum Kirchvorplatz gleiten. Da und dort begegneten sich Leute, verweilten spontan auf einen kurzen Plausch am Gehsteig, vor einem Geschäft oder zwischen parkenden Autos. Ich beobachtete und belauschte die Einheimischen. Mein Interesse und meine Neugierde waren rein persönlicher Natur. Anderswo wäre es mir völlig gleichgültig gewesen, wer, wie und was sagte. Hier war ich auf meiner ganz persönlichen Spurensuche. Eigentlich sollte mir alles vertraut sein, weil hier meine Wurzeln lagen. Stattdessen alles total fremd.

Als ich zur weiteren Erkundung durch die Gegend fuhr, war mir, als ob mein Vater mich leiten würde. Er war gegenwärtig. Es war Februar und dementsprechend traurig wirkte die Landschaft. Vom Streusalz weiß eingefärbte Straßen und abseits davon ein wenig Schnee oder Matsch, wie überall um diese Jahreszeit. Die Obstbäume, Weinberge, Felder und Gärten hielten Winterruhe. Wie vermutlich auch die Bauern und Winzer dieser Gegend. Ich habe mir sagen lassen, dass diese liebliche, hügelige Landschaft mit seinen winzigen Orten immer mehr Stressgeplagte auf der Suche nach sanftem Tourismus entdeckten.

Leute aus der Bundeshauptstadt oder den Nachbarländern, die hier ihren Zweitwohnsitz hatten, waren ebenso anzutreffen, wie Künstler, die nur wenige Kilometer entfernt sogar ein eigenes Dorf gegründet haben. Verfallenen Bauernhäusern war neues Leben eingehaucht worden. Die Thermenregion lag nur einen Steinwurf entfernt. Gute Voraussetzungen für jene, die in netter Umgebung ein paar Gänge zurückschalten wollten, vielleicht dann und wann mit einem Gläschen Uhudler in der Hand.

Ich wandelte, wenn auch nur für kurze Zeit, auf Papas Spuren. Ich fuhr in den einen oder anderen Graben hinein oder auf den einen oder anderen Riegel oder Zipf. Von diesen Ortsbezeichnungen leiteten sich auch die entsprechenden Ortsnamen ab. Die Endungen -stein, -haus, -markt oder -dorf kamen mir auf einigen Schildern unter. Ich versuchte jedes Detail, auch wenn es genau genommen noch so unwichtig war, aufzunehmen. Manche Namen wollte ich im Gedächtnis behalten, um Papa danach zu fragen. Im Rahmen meiner Vorbereitungen via Internet waren mir einige Familiennamen aufgefallen, die mir bislang nicht geläufig waren. Immer wieder staunte ich, wenn ich Deutsch, Jud oder Englisch las und fragte mich, ob diese Namen auf den letzten großen Krieg zurückzuführen waren. Banalitäten erstaunten mich und vermutlich hätten mich, die Fremde, die Einheimischen ausgelacht. Ich versuchte, ein Gespür für die Heimat meines Vaters zu bekommen, wo seine wie meine Wurzeln lagen.

Am folgenden Wochenende schilderte ich meinem Vater meine Eindrücke von der Feier und befragte ihn zu bestimmten Personen, um seine Sympathieverteilung innerhalb unserer Familie abzutesten. Die vermutete Übereinstimmung unserer

Befindlichkeiten bestätigte sich. Noch schöner jedoch war, dass ich ihm mit so mancher Schilderung ein herzhaftes Lachen entlocken konnte. Das war Entschädigung genug.

X.

Im folgenden Frühling kündigte sich eine begrüßenswerte Veränderung an. Mein Vater wurde auf eine Station, die einer optimalen, individuellen Betreuung und seiner Förderung gerecht werden sollte, verlegt. Bereits beim Eingang der Station Flora war der Unterschied eklatant. Niemand wälzte sich am Boden. Keine Schreie. Stattdessen angenehme Ruhe. Nach Öffnen der schweren Glastür fiel mein Blick sofort auf eine Wand, wo die Pfleglinge mit Fotos, Namen und Geburtsdaten vorgestellt wurden. Eine gute Idee, trotz dem ähnelndem Aussehen meines Vaters mit einem Verbrecher: grimmiger, starrer Blick, kein Hauch von Lächeln, nur die gestreifte Uniform fehlte.

Vom ersten Augenblick an, hatte ich das Gefühl, dass der Wechsel von „Lukas“ zu „Flora“ ein immenser Gewinn war.

Nach Austausch einiger Informationen wies die nette Schwester geradeaus in eine Art Wohnraum hinein, wo ich sogleich Papas Rollstuhl und seinen schmalen Kopf mit den wenigen Haarstoppeln darauf von hinten erkannte. Langsam ging ich auf ihn zu, sprach ihn leise an, um die anderen nicht zu stören. Ich wollte nicht mit dieser heiligen Ruhe brechen.

Auf der gemütlichen Sitzecke neben ihm saßen zwei Männer und eine ältere Frau, die mit umgebundener Schürze ihr Nachmittagsschläfchen hielt. Im Fernseher lief ein Film aus den 1950er-Jahren. Alle wirkten wie eine Familie, die sich gemeinsam im Wohnzimmer einen Film aus der guten, alten Zeit ansah. Sogar die Einrichtung war dazu entsprechend, wirkte geradezu heimelig. Ich wähnte mich nicht auf einer Pflegestation, sondern in irgendeiner größeren Wohngemeinschaft von älteren, hilfsbedürftigen Personen.

Hinter uns, also Richtung Schwesternzimmer, waren an den Wänden einige Stühle mit kleineren Tischen gruppiert. An einem davon legte eine alte Frau frisch gewaschene Wäsche zusammen. Jeder beschäftigte sich still und leise und meist mit sich selbst. Nach kurzem, nettem Gruß widmete sich mein Vater wieder dem Film, während ich abwechselnd das Geschehen rund um mich und am Bildschirm verfolgte. Hinter der Fernsehwand, im Moment rechts von uns, lag der Küchen- bzw. Speisebereich. Eine Frau – mit Sicherheit auch ein Pflegling – wischte geschäftig die Arbeitsfläche ab. Ein Herr stellte eine Aktentasche, in der sich was auch immer befinden mochte, ab, holte einen Besen und begann den Boden um die Esstische herum, aufzukehren. Als das erledigt war, nahm er die Tasche wieder auf und schlurfte davon.

Überall alte Gegenstände in den Regalen oder an den Wänden: ein Bügeleisen, das noch am Ofen gewärmt werden musste, verschiedenste Uhren, eine Handkaffeemühle, eine in einen kleinen Holztisch eingebaute Nähmaschine, ein Spinnrad oder Landschaftsansichten.

Abermals fiel mir die angenehme Ruhe auf. Nur die Stimmen aus dem Fernseher, ein wenig Geschirrgeklapper, schlurfende Schritte, irgendwo eine Tür oder ein Husten waren zu vernehmen. Kein Wunder, dass mein Vater äußerst entspannt wirkte. Ich war so froh, erleichtert und dankbar zugleich.

Bei den folgenden Besuchen kristallisierten sich bestimmte Lieblingsplätze heraus, wo ich ihn mit absoluter Sicherheit antraf: Bei schönem Wetter in der warmen Jahreszeit auf der herrlich großen Terrasse mit der wundervollen Aussicht, an kühleren Tagen oder bei schlechtem Wetter vor dem Fernseher – auch wenn dieser ausgeschaltet war – oder manchmal an seinem Platz bei Tisch, wenn er wie üblich der Letzte war.

Lief gerade eine Sendung, die ihn interessierte, saß ich artig neben ihm und gab dann und wann einen dazu passenden Kommentar ab. Anfangs ärgerte ich mich darüber, dass er sich mir nicht widmen wollte und fortwährend in die Glotze starrte. Seine Ignoranz reizte mich und ich überlegte sogar, ihm die Einstellung meiner Besuche anzudrohen. Schließlich lernte ich auch mit dieser Situation umzugehen. Bald kapierte ich, dass er sich sehr wohl über meinen Besuch freute, doch der Routine gemäß auch fernsehen wollte. Nach den vielen, langen Jahren des Allein- und Sich-selbst-Überlassenseins war er vermutlich in manchen Gewohnheiten festgefahren, weshalb ich ihm sein Verhalten nachsah.

So glotzte ich, wie er, in das „Kastl" und beobachtete nebenher das Geschehen um uns. Rasch zeigte sich, dass mir diese Stunde der Entspannung gut tat. Meinem Vater reichte es völlig aus, dass ich bloß neben ihm saß und mit ihm etwas gemeinsam tat, auch wenn es nur vor sich hinstarren war. Ich musste nicht immer plappern und verkrampft nachdenken, wie ich die Konversation in Gang bringen könnte. Nur still dasitzen reichte völlig. Mein Vater lehrte mich unbewusst, mich an seinen Rhythmus anzupassen. Manchmal freute ich mich sogar auf diese kurzen Fernsehnachmittage.

Wir sahen nette, alte Filme, interessante Reportagen und zu meinem Erstaunen sogar Nachrichten. An schönen und wärmeren Tagen hatte er sein Lieblingsplätzchen auf der Terrasse, die er zu lieben schien. Kein Wunder nach der langen Zeit auf der Pflegestation, von der er nur selten ins Freie gebracht worden ist. Er saß dort ewig ganz vorne beim Geländer, um noch besser nach unten zu sehen. Er schaute und schaute.

Bei trockenen, warmen Wetter machte ich mit ihm einen Spaziergang und schob ihn dabei durch die weitläufige Grünanlage oder plagte mich viel mehr ab, ihn zu schieben. Bei unserem ersten Ausflug dieser Art wollte ich das Areal vollständig erkunden und unterschätzte vollkommen das Gewicht des Rollstuhls mit einem erwachsenen Mann darin. Mit meinem bescheidenem Kampfgewicht von weniger als fünfzig Kilo geriet ich rasch an meine Grenzen. Ging´s nach unten, hielt ich die Griffe panikartig vollkommen verkrampft. Ging´s wieder nach oben, stemmte ich meinen Vater mit meinem gesamten Gewicht nach oben und verschnaufte völlig außer Puste. Von Schieben konnte keinesfalls die Rede sein. Mit der Zeit waren wir auf einer geringfügig variablen Strecke unterwegs.

Einer unserer Fixpunkte war ein idyllisch umwachsener Pavillon im weitläufigen Garten des Pflegeheims, von wo wir eine fabelhafte Aussicht auf die Umgebung hatten. Sehr schön war auch der Weg Richtung Wald, zumindest solange er asphaltiert war. Dabei kamen wir beim hauseigenen, kleinen Friedhof, einem Verkehrsgarten, einer Sportwiese und einer Turnhalle vorbei, mit ein paar Bänken dazwischen. Der Rückweg mit dem Obstgarten und seiner pittoresken Kulisse im Visier war für mich besonders schön. Besonders im Frühling war er mit seinem gigantischen Blütenmeer eine Augenweide. Bevor wir auf die Station Flora zurückkehrten, hielten wir meist am Springbrunnen. Es gefiel uns, dem Wasser zuzusehen und wir wären gerne unendlich lange dort verweilt. Dann fragte ich meinen Vater regelmäßig, ob wir diesen Ausflug wiederholen sollten.

„Ja, bitte!“, war jedes Mal beinahe flehentlich seine Antwort.

Waren die Phasen auf der Station zu lange, war unübersehbar, wie er sich auf draußen freute. Obwohl diese Spaziergänge meist anstrengend waren, plagte ich mich gerne für ihn, weil er einen so großen Gefallen daran hatte und weil wir in diesen Augenblicken alleine waren und wir das Heim zumindest kurz vergessen konnten. Momente dieser Art waren uns aufgrund baulicher Hindernisse auf der Station Lukas verwehrt gewesen.

Mit der Zeit lernte ich besonders charismatische Mitbewohner(innen) meines Vaters kennen: Die reizende, adrette Helga, etwa Mitte Siebzig, die sich mir immer wieder freundlich lächelnd mit denselben Worten vorstellte, obwohl wir uns schon miteinander bekannt gemacht hatten. Sie wäre die Helga, schon seit den 80er-Jahren hier, ihr Bruder käme sie besuchen, sie könne singen, tanzen, spielen, stricken, handarbeiten und basteln. Mehr ginge nicht mehr, denn sie wäre auch nicht mehr so jung und ihr „Schatzi“ wohne auf einer anderen Station und arbeite mit ihr in der Tageswerkstätte. Dann blickte sie regelmäßig zu meinem Vater im Stuhl hinab und fügte hinzu: „Er ist ein ganz Lieber. Ich passe schon auf ihn auf.“ Dann streichelte sie ihm kurz über die Schulter und sah mich liebevoll an.

Ich mochte diese nette, alte Frau. Mein Vater verhielt sich ihr – wie auch den anderen Mitbewohnern – gegenüber gleichgültig. Dann und wann hätte ich mir ein bisschen Engagement von seiner Seite gewünscht. Nur die Pfleger, Ärzte und mich schien er an sich heran zu lassen. Seine Ablehnung den anderen gegenüber erklärte ich mir damit, dass er womöglich in all den Jahren gelernt hatte, sich mit Rückzug von der restlichen Welt vor Verletzungen oder Verleumdungen zu schützen. Wenn er wollte oder wenn seine Bedürfnisse dringend waren, wusste er sich gut, seiner Umwelt mitzuteilen. Wenn er wollte und wem er wollte.

Dann gab es auf „Flora“ noch einen groß gewachsenen Herrn, vielleicht Ende Fünfzig, der sich meist im Eingangsbereich der Station aufhielt und erst im Laufe der Zeit meinen Gruß mit einem stillen Nicken zu erwidern begann, der gelegentlich anderen Pfleglingen tadelnde Worte bei Tisch zuwarf und nur kurz mit den Schwestern sprach. Wie mein Vater saß er im Rollstuhl und vermochte sich darin – im Gegensatz zu meinem Erzeuger – energisch fortzubewegen.

Eine weitere Mitbewohnerin, an deren Namen ich mich nicht mehr entsinne, begrüßte mich stets Hände schüttelnd und ein paar nette Worte wechselnd. Eigentlich gab es nur wenige, die so mitteilsam waren wie Helga. Die meisten verhielten sich schweigsam, brummelten bestenfalls kurz vor sich hin.

Irgendwann brachte Hannelore frischen Wind auf die Station Flora. Sie war gute Siebzig, herzensgut, konnte anfangs mit einer Gehhilfe gemächlich gehen und war zuletzt auf stützende Hilfe angewiesen. Unaufhaltsam plauderte sie und sorgte für nette Unterhaltung.

Geistig vollkommen fit und mit ihrer erfrischenden Art war sie irgendwie die „Kleine Zeitung" der Station. Für Späßchen immer aufgelegt nannte sie sich zutreffend „Hannelore Gokolore". Sie war ein Sonnenschein und wuchs mir schnell ans Herz, wie auch ich ihr. Verabschiedete ich mich, fragte sie mich: „Warum gehst du schon?" Gab ich ihr eine Erklärung, erwiderte sie: „Schade! Bleib noch!", oder sie fragte sogleich, wann ich das nächste Mal kommen würde. Sie war wissbegierig und merkte sich alles. Dass ich ihr einmal, wenn auch nach einigem Zögern, als gerade kein Pfleger zur Stelle war, zur Toilette half, würde sie mir vermutlich nie vergessen.

Vergessen worden schienen die meisten der Mitbewohner meines Vaters, wie auch er viel zu lange. Es war traurig, mitanzusehen, wie diese alten Leute, die mehr oder weniger pflegebedürftig waren, isoliert vom Rest der Welt ihr Dasein fristeten. Dabei waren so liebenswerte Menschen, wie Helga und Hannelore darunter, um sie nur stellvertretend für den Rest zu nennen. Schön, dass die netten Pfleger sie als achtenswerte Menschen behandelten.

Dank meiner regelmäßigen Besuche, worum ihn die anderen sicher beneideten, war mein Vater so etwas wie der „König auf der Station“. Auch ich schien gerne gesehen zu sein. Ich bin mir unschlüssig, ob es an meiner Person selbst, meinem ruhigen, verständnisvollen Auftreten und dem rührseligen Umgang mit meinem Vater lag oder eher daran, dass niemand so oft und regelmäßig wie ich zu Besuch kam. Die meisten nahmen es eher still zur Kenntnis und blickten manchmal etwas wehmütiger als gewöhnlich zu Boden. Hannelore drückte ihre Gefühle hingegen wortgewandt und überschwänglich aus.

Zunehmend ergaben sich auch nette Gespräche mit den Pflegern, auf der Station oder im Garten, wenn einer mit einer kleinen Gruppe von Schützlingen frische Luft schnappte. Mit einem sehr Erfahrenen ging es über den üblichen *Smalltalk* hinaus.

Kern unserer Unterhaltungen war, wie sehr sich die Situation psychisch Kranker in den letzten Jahrzehnten verbessert hätte. Ich lauschte gespannt seinen Berichten über krasse Zustände in den 1970ern, als die Zeiten für psychisch Kranke besonders schlimm gewesen wären.

Ein hoher Prozentsatz sei zwangsweise eingewiesen worden, wobei die „Gerichtskommission“ eher eine reine Alibifunktion gehabt hätte. Patienten mit Leintüchern an Sessel zu binden, sie zu schikanieren und ihnen das Essen in Plastikgeschirr vorzusetzen, um den Schaden gering zu halten, hatte mit den Therapien von heute nichts gemein. Die Aufenthaltsräume der Stationen bezeichnete er als „Beobachtungssäle“. Einig waren wir uns darin, dass wir hofften, dass eine menschliche

Entwürdigung wie damals üblich gewesen, jetzt wirklich *passé* wäre. Sein Bericht über Elektroschocktherapien bereitete mir in Erinnerung an meinen Albtraum eine intensive Gänsehaut.

Ich mochte die Gespräche mit diesem kompetenten Pfleger zumal er – sofern es seine Zeit zuließ – gerne auf meine unerschöpflichen Fragen einging. Als wir einmal auf einschlägige Medikamente zu sprechen kamen, betonte er, dass sich auf diesem Sektor erst in den letzten drei bis vier Jahrzehnten viel getan hätte. Bis dahin hätten die Ärzte nur eine geringe Auswahl zur Verfügung gehabt und wären deshalb gezwungen gewesen, die Patienten lediglich zu sedieren. Manche Patienten würden „ihre" Stimmen mit bestimmten Arzneimitteln zwar los, wären dann aber wieder total gedämpft und schlichen starr wie Roboter durch die Gegend oder sie sabberten grauslich aus ihren Mündern.

Er erstaunte mich, dass es manchmal gar nicht vorrangig sei, die Stimmen aus den Köpfen der Kranken zu verbannen, da ihnen dieses irre Gequatsche nach jahrzehntelanger Gewöhnung fehlen würde. Kaum zu glauben, dass sie mit Panik auf gespenstische Stille reagierten, da sie diese nicht ertrügen. Ich war gierig darauf, über all die Stimmen zu sprechen, um eine vage Vorstellung zu bekommen, wie Patienten diese Krankheit erlebten. Er bestätigte mir die Lehrmeinung, dass sie gut oder böse sein und ebenso von einer zur anderen Qualität wechseln konnten.

Waren die akustischen Halluzinationen böser Natur, würden die Patienten aggressiv werden, ihren Nächsten oder sich selbst gegenüber, je nachdem was ihnen in ihrem Innersten befohlen wurde. Er weihte mich auch in Probleme des Pflegealltags ein: Viele Patienten wollten ihre Medizin nicht schlucken, weswegen er flüssige Arzneiformen, die er vorzugsweise in Himbeersaft mischte, favorisierte. Schlug auch das fehl, musste ein Arzt zu Injektionen, bestenfalls jenen in Depotform, zurückgreifen. Er beklagte die bei Schizophrenen besonders problematischen Schlafprobleme, da Schlafmangel Halluzinationen verstärkte.

So sehr ich diese lehrreichen Gespräche schätzte, so sehr war ich danach vor Augen haltend, was mein Vater Schreckliches erlebt haben musste, deprimiert, so dass wir uns irgendwann mir zuliebe auf unverfänglichen *Smalltalk* beschränkten.

XI.

Seit mein Vater auf der neuen Station untergebracht war, ging es mit uns beiden bergauf.

Ihm schienen der ruhigere, beinahe familiäre Ablauf, die dadurch bedingt entspannten Pfleger und manche rührend um ihn bemühten Leidensgenoss(inn)en gut zu tun. Wann immer das Wetter es zuließ war er auf der von ihm so sehr geliebten Terrasse: mit ruhigem, regungslosen, nach vorne gerichtetem Blick, immer alleine, nie die Gesellschaft der anderen suchend. Insgeheim gestand ich mir ein, dass ich mich wie er verhalten hätte. Meist verstand ich ihn sehr gut. Er sei immer schon ein Einzelgänger gewesen, hat mir ein Familienmitglied gesagt. Die jahrzehntelange Einsamkeit in verschiedenen „Verwahrungseinrichtungen“ hatte gewiss einen weiteren Beitrag geleistet.

Nur mich ließ er länger und gerne an sich heran. Das war die größte Ehrerbietung oder Auszeichnung, die mein Vater mir zuteil werden lassen konnte, mit der er mir auf seine Art seine Zuneigung zeigte. Trotz seines guten Benehmens sprach er nicht mit jedem oder zollte dem anderen nicht die geringste Aufmerksamkeit, passte es ihm gerade nicht in den Kram, ganz egal welche Mühen und Strapazen jener auf sich genommen hatte, um diesen Josef Bäck zu besuchen. So erging es mitunter einem meiner Cousins, der nach meinem hartnäckigen Insistieren meinen Vater besuchte. Josef Bäck bekam endlich Besuch und was tat er? Er starrte mit einer unglaublichen Beharrlichkeit demonstrativ in eine andere Richtung und strafte den Armen mit absoluter Ignoranz. In diesem Moment verstand ich, dass sich Besuche in all den Jahren eingestellt hatten. Oder wollte er womöglich seine Familie auf seine Weise strafen?

Dank Flora wurde auch ich entspannter. Oder lag es etwa an dem wunderschönen Frühling und Sommer, den wir in diesem Jahr hatten. Oder auch an Philipp?

Marie war mir ewig in den Ohren gelegen, mich auf gewissen Internetseiten zu registrieren, um endlich an den Mann zu kommen, wie sie sich ausdrückte. „Wie willst du jemanden kennenlernen, wenn du die ganze Zeit auf der Uni, bei deinem Vater oder zuhause herumhängst? Glaubst du etwa, dass von selbst einer an deiner Tür klingelt? Das passiert nur im Märchen, meine Liebe, aber nicht im 21. Jahrhundert!" Mit diesen und ähnlichen Reden hat sie mich aufzurütteln versucht.

Dass kein Mann der Welt sich meinen Kummer, der sich seit einem Jahr doch nur um unser Familiendrama und um meinen kranken, alten Vater drehte, hören wollte, ließ sie nicht gelten. Nicht als Beichtvater sollte ich ihn missbrauchen, sondern schöne Stunden mit ihm verleben, entgegnete sie mir mit vielsagendem Blick.

Eines schönen Tages, irgendwann im folgenden Frühling, verkündete mir Marie voller Freude, wobei ich ihr eine gewissen Schadenfreude nicht absprechen konnte: „Ich habe dich unlängst registriert, denn du bist eindeutig zu feige dazu!"

Ich war wie vor den Kopf gestoßen, wütend und verwundert zugleich. Marie nahm meine Anschuldigungen mit stoischer Ruhe und leicht süffisantem Lächeln hin. „Du wirst mir einmal dankbar sein, dass ich dein Leben in die Hand genommen habe. Du scheinst dazu seit langem nicht imstande zu sein."

Ich kochte vor Wut. Außerdem wollte ich keinen anderen als Leo. Das ist mir bei unserem letzten Treffen klar geworden, obwohl er mich ausgerechnet mit einem Witz über Irre aufzumuntern versucht hatte. Nachdem mein Ärger und mein Trieb, alle psychisch Kranken in Schutz nehmen zu müssen, versiegt waren, hatte ich seine Gesellschaft genossen und aufs Neue festgestellt, wie wohl ich mich bei ihm fühlte. Seine bloße Gegenwart konnte Wunder vollbringen. Ich wollte niemand anderen außer Leo. Der Klang seines Namens war Musik in meinen Ohren. Da konnte Marie meinetwegen Kopf stehen. Ich fand keinen anderen Mann so attraktiv wie ihn. Genau genommen war mir sowieso nicht nach Männern. Leo hin oder her. Wem hätte ich meine Niedergeschlagenheit zumuten können? Bereits nach kürzester Zeit hätte jeder noch so tolle Kerl Reißaus genommen. Es gab keine Resonanz für Marie's wohlwollende Worte.

„Schalt endlich deinen PC ein und rufe deinen Gmx-Account auf, bevor du dich noch weiter aufregst. Dein Posteingang wird sicher überquellen“, erwiderte sie noch immer gelassen.

Und wie! Bald musste ich feststellen, dass sie mein Profil äußerst schmeichelhaft angelegt und sich Gemeinheiten völlig erspart hatte. Ich hatte meine beste Freundin total verkannt und das beschämte mich.

In Ermangelung an Zeit und Lust, musterte ich die Post meiner „Anwärter“ großzügig aus. Nach einem regen Briefverkehr raffte ich mich auf zu einem *Blind Date*. Der erste Kandidat war mir auf Anhieb sympathisch. Er war ein wenig älter als ich, beruflich erfolgreich, selbstständig, gut aussehend, aber nicht so atemberaubend wie Leo. Er war ein Ruhiger, der gerne zuhörte, der lieber in ein stimmungsvolles, gepflegtes Lokal ging, um sich mit mir zu unterhalten als in irgendwelchen Spelunken herum zu hängen. Wie ich mochte er die Natur, Kultur, stilvolle Gemäuer, die eine interessante Geschichte zu erzählen hatten und verabscheute oberflächliche Leute ohne jeden Charakter.

Es war keinesfalls so, dass bei uns sofort der Blitz eingeschlagen hätte oder wir gleich übereinander herfielen. Manchmal kam mir vor, dass sich zwei verlorene Seelen getroffen hätten, denen es zusammen besser erging. Zuerst war es Freundschaft, die Zuneigung kam danach. Allmählich, auf leisen Sohlen.

Irgendwann fragte mich Philipp, was ich regelmäßig außerhalb der Stadt machte oder wen ich dort besuchte. Panik überkam mich. Zuerst wich ich feige aus und er gab sich damit zufrieden. Schließlich fragte er wieder danach und es war klar, dass ich ihm reinen Wein einschenken musste. Ich hatte meine Probleme damit, zu gestehen, dass mein Vater psychisch krank war. Nach wie vor fürchtete ich mich vor unnötigem Getratsche oder kränkenden Reaktionen. Natürlich schätzte ich Philipp nicht so ein. Andererseits? Irgendwann, auf einer Wanderung an einem herrlichen Sommertag, gab ich mir den Ruck, meinen neuen Herzbuben in die dunkle Geschichte meiner Familie einzuweihen.

„Ach so, ich dachte schon er wäre im Gefängnis, weil du so ein Geheimnis daraus machst“, antwortete er zu meiner großen Überraschung vollkommen relaxt.

In Zukunft erwies sich Philipp als geduldiger Zuhörer. Natürlich sprach ich nicht fortwährend von meinem Vater. Es tat unheimlich gut, wenn er mich nur in den Arm nahm und wartete bis ich zu erzählen begann, wenn ich das Gefühl hatte, dass es mir den Boden unter den Füßen wegzog. Er hörte mir sanft über den Kopf oder die Wange streichend geduldig zu. Zunehmend wurde er für mich eine wichtige Stütze, brachte mich zum Lachen, überraschte mich mit Kurzausflügen und schaffte es immer wieder, mich mein ganzes Schlamassel vergessen zu lassen. Er war ein richtiger Glücksgriff und ich wusste, ich musste Marie dafür ewig dankbar sein.

Was Leo anbelangte, hatten wir seit geraumer Zeit Sendepause. Er ertrug es nicht, dass ich endlich eine ernsthafte Beziehung hatte und er nur mehr eine Neben- oder Statistenrolle einnehmen durfte. Ich hatte nicht vor, das seinetwegen zu ändern. Philipp und ich fühlten uns gut zusammen, als ob wir ewig aufeinander gewartet hätten. Ich fühlte mich wie ein

Schiff, das in seinem Heimathafen eingelaufen war. Alles verlief harmonisch. Manchmal nicht so spektakulär wie mit Leo, dafür aber konstant angenehm, liebevoll, vertraut. Philipp war mein Ruhepol. In seinen Armen fühlte ich mich geborgen, einfach zuhause. Leo war der Spontane, der Traummann, den ich zu oft mit anderen Frauen habe teilen müssen, der Sprunghafte und zu mir gar so Konträre. Nach dem belastenden, letzten Jahr, mit meinem volatilen Stimmungsbarometer tat mir meine neue Beziehung unheimlich gut. Philipp blieb der Fels in der Brandung, wenn ich heftigen Sturm aufkommen ließ. Der Himmel hatte ihn mir geschickt und nicht das Internet.

Philipp und ich waren schon seit einigen Monaten ein Paar, als ich ihn bat, mich ins Pflegeheim zu begleiten. Dabei gab es einen nicht unwesentlichen Hintergedanken: Ich war neugierig, wie mein Vater auf meinen Freund reagierte. Es ging wieder um das Abtesten seiner Sympathie. Philipp hatte Bedenken, nichts zur Unterhaltung beitragen zu können oder uns zu stören und zog es deshalb vor, im Auto lesend auf meinen Anruf zu warten.

Mein Vater war inzwischen auf den Überraschungsgast vorbereitet. „Papa, darf ich dir Philipp, meinen Freund vorstellen?“, sagte ich.

Mein alter Herr versetzte mich in blankes Erstaunen. Er, der sonst so träge war, machte Anstalten aufzustehen, was ihm aber nur ansatzweise gelang. Dann hielt er Philipp die Hand entgegen und sagte mit wohlgemerkt fester und klarer Stimme: „Bäck, sehr angenehm.“

Völlig verdutzt beobachtete ich das Begrüßungsritual. Unter anderen Umständen, wenn mein Vater völlig gesund oder sonst fleißig in der Konversation gewesen wäre, wenn man ihm nicht manchmal jedes Wort aus der Nase ziehen hätte müssen oder wenn er nicht ungebetene Gäste mit Gleichgültigkeit gestraft hätte, dann hätte ich mich nicht gewundert. Gleichzeitig bekam ich eine Vorstellung vom einst jungen, geistig gesunden Josef Bäck. Dieses kurze Zusammentreffen zeigte mir außerdem, dass er meinen Freund mochte und sich über seinen Besuch freute.

Sogar Philipp gelang es, entgegen seiner ursprünglichen Befürchtung ein wenig *Smalltalk* zu machen. Was sprach man auch mit jemanden, der seit Urzeiten abgeschirmt vom Rest der Welt sein Leben fristete, der keine Verbesserung seiner Situation erwarten oder keine Reisen unternehmen durfte, dem egal sein konnte, wie das Wetter war oder ob sich der Aktienkurs veränderte. Philipp bestand die Feuertaufe bravurös. Ich beobachtete die beiden mit innerer Zufriedenheit, denn zum ersten Mal erlebte ich meinen Vater souverän und ebenso wortgewandt.

Unter anderem sagte Philipp: „Schön haben Sie's hier."

Das quittierte mein Paps mit einem amüsierten Lächeln. Er konnte, wenn er wollte ganz umgänglich sein, doch nur wenn er wollte. Es war nicht zu übersehen, dass Philipp auf seiner Wellenlänge schwang.

XII.

An einem wunderschönen Herbsttag stand ich wie ein Häuflein Elend vor dem Gartentor meiner Ersatzeltern. Ich wusste nicht wohin mit meinem Kummer. Intuitiv hat es mich hierher getrieben, wie früher, wenn mich irgendwo der Schuh drückte. Mit aller Kraft versuchte ich jenes problematische Zusammentreffen aus meinem Gedächtnis zu verbannen. Leider ging das nicht so einfach wie das Löschen einer PC-Datei. Philipp war aus beruflichen Gründen im Ausland, weshalb Leo ebenso ausschied, weil ich meine noch junge Beziehung nicht unnötigen Verwirrungen aussetzen wollte. Marie schied wegen Urlaubs aus, weshalb Tante Uschi und Onkel Karl als Seelendoktoren übrig blieben.

Völlig niedergeschmettert, auf das Öffnen des Gartentors wartend, ließ ich meinen Blick durch den Garten gleiten.

Tante Uschi kam fröhlich auf mich zu. „Tina, das ist aber eine nette Überraschung!“ Unlängst habe sie zum Onkel gesagt, dass sie sich ernsthaft fragte, ob sie geisteskrank werden müssten, um meine Aufmerksamkeit zu erregen.

Onkel Karl war zu meiner Erleichterung gerade nicht zuhause, was uns ein Gespräch von Frau zu Frau ermöglichen sollte. Die erste Freude des Wiedersehens wechselte rasch in Besorgnis. „Tinchen, du siehst schrecklich aus. Was ist denn passiert?“ Ich kam nicht zum Antworten. Ihr mütterlicher Instinkt meldete sich sofort. Sie legte mir den Arm um die Taille, als ob ich zu schwach zum Gehen wäre und sie mich zum Haus schieben müsste. „Ich mache uns eine kräftige Tasse Tee. Dazu essen wir Apfelstrudel, den ich erst heute Vormittag gebacken habe, so wie du ihn gerne magst. Und dann erzählst du mir, was los ist.“

Bei dieser Fürsorge überkamen mich Gewissensbisse. Ich war hart mit ihr und ihrem Mann ins Gericht gegangen. Jede Medaille hatte bekanntlich zwei Seiten. Trotz der schrecklichen Worte, die ich ihnen damals bei der Enthüllung des lang gehegten Geheimnisses an den Kopf geschleudert habe, darf ich hierher kommen, wann immer ich will und werde noch immer herzlich empfangen. So reagierten vermutlich nur Eltern. Sie verziehen ihren Kindern fast jeden Fehltritt und waren ebenso wenig fehlerfrei. So oder so ist in unserer Familie zu vieles falsch gelaufen. Während ich diesen Gedanken nachhing, bereitete sie den Tee, hantierte mit dem Geschirr und erzählte mir, was sich in letzter Zeit zugetragen hatte.

Wir saßen schon eine Weile im Wohnzimmer. Sie plauderte und ich hörte zu oder besser gesagt erweckte den Anschein es zu tun. Wir aßen den köstlichen Strudel, der nach dem Rezept meiner Großmutter zubereitet war, und nippten am noch heißen Grüntee mit zartem Orangenaroma. Manchmal nickte ich sachte mit dem Kopf, um ihr das Gefühl zu verleihen, ihr zu folgen, und blickte wieder gedankenverloren in die Tasse und zog genüsslich den angenehmen Duft in mir auf.

Schließlich kam sie auf den Grund meines Besuches zu sprechen. Ich atmete mehrmals tief durch, um mich zu fassen und begann mit unsicherer Stimme zu sprechen: „Ich habe Tante Erika besucht“, sagte ich ohne Einleitung und meine Tante unterbrach mich mit einem entsetztem „Was?“. Ich vernahm ihr fortwährendes, ungläubiges Kopfschütteln und antwortete: „Es war so furchtbar!“ Dann kollerten mir schon Tränen über die Wangen. Ich stellte die Teetasse ab und kramte nach einem Taschentuch. Tante Uschi reichte mir eines und gab mir zu verstehen, mich zu ihr aufs Sofa zu setzen. Wie ein artiges Kind gehorchte ich. Als mein Weinen unerbitterlicher wurde, nahm sie mich wie früher, wenn ich eine meiner unzähligen Anginen mit höllischen Schmerzen durchlitt, in den Arm, strich mir zart über den Rücken und sagte: „Ist schon gut, Tina. Alles wird gut."

„Nichts wird gut!", entfuhr es mir trotzig.

Ich setzte mich wieder in den bequemen Lehnstuhl, putzte mir kräftig die Nase und tupfte die letzten Tränen rund um meine Augen weg. Dann nahm ich ein paar Schlucke Tee und begann zu erzählen, von der sonderbaren, nicht näher definierbaren, inneren Kraft, die mich weit außerhalb unserer Stadt getrieben hat. Philipp war nicht da, weshalb ich mir für diese Zeit einiges zu erledigen vorgenommen habe. Jene Unternehmung, also der Besuch der kranken Tante, war keinesfalls geplant gewesen, unterstrich ich mit Nachdruck. Ich war nicht einmal richtig zum Denken gekommen, ehe ich mich auf einer der Ausfahrtstraßen befunden habe und mir langsam klar geworden ist, wohin ich eigentlich unterwegs war, versuchte ich ihr glaubhaft zu machen.

„Aber Tina, warum ausgerechnet dorthin? Bei diesem wunderschönen Wetter hättest du doch etwas anderes unternehmen können. Du hättest anrufen und wir hätten zusammen einen Ausflug machen können", entgegnete sie noch immer kopfschüttelnd.

„Sicher, hätte ich euch anrufen und ich hätte viele andere Dinge machen können. Natürlich! Ich sagte dir doch, ich kam nicht zum Denken, saß auf einmal im Auto, ohne dass mir zuvor klar war, wohin ich eigentlich fuhr“, antwortete ich ein wenig lauter.

„Ich wusste das bisher immer“, sagte sie schulmeisterhaft.

„Bei mir läuft offensichtlich nicht alles normal. Ich habe bekloppte Verwandte und diese Gene habe ich womöglich abbekommen.“

„Ist schon gut, Tina! Ich wollte dich nicht kränken. Was hast du dir von deinem Besuch erwartet?“

„Erwartet habe ich mir nichts. Tante Uschi, auch wenn das für dich schwer nachzuvollziehen ist, war ich auf einmal dort. Einfach so, ohne Plan.“

Diese Rechtfertigungen bewirkten zu guter Letzt, dass mein anfänglicher Schmerz einer hartnäckigen Aufgebrachtheit wich, weswegen ich mich schon viel besser fühlte. Jetzt war ich allerdings genervt und nicht mehr geschockt.

Meine Tante versprach mir, mich nicht mehr zu unterbrechen, damit ich endlich erzählen konnte, was sich so Schreckliches im Heim ereignet hatte, das mich wie ein Gespenst aussehen hat lassen. Ich berichtete, wie ich auf einmal vor dem Schloss stand, in dem bereits seit vielen Jahren ein Landespflegeheim für geistig schwer behinderte Menschen untergebracht war und das in jüngster Vergangenheit unzweifelhaften Ruhm erlangte, als in den Medien von Misshandlungen, Vergewaltigungen und allerlei schrecklichen Missständen die Rede war.

Als ich auf den Eingang zugegangen war, überkam mich ein ungutes Gefühl und ich fragte mich, welcher Teufel mich denn geritten hatte, ausgerechnet hierher zu fahren. Die Spurensuche lockte nach wie vor. Hatte ich nicht schon genügend Sorgen?

War mein Leben nicht aufreibend genug, fragte ich. Meine Zuhörerin wog ihren Kopf mit verzogenem Mund sanft hin und her, als wollte sie mir nach wie vor ihre Skepsis mitteilen. Jetzt war ich schon dort, hatte den weiten Weg auf mich genommen, also wollte ich das auch durchziehen. So hatte ich mich selbst aufzumuntern versucht und analysierte ihr damit meine innere Zerrissenheit.

Tante Uschi nickte und animierte mich zum Fortfahren.

Wenig später habe ich mich in einem kahlen Raum wiedergefunden. Genau genommen konnte ich nicht mehr sagen, ob er denn wirklich so kahl war, schilderte ich, denn mein einziges Interesse hat jener alten Frau gegolten, die sich geradeaus vor mir befunden hat.

„Stell dir vor, sie ist leicht bekleidet im Schneidersitz am Fußboden gesessen, den Rücken angelehnt an ein Metallbettgestell. Ihre grauen, langen Haare sind ihr strähnig hinab gehangen. Sie musste in ihrer Jugend tatsächlich bildhübsch gewesen sein“, sagte ich und sah dabei mein Gegenüber fragend an.

Sie nickte.

Ich fuhr fort mit meinen Ausführungen: „Auf ihrem Schoß war eine Puppe, die sie in ihren dünnen Armen, an denen die Haut schlaff hinab hing, wie ein Baby hin und her wog, dabei fortwährend ein Wiegenlied summend. Ich stand noch immer in der Tür und beobachtete sie. Die Schwester, bei der ich mich angemeldet habe, hat mich gewarnt, dass es problematisch sein könnte. Ich war überzeugt, dass es genauso gut klappen würde, wie bei meinem ersten Besuch bei Papa. Von wegen! Kaum habe ich die Tür geöffnet, war mir rasch klar geworden, dass das eine völlig andere Dimension hatte.“

Ich hielt für den Bruchteil einer Sekunde inne, überlegte und fuhr fort: „Ich habe sie noch eine Weile beobachtet. Sie summte noch immer dasselbe Lied vor sich hin. Stell dir vor, ewig das gleiche Lied in Endlosschleife und da bekam ich erstmals ein ungutes Gefühl. Ich fragte mich, ob ich die Situation überhaupt meistern könnte und erwog ganz kurz, aber wirklich nur ganz kurz unverrichteter Dinge abzuziehen. Schließlich nahm ich meinen ganzen Mut zusammen, ging ein paar Schritte auf die Frau am Boden zu und sagte zuerst leise und zwei weitere Male etwas lauter, weil ich mir unsicher war, ob sie mich gehört hat: „Servus, Tante Erika, ich bin Martina, deine Nichte.“““

Ich nahm kurz meinen Kopf zwischen beide Hände, blickte zu Boden und sagte: „Es war so furchtbar, wie sie mich dann endlich angeschaut, nein, angestarrt und schrill kreischend geantwortet hat, dass sie mich nicht kenne, ich sie in Ruhe lassen sollte und sie keine Nichte hätte! Du kannst dir sicher vorstellen, wie mich das irritierte. Und ich, dumme Kuh, insistierte in meinem Fehlglauben, jede Situation im Griff zu haben, anstatt dass ich das Weite gesucht hätte. Ich wollte sie überzeugen und stammelte, dass sie ganz gewiss eine Nichte hätte, wir uns bisher noch nie begegnet waren und dass ich Josefs Tochter bin. Dann fragte sie auch noch, wer das denn sei, denn sie kenne keinen Josef. Und was machte ich?“, und sah dabei über den Couchtisch hinweg fragend Tante Uschi an. Ich wartete ihre Antwort nicht ab, sondern sprach umgehend weiter: „Jawohl, ich setzte gerade an, um ihr zu sagen, dass das ihr Bruder ist, als sie mit ungeahnter Kraft auf mich zustürmte. Ich hätte das erahnen können, wenn ich achtsam gewesen und nicht so damit beschäftigt gewesen wäre, sie an irgendwelche Leute zu erinnern, denn inzwischen war sie längst aufgestanden, hat sich vor mir bedrohlich aufgerichtet. Unglaublicherweise hielt sie die Puppe noch immer schützend in ihren Armen. Später im Auto fiel es mir wie Schuppen von den Augen, dass sie vielleicht glaubte, ein Baby, ihr Baby, in den Armen zu halten. In dem Moment, in dem sie auf mich zustürmte, hatte ich panische Angst, dass sie mir wie jene Irre im Film „Geschichte einer Nonne" an die Gurgel ging. Ich bildete mir schon ein, ihre Hände an meinem Hals zu spüren. Ich hatte immenses Glück, denn gerade noch rechtzeitig zog ich die Tür hinter mir zu. Vollkommen hysterisch rief ich nach einer Schwester. Ganz relaxt schob sie mich zur Seite, ging nach drinnen und beruhigte sie zu meiner großen Verwunderung in Handumdrehen. Dann eilte auch noch eine weitere herbei. Ich zitterte am ganzen Leib und sah durch ein kleines Sichtfenster ins Zimmer."

Ich schaute meine geduldige Zuhörerin mit verzerrtem Gesicht an und sprach weiter: „Diese kranke, alte Frau ist meine Tante. Ich wollte sie nur besuchen, ihr nichts Böses tun, sie einfach kennenlernen, mit ihr sprechen oder ihr auch nur zusehen. Ich wollte nur ein Gespür für sie bekommen. Kannst du das verstehen?"

„Natürlich verstehe ich dich. Es ist dein gutes Recht. Irgendwann musste das sein", sagte sie.

„Nach diesem Angriff ist es umso schwieriger für mich irgendwelche familiäre Gefühle für sie aufzubringen."

Tante Uschi drückte mit einem traurigen Nicken ihr Verständnis aus. „Und dann?“, fragte sie.

„Dann hat mir eine Schwester verraten, dass Tante Erika dement ist. Manchmal, wenn auch selten, habe sie noch helle Momente“, berichtete ich meinen Mund verziehend in Erinnerung an die unglückselige Begegnung. Nach kurzem Innehalten sprach ich weiter: „Im Gegensatz zu Papa hat sie ihre Krankheit niemals übertaucht.“

„Armes Ding“, kommentierte Tante Uschi.

Dann erzählte ich, wie ich mit rasendem Herzen zu meinem Auto gegangen bin und die Bilder unentwegt wiederkehrend vor mir gesehen habe: die am Boden hockende Tante mit der Puppe summend im Arm und dann auf mich zustürmend und schreiend.

Als ich im Begriff aufzubrechen war, erkundigte sich Tante Uschi, wie ich denn mit meiner neu gewonnenen Familie zurecht käme.

„Ich lerne sie allmählich kennen, nachdem ihr sie mir ewig vorenthalten habt. Ich darf nicht klagen, alle bemühen sich. Zu größeren Festivitäten laden sie mich ein. Wenn auch nicht lange, bin ich manchmal dabei. Es ist alles ziemlich steif und herzlos.“

„Das waren sie schon immer“, warf sie ein.

„Mit einer Ausnahme. Papas älteste Schwester. Sie ist eine ganz Nette.“

„Dorli hat über sie auch nur wohlwollend gesprochen.“

„Sicher liegt es auch an mir. Ich bin voreingenommen, kann ihnen vieles nicht verzeihen und die vielen verlorenen

Jahre lassen sich sowieso nicht aufholen. Keine Sorge, an diese Familie verlierst du mich sicher nicht“, beruhigte ich meine Tante.

„Na, hoffentlich!“, antwortete sie und reichte mir meine Jacke. „Lass dich umarmen, Mädchen!“

XIII.

Hatte ich durch das Auseinandersetzen mit meiner heiklen Familiengeschichte, das intensive Lesen von Lehrbüchern oder durch die Beschäftigung mit der Psyche des Menschen auf einmal eine veränderte Aura? Strahlte ich endloses Verständnis für Leute mit allerlei Problemen aus? Zunehmend zog ich unterbelichtete, irgendwie beschränkte oder psychisch kranke Menschen an wie das Licht die Motten.

So lernte ich Daniela kennen. Ich musste sie regelrecht magnetisch angezogen haben. Ich ging auf das Haus zu, in dem die Station Flora und somit auch mein Vater untergebracht waren. Eine junge Frau, in einer wie bei einem Schimpansen leicht nach vorne gebeugten Haltung spazierte im Garten mit einer Diddl-Maus, änderte, als sie mich erblickte, abrupt ihren Kurs und kam zielstrebig auf mich zu. Als ich mir dessen bewusst wurde, fühlte ich mich wie ein ihr entgegengesetzt ausgerichteter Pol. Unvermittelt hielt sie mir ihre Hand entgegen – in der anderen noch immer das Stofftier – und stellte sich vor: „Hallo, ich bin Daniela. Und wer bist du?“

Ich kam mir vor wie in einem Rollenspiel im Kindergarten. Ihre bizarre Erscheinung irritierte mich. Sie war vermutlich wie ich Ende Dreißig. Eine erwachsene Frau, mit einem Kuscheltier im Schlepptau und der Art zu sprechen wie ein Kind. Kein Wunder, dass ich etwas von der Rolle war. Ich ergriff ihre Hand und antwortete freundlich: „Ich heiße Martina." Nachdem Daniela hartnäckig beim „Du" blieb, machte ich es ihr nach anfänglichem Zögern gleich. Es schien, dass sie mich von Anbeginn in ihr Herz schloss, mich unglaublich sympathisch fand und sogleich beschloss, mir nicht von der Seite zu weichen. Sie war alles andere als leutescheu. Kaum ging jemand an uns vorbei, grüßte sie ihn: „Hallo! Servus!", und winkte freudig mit der Hand, je nachdem welche gerade frei war, denn in einer hatte sie doch ihre Diddl-Maus.

Kaum hatten wir uns miteinander bekannt gemacht, fragte sie mich hartnäckig, wen ich besuchte. Meine Antwort blieb vage. Was ging sie an, was ich trieb? Außerdem war ich in Eile. In weniger als einer Stunde würde auf der Station Flora das Abendessen serviert werden und bis dahin wollte ich wieder von dannen ziehen, da ich heute keine Lust auf Assistenz meines alten Herrn hatte, der keinesfalls der Flotteste bei der Nahrungsaufnahme war. Um den heutigen Besuch nicht ungewöhnlich kurz zu gestalten, was ihn irritieren würde, durfte ich mit dieser Unbekannten nicht länger herumtrödeln. Dank seiner geliebten Armbanduhr, die er gerne intensiv betrachtete, wusste er stets wie lange ich bei ihm war, ohne mir jemals Vorhaltungen zu machen.

Um mich endlich von dieser lästigen Fremden los zu reißen machte ich zielstrebig ein paar Schritte auf das Gebäude zu und sagte: „Daniela, es war schön, dich kennen zu lernen. Ich muss jetzt weiter."

„Warum denn? Kann ich nicht mit?“

Hatte sie noch alle Tassen im Schrank? Mitkommen? Ich hatte sie eben erst kennengelernt. Mein Vater würde erst Augen machen, wenn ich mit einer Wildfremden bei ihm auftauchte. „Nein. Das geht nicht“, sagte ich mit der Hand auf der Türschnalle und fügte hinzu, als ich ihren niedergeschlagenen Blick auffing, „vielleicht sehen wir uns irgendwann.“

Hoffnungsvoll dreinschauend antwortete sie: „Wirklich? Versprichst du mir das?“

„Das kann ich dir nicht versprechen. Wenn es sein soll, sehen wir uns wieder“, antwortete ich und eilte ins Stiegenhaus.

Damals hatte ich noch keine Ahnung, dass ich mit der Aussage „wenn es sein sollte“ womöglich mein Schicksal herausgefordert habe. Zwei Wochen später kreuzte Daniela meinen Weg. Widerwillig ließ sie mich weiterziehen. Anfangs war sie mir lästig und tat mir gleichzeitig leid. Sie war sehr mitteilungsbedürftig und sehnte sich nach Gesellschaft, Akzeptanz und Freundschaft. Nachdem wir einige Male miteinander gesprochen haben, bezeichnete sie mich als Freundin. Für mich war sie natürlich nur irgendeine junge Frau, mit der ich eher zufällig sprach, wenn ich auf dem Weg zu meines Vaters Station war. Sie kannte mich, wir hatten miteinander gesprochen und ich hatte sie nett behandelt, also war ich in ihren Augen eine Freundin.

Nachdem ich bisher unzählige Ausreden vorgebracht hatte, tat ich Daniela eines Tages den Gefallen, mit ihr auf ein Getränk in die von Pfleglingen betriebene Kantine zu gehen. Manchmal fragte ich mich, ob das nicht ein Fehler war. Als wir – bei einer Limonade und einem Kaffee – zusammen gesessen sind, habe ich erstmalig einen Einblick in ihre Leidensgeschichte bekommen. Ich erfuhr von den Stimmen, die sie immerzu hörte, vom Teufel, der sie manchmal würgte, von manchen Männern, die glaubten Sex mit ihr haben zu können, da sie irrtümlich glaubten, dass sie blöd sei, wie sie selbst analysierte. Allmählich begann sie mich in ihren Bann zu ziehen. Ihre Erzählungen berührten mich. Schließlich sah ich in ihr einen netten, liebenswerten Menschen. Schon damals spürte ich intuitiv, dass ihr Schlimmes widerfahren sein musste. Die Themen Sex, Männer und Gewalt schnappte ich in ihren Schilderungen mehrfach auf. Ich getraute mich nicht, nachzufragen, aus Sorge sie zu verstören oder irgendwelche Wunden aufzureißen. Weil sie sehr vereinnahmend war, räumte ich ihr, sofern es zeitlich passte, die Möglichkeit einer Unterhaltung ein.

„Ich weiß, ich bin lästig", antwortete sie und erstaunte mich, wie gelassen sie meine Worte aufgenommen hat.

„Lästig? Sagen wir zu besitzergreifend oder klammernd."

Sie war nett und ihre Schilderungen faszinierten mich. Ich erkannte, dass ich durch sie eine neue Sichtweise auf die Schizophrenie bekommen konnte. Das lässt gewiss die Schlussfolgerung zu, dass ich sie benutzte. Eigentlich war es ein Geben und Nehmen. Ich hörte ihr zu, der Person mit der Diddl-Maus als Talisman, von der sie an die Hundert besitzt. Sie fühlte sich bei mir geborgen und verstanden. Ich war für sie so etwas wie eine Therapeutin und sie für mich eine bedeutende Informantin. Dank ihrer Briefe und Bilder, die sie mir persönlich überreichte, blieb ich über ihr Seelenleben fortwährend auf dem Laufenden.

Sie zeichnete viel für mich und schrieb mir beinahe unleserliche Briefe, in denen sie sich in der Schrift eines Volksschulkindes, jedoch massiv zittrig, ihren Kummer und all ihr Leid von der Seele kritzelte. Ich brauchte geraume Zeit, um mich in ihre Schreiben, die die konventionelle Orthographie hartnäckig ignorierten, einzulesen. Manchmal ließen mich die Figuren, die sie malte, erschaudern. Bald hatte ich einen Blick dafür entwickelt, ob es ihr gut oder schlecht ging. Ihre Zeichnungen vermittelten eine deutliche Sprache ihrer Seele: Die Farbgebung, Strichführung und die Motive lernte ich zu deuten.

Bei unseren Treffen ließ ich sie für gewöhnlich erzählen. Von mir wusste sie nur, dass mein Vater im selben Pflegeheim wie sie, nur eben auf einer anderen Station lebte, dass ich Universitätslehrerin war, und einen Mann hatte, wie sie sich auszudrücken pflegte. Sie kannte weder meine Adresse, noch meinen vollen Namen, noch meine Telefonnummer. Ich fand es riskant genug, dass sie wusste, dass ich irgendwo auf der Universität zu finden war. Ich war für sie eine Freundin und da wäre es für sie gewiss auch logisch gewesen, mich zu suchen, wenn sie meiner Hilfe bedurft hätte. Ich hatte Angst um meine Reputation und sie nicht mehr loszuwerden. Für unsere Zusammentreffen und laienhaften Therapeutensitzungen war das Gelände des Heims der für mich einzig geeignete Platz. Weiter rein in mein Leben wollte ich sie nicht lassen, auch wenn sie zunehmend mein Herz rührte. Eigentlich hatte ich mich schon viel zu sehr auf sie eingelassen.

Bald vermisste ich diese mit einem Stofftier durch die Gegend schlurfende, herzensgute Frau und sorgte mich, wenn ich sie länger nicht gesehen habe. Irgendwelche andere Vertraute Danielas informierten mich bereitwillig über ihre Krankenhausaufenthalte aufgrund der Verschlechterung ihrer Halluzinationen. In zwei aufeinander folgenden Jahren war dies im Winter der Fall. Ab Frühherbst machte sie sich Gedanken über ihren Weihnachtsbesuch bei ihrer Familie, bei dem der Vater betrunken, er und die anderen mit ihr schimpfen und sie fragen würden, warum sie überhaupt gekommen war. Die Vorfreude auf zuhause, Pläne bezüglich der Geschenke, die Unsicherheit, ob sie fahren sollte und sorgenvolle, ängstliche Blicke ließen sie zerrissen wirken. Nach den Besuchen war sie das reinste Häuflein Elend, wie auch nach den Krankenhausaufenthalten, wenn sie niedergeschlagener und stiller als zuvor war. Trotz Umstellung der Medikation fühlte sie sich nicht besser und ritzte vermehrt ihre Arme. Ihr Anblick und ihre allmähliche Resignation gingen mir sehr nahe. Mit einem Mal erschienen mir meine eigenen Probleme nichtig.

Jetzt nahmen mich zwei Personen mit ihren Schicksalen gefangen: Mein Vater und Daniela. Wie bei meinem Vater fragte ich mich, wie es Daniela bei ihrem Krankheitsausbruch ergangen sein mochte, ob sie zuvor in irgendeiner Weise auffällig, in sich gekehrt oder irgendwie merkwürdig war, ob sie Dinge aus einem inneren Zwang heraus tat oder gar ungewöhnliche Sinneswahrnehmungen oder eine verminderte Konzentration hatte, ob ihr Antrieb reduziert oder sich ihre Gefühlswelt verändert hatte. Aus Sorge, sie unnötig aufzuwühlen, ließ ich meine Neugierde zu meinem Bedauern unbefriedigt.

Ich fand es zum Heulen, dass ausgerechnet im 21. Jahrhundert, mit der Fülle von Behandlungsmethoden und Arzneimitteln, Daniela fortwährend von ihren Dämonen gequält wurde. Freilich war vieles besser als in den 50er oder 60er Jahren des letzten Jahrhunderts, als die ersten Psychopharmaka eingesetzt worden waren. Umwälzende Fortschritte, wie Abbau von Zwangsmaßnahmen, Vereinfachung der Pflege und Unterbringung, Verkürzung des Klinikaufenthaltes, erleichterte Wiedereingliederung in die Gesellschaft wären dadurch die Folge gewesen.

Im Falle von Daniela vermisste ich diese Fortschritte angesichts ihrer angsterfüllten Augen. Die Substanzen, die die psychischen oder psychotischen Symptome verbesserten, ohne das Bewusstsein und die intellektuellen Fähigkeiten wesentlich zu beeinflussen, wurden Neuroleptika oder Antipsychotika genannt. Psychomotorische Erregungszustände wurden gedämpft und affektive Spannungen, Angst und Trugwahrnehmungen wurden verringert, was den Patienten eine Distanzierung von der Erkrankung ermöglichte, das heißt sie konnten jetzt ihren Zustand selbst als krankhaft erkennen. Neuere Neuroleptika besserten darüber hinaus die Minussymptomatik, wie Apathie, Aufmerksamkeitsstörungen, Affektverflachung und Verarmung der Sprache, während ältere vorwiegend die Plussymptome besserten, wie wahnhafte Überzeugungen, Sinnestäuschungen oder Denkstörungen. Zusätzlich wurden je nach Stadium und Ausmaß der Erkrankung ebenso sedierende und anxiolytische Präparate eingesetzt. Dabei entsann ich mich an die anschauliche Schilderung jener Pharmaziestudentin, die ich einst gelesen habe.

Daniela wusste, dass sie krank war und bezeichnete sich selbstkritisch als blöd, dem ich regelmäßig zu widersprechen versuchte. Sie erzählte mir immer wieder von ihren Stimmen, die in ihrem Kopf herumspukten. Hier endete ihre Selbsterkenntnis oder ihr kritisches Urteilsvermögen. Leider gelang es mir nicht, ihr klarzumachen, dass der Teufel nur für sie real, nicht aber für mich oder irgendjemand anderen es war. Vom Teufel auf Schritt und Tritt verfolgt und gewürgt zu werden, seinen Atem zu spüren und an den intimsten Stellen berührt zu werden rechtfertigten ihre Traurigkeit. Für sie existierte der Teufel. Wie sollte sie nur das Gegenteil annehmen können, wenn sie ihn sah, hörte und spürte?

Wenn ich in einem Lehrbuch las: „Durch die Behandlung mit Neuroleptika wird der Zustand für den Patienten meist rasch weniger quälend, und die Betreuung und der Umgang mit den Kranken werden wesentlich erleichtert. Außerdem wirken Neuroleptika rezidivprophylaktisch", klang das bedeutungsvoll und vielversprechend, doch schien es nicht auf alle Kranken hundertprozentig umzulegen zu sein. Womöglich warteten weitere Mosaikteilchen der Schizophrenie darauf, erforscht zu werden, einer Erkrankung, der eine vielschichtige Persönlichkeitsstörung mit charakteristischen Veränderungen des Denkens, Fühlens und der Beziehung zur Umwelt zugrunde lag, ausgelöst durch einen Eingriff in verschiedene Transmittersysteme: Änderung der GABAergen, glutamatergen, cholinergen und serotonergen Erregungsübertragung, insbesondere einer Störung des dopaminergen Systems.

Das war mir zu hoch, zu komplex, zu undurchsichtig. Ich konnte mit Begriffen dieser Art wie vermutlich das Gros der

Bevölkerung nichts anfangen. Was sollte ich mir darunter vorstellen? Was bewirkten diese Transmitter, auch Botenstoffe genannt? Lediglich der Begriff „Dopamin“ war mir seit längerem geläufig. Dabei handelte es sich um eine körpereigene Substanz mit Funktionen im Zentralnervensystem, wo sie zum Beispiel an der Steuerung der Feinmotorik beteiligt war. Eine Entgleisung des Dopaminstoffwechsels konnte ich regelmäßig an meinem Vater mit seiner Parkinsonschen Erkrankung, am Zittern seiner Hände und der Schwierigkeit den Löffel zum Mund zu führen, mitverfolgen. Abnorme Dopaminwerte führten zu einer gestörten Wahrnehmung Schizophrener mit Realitätsverlust. Schon in den 60er Jahren des letzten Jahrhunderts stellten Wissenschaftler die Vermutung an, dass die Schizophrenie durch eine Überaktivität bestimmter dopaminerger Bereiche des menschlichen Gehirns verursacht werden könnte. Die Dopaminhypothese war geboren. Die Erklärung dafür schien bald gefunden worden sein, als das erste Neuroleptikum, nämlich Chlorpromazin, auf den Markt gekommen war. Dieser Arzneistoff blockierte die Dopaminrezeptoren und die positiven, also jene für die Umwelt am deutlichsten erkennbaren Symptome besserten sich. Ganz so simpel war das aber nicht, denn man kam auch zur Erkenntnis, dass es bei Erkrankten zu einer unterschiedlichen Verteilung von Dopamin im Gehirn kommen könnte. Im frontalen Bereich könnten verminderte Spiegel festgestellt werden, während in anderen Bereichen, wie zum Beispiel dem limbischen System Überschüsse zu verzeichnen wären. Ach, war das kompliziert!

Chlorpromazin bildete den Anfang. Seither ging die pharmazeutische Entwicklung rasch vor sich. Bessere

Wirksamkeit, patientenfreundlichere Darreichungsformen und Reduktion der Nebenwirkungen. Die Entwicklungen gingen unaufhörlich weiter.

Wann ich auch immer über Neuroleptika und insbesondere über deren unerwünschte Wirkungen nachdachte, war ich froh, sie selbst nicht nehmen zu müssen. Ruckartiges Herausstrecken der Zunge, Blickkrämpfe, Hyperkinesien der mimischen Muskulatur, quälende Unruhe, Unmöglichkeit sitzen zu bleiben, pharmakogenes Parkinson-Syndrom, orthostatische Dysregulation, Tachykardie, verstopfte Nase, Mundtrockenheit, Akkomodationsstörungen, verringertes Schwitzen, Obstipation, Miktionsstörungen, hormonelle Störungen, Gewichtszunahme – um nur die klangvollsten zu nennen – hörten sich alles andere als verlockend an. Natürlich versuchten Ärzte die Nebenwirkungen mit entsprechender Dosierung gering zu halten.

Mir ging das Leid der Kranken, insbesondere jenes von Daniela, sehr oder gar zu nahe. Ich fühlte intensiv mit ihnen und oft war mir, als ob mir selbst irgendein Leid angetan würde. Ich wünschte, es hätte gerade Daniela geholfen werden können. Sie war nicht mehr irgendeine kranke, junge Frau, deren Weg den meinen regelmäßig kreuzte. Auch wenn ich es mir nur ungern eingestand, war sie inzwischen mehr für mich. Trotz ihrer Halluzinationen entsprach sie nicht meinem Bild einer Schizophrenen. Ihre Logik und ihr Verständnis verblüfften mich manchmal. Außerdem kreierte sie keine neuen Wörter, sprach kein wirres Zeug, gab keine inhaltlich unpassenden Antworten. Sie benahm sich akzeptabel, zeigte keine unangepassten

Gefühlsregungen und hatte keine abnorme Mimik. Gewiss, sie mochte einen verringerten IQ als der Durchschnitt haben, doch war das noch kein Hinweis auf eine Krankheit wie diese. Lediglich ihr Maskottchen, das sie immer bei sich trug, ließ vermuten, dass irgendetwas mit ihr nicht stimmte.

Parallel zu meinem Vater ging es auch mit Daniela stetig bergab. Auf ein dunkles Loch zu, in dem ihr Teufel auf sie wartete. Für Daniela bestand vielleicht irgendwann Hoffnung. Mein Vater wiederum hatte schon viel zu lange gelitten, sodass ich um seine endgültige Erlösung betete. Stattdessen raubte ihm die nächste Lungenentzündung weitere Kräfte. Bei jedem Krankenhausaufenthalt schien mehr von ihm verloren zu gehen. Das mitanzusehen war furchtbar. Irgendwie war ich hin und her gerissen zwischen seinem Leid und dem Danielas.

Irgendwann schlurfte Daniela nur mehr traurig umher, ließ ihre Diddl-Maus lustlos in einer Hand hängen, wurde immer heftiger vom Teufel gewürgt und fürchtete ernsthaft von ihm schwanger zu werden. Bei ihr schienen die Medizin und die Pharmazie hilf- und ratlos zu sein.

Als sie mich über einen Termin beim Gynäkologen informierte, weil sie mittlerweile fürchtete, vom Teufel ein Kind zu bekommen, setzte ich vorsichtig an, sie abermals aufzuklären: „Daniela, auch wenn du diese Stimmen hörst, den Teufel siehst und spürst, wie er dich würgt oder anfasst, musst du mir glauben, dass das nicht wirklich passiert. Das hörst, siehst und spürst nur du. Ich und all die anderen sehen ihn nicht. Das musst du mir glauben. Das hängt mit deiner Krankheit zusammen."

Verärgert fuhr sie mich an: „Tina, ich spüre ihn und dann bekomme ich keine Luft mehr!“ Um mir das in aller Deutlichkeit zu veranschaulichen, umgriff sie mit ihren beiden Händen ihren Hals und tat so, als ob sie sich selbst würgen würde.

Diese kindliche Naivität und mein Unvermögen, ihre Halluzinationen ins rechte Licht zu setzen, erschütterten mich. Wie sehr musste sie die Vorstellung, ausgerechnet vom Teufel schwanger zu sein, belasten und im wahrsten Sinne des Wortes irre machen! Wer wollte schon ein Kind, eine Ausgeburt des Teufels?

XIV.

Mit dem Rücken an die Wand gelehnt beobachtete ich die Szenerie. Philipp unterhielt sich abseits von mir mit einer Gruppe von Seglern und dem Anschein nach würde ihnen der Gesprächsstoff noch lange nicht ausgehen. Gut so. Eigentlich hätte ich gerne gemütlich auf meinem Sofa ein gutes Buch lesen und zeitig zu Bett gehen wollen. Stattdessen langweilte ich mich auf einer Hauseinweihungsfeier einer meiner Freundinnen. Bekannte wäre bezeichnender gewesen, seit ich mich darauf besonnen habe, mich von oberflächlichem Ballast zu befreien. Philipp tat dieser Tapetenwechsel gut. Manchmal forderte ich ihn mit meiner bleiernen Stimmung bis aufs Äußerste, auch wenn er immer vorgab, dass das einzig Wichtige für ihn sei, mit mir zusammen zu sein.

Dieses nüchterne, neumodische Architektenhaus gefiel mir nicht und das ereifernde Gehabe der Gastgeber ging mir diesmal mehr als üblich auf die Nerven. Um auf dieser Pflichtveranstaltung gerade noch dabei zu sein, habe ich diesen Winkel ausgewählt, von dem aus ich einen Großteil der Gesellschaft und natürlich auch meinen Philipp gut im Blickfeld hatte, und wo ich meine Einsamkeit inmitten all dieser, gar so wichtigen und schicken Leute richtiggehend zelebrieren konnte. Ich dachte gerade daran, wie sehr sich meine Prioritäten verschoben und mich die Bekanntschaft mit Daniela geprägt haben, als ich eine mir wohl vertraute Stimme vernahm: „Was macht unsere Jean d'Arc der Geisteskranken denn so alleine?"

Es war Leo und wie immer sah er blendend aus. Wir hatten uns lange nicht gesehen und deshalb musterte ich ihn genauer als sonst. Obwohl ich mit Philipp glücklich liiert war, versetzte Leo meinem Herzen noch immer einen unruhigen Schlag. Manches änderte sich vermutlich nie.

„Für dich meine Liebe. Mit ein wenig Alkohol geht vieles leichter", sagte er und hielt mir ein Glas Prosecco entgegen.

„Nein danke, Leo. Ich habe dem Alkohol gänzlich abgeschworen, wie du weißt!"

„Ich dachte, dass das nur eine Eintagsfliege war", antwortete er kopfschüttelnd.

„Alkohol, Drogen, Stress, belastende Ereignisse jeder Art und vieles mehr könnten eine Schizophrenie zum Ausbruch bringen", dozierte ich.

„Übertreibst du nicht mächtig, Tina?"

„Sicher nicht. Ich habe ein beachtliches, genetisches Risiko und lebe mit einer tickenden Zeitbombe aus mangelhaftem genetischem Material, weswegen ich jede unnötige Provokation vermeiden möchte."

„Es ist sinnlos, dich vom Gegenteil zu überzeugen. Was soll ich dir stattdessen bringen?"

„Wasser."

Kurz darauf setzte Leo die Konversation fort: „Tina, was ist los mit dir? Wo ist dein umwerfender, verführerischer Blick geblieben?"

Ich zog lustlos gleichzeitig Augenbrauen und Schultern nach oben.

„Zu wenig Sex?", stürzte er sogleich mit der Tür ins Haus und setzte dabei einen besorgten Blick auf.

„Leo!"

„Jetzt aber im Ernst, Tina, was bedrückt dich?", fragte er sichtlich besorgt.

„Das Übliche. Der Gesundheitszustand meines Vaters, unsere verfluchte Geschichte, die Ungerechtigkeit auf Erden. Willst du noch mehr hören?", erwiderte ich in monotonem Ton.

Irgendwie kam das Gespräch doch in Gang. Dank Leo, der mich so gut wie sonst niemand kannte, fühlte ich mich entspannter und die Last der letzten Tage schien von mir abzufallen. Ich gestand mir ein, dass mir Leos gut vertraute, tiefe Blicke zu gefallen begannen, während mich Philipp mit angespannter Miene beobachtete.

Obwohl ich sie für mich behalten wollte, erzählte ich Leo auf einmal von der Idee, mit der ich schwanger ging: Ich fragte mich, was ich der Menschheit Bleibendes hinterlassen könnte, damit mein Vater nicht umsonst gelebt und gelitten, damit seine Krankheit nur irgendeinen tieferen Sinn gehabt hatte. Banalitäten, wie der Beitritt zu einer Selbsthilfegruppe, eine ehrenamtliche Tätigkeit für fremde, vom Rest der Welt vergessenen Kranken, das Schreiben von Leserbriefen, Kolumnen oder Büchern waren keine beglückenden Optionen. Mich dürstete nach etwas Dauerhaftem, um dieses stereotype, mit Vorurteilen überladene Bild der Schizophrenie im Gedächtnis unserer Zeitgenossen endlich zum Besseren zu wandeln. Was lag näher, als über meine Studenten Einfluss auf die Gesellschaft nehmen zu wollen, wie könnte ich jedoch die Psychiatrie mit der englischen Sprache in Verbindung bringen, fragte ich den verblüfft dreinschauenden Leo. Das exakte „Wie“ müsste ich noch ergründen. Immerhin hatten namhafte Persönlichkeiten, deren Werke heutzutage noch Gültigkeit hatten und Bereicherung waren, trotz ihrer mentalen Probleme Hervorragendes geleistet, fuhr ich fort. Was wäre heute die Kunst ohne die Kreativität dieser Menschen?

Leo hatte mich in Ruhe berichten lassen. Er schaute mich noch immer nachdenklich an und sagte: „Tina, du bist wirklich unverbesserlich! Das macht dir keiner nach. Warum das alles? Warum quälst du dich immer weiter?“

„Quälen? Leo, ich quäle mich nicht. Drücken wir es so aus, ich kann nicht anders“, antwortete ich.

„Du kannst nicht anders?“, äffte er mich nach, worauf er sich einen strafenden Blick einfing.

„Warum?“, fragte ich und antwortete sogleich: „Weil ich die beleidigenden Äußerungen nicht mehr hören kann. Immerhin betreffen sie ebenso meine Familie. Selbst ich oder meine Kinder, falls ich einmal welche hätte, könnten genauso von diesen Diffamierungen betroffen sein. Und genau deswegen will ich etwas unternehmen. Ist das so schwer zu verstehen?" Ich holte tief Luft und sprach weiter: „Mit psychisch Kranken will niemand konfrontiert werden. Stattdessen vergisst man sie lieber, berauscht sich, geht auf schicke Partys", um das zu unterstreichen, machte ich eine ausladende Handbewegung und setzte rasch fort: „Man sieht sich irgendwelche doofen Casting-Shows im Fernsehen an, lässt sich berieseln, verfolgt aufmerksam den neuesten Tratsch über die Highsociety. All das ist uns wichtig. Ist jedoch von psychisch Kranken die Rede, gehen wir in Deckung, tuscheln oder lachen über sie. Keiner will mit ihnen zu tun haben. Doch es sind nur Menschen, wie du und ich, die es sich genauso wenig ausgesucht haben, krank zu werden. Und genau dafür möchte ich eintreten. Falls es mich irgendwann selbst trifft, wäre ich immens glücklich, wenn mich die Leute auf der Straße nicht schief anschauten oder sich über mich das Maul zerrissen. Verstehst du mich jetzt, Leo?"

Er nickte und eine Weile schwiegen wir uns an. Das war kein Thema für ein Fest.

Nach einer gefühlten Ewigkeit richtete Leo seine Worte an mich und versuchte mir dabei weiterhin ins Gewissen zu reden: „Lass die Vergangenheit ruhen! Natürlich ist es traurig, wie alles gelaufen ist. Besuche deinen Vater, aber versuche endlich Abstand zu bekommen, denn sonst muss ich mir um dich wirklich Sorgen machen." Er schaute mich sanft und nachdenklich an. Allmählich erhellte sich sein Blick und er hob seine Stimme an: „Genieße endlich wieder dein Leben. Werde die Tina, die ich gekannt und geliebt habe!"

„Ich kann das nicht ruhen lassen und noch weniger vergessen

oder verzeihen. Ich kann einfach nicht, Leo“, antwortete ich leise.

„Gut. Aber warum die Sache mit deinen Studenten? Du reißt immerzu Wunden auf.“

„Es hilft mir bei der Bewältigung. Außerdem will ich die Welt verändern, meinem Vater und mir zuliebe.“

Bald darauf lenkten wir das Gespräch auf neutralen Boden. Leo wusste, dass er mich niemals von etwas abbringen konnte. Als er sich von Philipp und mir verabschiedete, sagte er: „Philipp, manchmal beneide ich dich um Tina und das weißt du, aber wenn sie auf ihrer ‚Psycho-Bekehrer-Welle’ schwebt, dann wieder nicht.“ Danach klopfte Leo Philipp freundschaftlich auf die Schulter. „Pass gut auf sie auf!“

XV.

Mit einer vorlauten Bemerkung eines Studenten in der Vorlesung „Englische Literatur des 19./ 20. Jahrhunderts“ konkretisierte sich meine vage Idee wie von selbst. Ich hatte gerade Virginia Woolf zu besprechen begonnen. Mehrmals zuvor war mir dieser junge Mann mit coolen Sprüchen oder dummen Bemerkungen aufgefallen. Er schien sich in der Rolle des Possenreißers zu gefallen. „Die Durchgeknallte, das Psycherl!“, rief er dümmlich grinsend in den Saal, sich dabei nach den Reaktionen seiner Kommilitonen umsehend.

Ihn streng und herablassend ansehend ging ich auf seinen Kommentar mit fester Stimme ein, um das Kichern zu übertönen. Plötzlich war es mucksmäuschenstill geworden.

Vielleicht hatte ich meine Studenten mit meiner Mimik und der Tonlage verschreckt, denn bisher waren sie von mir anderes gewohnt. Ich hatte den Ruf einer strengen, jedoch gerechten Lehrenden mit reichlich Sinn für Humor.

Ich wies den jungen Mann an, auf der sachlichen Ebene zu bleiben und auf das Werk der Schriftstellerin einzugehen. In meiner Vorlesung duldete ich in keinster Weise Polemik und Hetze. Der vorhin so selbstbewusst agierende Student, blickte auf einmal betreten drein.

Ich konnte nicht umhin, als für Virginia Woolf Partei zu ergreifen und begann mein flammendes Plädoyer.

„Virginia Woolf war eine starke, intelligente, politisierende und schreibende Frau, die entgegen der damaligen Konvention gegen die Herabwürdigung der Frau ankämpfte und die Menschenrechte der Frau einforderte. Sie war Lektorin, Verlegerin und nicht zuletzt Schriftstellerin. Ja, sie war krank, sehr krank sogar und sie hat gegen diese Krankheit angekämpft. Trotzdem oder vielleicht gerade deshalb war sie eine herausragende Schriftstellerin.“ Ich war gerade schön in Fahrt gekommen und hätte dem noch vieles hinzuzufügen gehabt. Den Armen habe ich ohnedies ganz schön Paroli geboten. Wahrscheinlich würde er sich ewig daran erinnern.

„Wo waren wir stehen geblieben? Genau. Fahren wir fort, mit „Jacobs Zimmer“!“, sprach ich in sanftem Ton, wobei mir nicht entging, dass sich die Spannung im Saal langsam zu lösen begann.

Es schien sich alles in die passende Richtung zu bewegen. Virginia Woolf war ein optimaler Aufhänger, um einen Bezug zu psychischen Krankheiten herzustellen. Warum war ich nicht eher darauf gekommen? Die Thematik „Genie und Wahnsinn" begann mich gefangen zu nehmen. Ich recherchierte, überlegte und plante stundenlang. Mein „Baby" entwickelte sich prächtig. Mir gelang sogar der Schachzug, meinen Vorgesetzten auf Anhieb für mein Projekt zu gewinnen, weshalb ich bereits im folgenden Semester ein entsprechendes Seminar anbieten durfte. Die weiterhin regelmäßigen Besuche bei meinem Vater und die gelegentlichen Zusammenkünfte mit Daniela bestärkten mich darin, mit aller Kraft meine Pläne an der Universität umzusetzen.

Voller Elan eröffnete ich mit Erstaunen über dessen regen Besuch das Seminar „Genie und Wahnsinn". Aus welchen Beweggründen auch immer, ob aus purem Interesse oder der Hoffnung, ohne größere Anstrengung das für die Familienbeihilfe oder das Stipendium geforderte Stundenpensum zu erreichen, wollte ich meine einzigartige Chance nützen. Ich erwartete mir konstruktive Mitarbeit und duldete zu diesem Thema keine dummen Bemerkungen, wie es sich vermutlich bereits am Institut herumgesprochen hatte, wies ich einleitend hin. „Dann lassen Sie uns *in medias res* gehen. Was verstehen Sie unter Genie und ebenso unter Wahnsinn? Lassen Sie uns gemeinsam diese beiden Begriffe definieren."

Die Antworten ließen nicht lange auf sich warten. Es fielen Schlagworte wie Talent, hervorragende Leistungen, hoher Intelligenzquotient, Kreativität und Fantasie, wobei die letzten beiden Begriffe die Brücke zum Wahnsinn schlugen, welcher mit Geisteskrankheit, Halluzinationen, gröberen mentalen Problemen und ähnlichem beschrieben wurde.

Nach wenigen Minuten beendete ich das *Brainstorming*: „Sehr gut und alle haben Sie Recht. Der Duden versteht unter einem Genie einen außergewöhnlich begabten, schöpferischen Menschen und ebenso eine überragende schöpferische Geisteskraft und Wahnsinn ist gemäß meines in die Jahre gekommenen Dudens eine volkstümliche Bezeichnung für psychische Krankheiten. Soweit die Definitionen. Sie werden sich gewiss die Frage stellen, warum wir uns ausgerechnet hier mit diesem Thema befassen. Wir sprechen hier von überragenden Leistungen, also jenen, die das Normale übersteigen. Wenn wir so wollen, handelt es sich dabei um etwas Ungewöhnliches, Unnormales, manchmal vielleicht sogar geistig Abnormes oder Krankhaftes. Daher gibt es auch einen Mythos vom Zusammenhang von Genialität und Wahnsinn. Nun los, nennen Sie mir Namen von Genies beziehungsweise von jenen, denen nachgesagt wird, wahnsinnig im Sinne von krank gewesen zu sein."

Meinen Studenten schien dieses Frage-Antwort-Spiel zu gefallen. Ich hatte mir mit meiner Vorbereitung reichlich Mühe gegeben und zeigte aussagekräftige Bilder, erzählte die eine oder andere Anekdote, die ich ausfindig gemacht habe. Die erste Stunde verstand ich als grobe Einführung in die Thematik, weshalb Namen von Künstlern aus den verschiedensten Bereichen fielen. Wir kamen auf Vincent van Goghs abgehacktes Ohr zu sprechen und fragten uns, ob man verrückt sein musste, um so fantasievolle Bilder wie Salvador Dalí zu malen. Das Ganze hatte eine ungeheure Dynamik angenommen, dass wir vom Hundertsten ins Tausendste kamen und mir gefiel, dass meine Studenten so aktiv mitarbeiteten. Darüber hinaus versuchte ich den „Wahnsinn" einzugrenzen. Reichten eine leichte Melancholie, Epilepsie, andere vage Störungen oder Alkohol- und Drogenabusus aus, um als wahnsinnig zu gelten oder musste man schon gröbere psychische oder Verhaltungsstörungen aufweisen. Schließlich einigten wir uns darauf, dass die Übergänge fließend seien. Dazu passte gut eine Definition, die ich auf Wikipedia – Was hatten wir früher ohne Internet gemacht? – gelesen habe, wonach als Wahnsinn oder Verrücktheit bis zum Ende des 19. Jahrhunderts bestimmte Verhaltens- oder Denkmuster bezeichnet wurden, die nicht der akzeptierten sozialen Norm entsprachen.

Die Stunde verflog in Windeseile und alle schienen wir verblüfft darüber zu sein. Mit lautem Geklopfe und Getrampel wurde ich verabschiedet. Es war hervorragend gelaufen, was mich zufrieden stimmte.

In der Folge besprachen wir ausführlich Ernest Hemingways Leben und Werk. Er, der Meister der *short stories*, Kriegsberichterstatter, Pulitzer- und Literaturnobelpreisträger für „Der alte Mann und das Meer" hatte mit einem düsteren Inneren zu kämpfen: Depressionen, reichlicher Alkoholkonsum, nach mehreren Versuchen letztlich Selbstmord. Als ich auf sein tragisches Ende zu sprechen kam, wirkten meine Studenten betreten. Schließlich wandte einer ein, dass der Schriftsteller gerade mal im Delirium des Alkohols nicht aber in seinen Augen aufgrund einer Depression als wahnsinnig gelte, denn dann müsste ein Großteil unserer Mitmenschen als wahnsinnig eingestuft werden, die zugegebenermaßen keine Genies waren. Ein lautes Lachen ging durch den Saal.

In den folgenden Stunden widmeten wir uns ausführlich Virginia Woolf, die mir die Initialzündung gegeben hatte. Eingangs wandte ich mich an jenen jungen Herrn: „Ist jemand mit einer Schizophrenie für Sie wahnsinnig genug?“

Mir zu zwinkernd antwortete er: „Ja, klingt gut.“

Daraufhin forderte ich mein Auditorium auf, mir kundzutun, was es unter Schizophrenie verstünde. Nach dem üblichen *Brainstorming* lieferte ich ihnen die entsprechende Definition. Diesmal musste ich Acht geben, mich nicht zu sehr in Details zu verlieren. Sogleich teilte ich meine Seminarteilnehmer in mehrere Gruppen, von denen sich jede auf ein anderes Werk der Schriftstellerin und auf ihre Biografie vorzubereiten hatte. Eine gemeinsame Analyse und etwaige Rückschlüsse auf einen Einfluss ihrer Krankheit auf ihr Werk würden folgen. Auf das Stöhnen Einiger konterte ich: „Hören Sie auf zu jammern! Ich habe Ihnen in der ersten Stunde angekündigt, dass ich Ihre aktive Mitarbeit wünsche und das erfordert natürlich eine entsprechende Vorbereitung.“

Das Raunen ignorierend zitierte ich aus einer Biografie der Schriftstellerin: „Sie kannte enorm viele Menschen und ist vielen der Ausnahmegestalten ihrer Zeit begegnet. Sie hat unendlich vielen politischen Diskussionen zugehört und sich an ihnen beteiligt. Sie war eine Verlegerin, die als Geschäftspartnerin ihres Mannes in der Hogarth Press mitarbeitete. Sie war eine genaue und aufmerksame Analytikerin der Welt, in der sie lebte. Und sie war eine der unersättlichsten Leserinnen dieses Jahrhunderts.“ Ich machte eine kurze Pause und setzte fort: „Jetzt sagen Sie mir bitte, wie das alles mit einer von aller

Welt verteufelten Krankheit wie der Schizophrenie zusammen passt?“ Ich wartete, aber keine Antwort. „Nur zu wissen, dass jemand schizophren ist, sagt uns nichts über seine Intelligenz. Im Fall von Virginia Woolf wissen wir, dass wir es mit einer äußerst intelligenten und für ihre Zeit sehr emanzipierten Frau zu tun haben. Meist las sie sogar vier Bücher parallel. Sie nahm Unterricht in Griechisch, Latein und Altphilologie, erlernte das Buchbinden und was für uns am allerwichtigsten ist: Sie schrieb und deshalb beschäftigen wir uns mit ihr.“

Ich projizierte ein Bild der Schriftstellerin an die Wand: Mager, auffallende Augen und hochgesteckte Haare. Geprägt durch Familientyrannei, einem patriarchalischen Vater, Tod, Trauer und Verlust zeigte sich früh eine gewisse geistig-seelische Verletzbarkeit, die im Krankheitsausbruch und mehreren Zusammenbrüchen gipfelte.

Beim eigentlichen Thema angelangt, zitierte ich einen weiteren Abschnitt aus ihrer Biographie: „Virginia Woolf war eine normale Frau, die eine Krankheit hatte. Sie war oft leidend, aber sie war kein Opfer. Sie war weder schwach, noch hysterisch, noch in Selbsttäuschungen befangen, noch schuldig, noch unterdrückt. Im Gegenteil, sie war eine überaus mutige, intelligente und stoische Frau, die lernte mit ihrem Zustand so gut wie möglich umzugehen und ihn so gründlich wie möglich zu verstehen. Mit bemerkenswert wenig Selbstmitleid ertrug sie in wiederkehrenden Phasen große seelische Pein und starke körperliche Schmerzen. Ihre Krankheit ist auf genetische, umweltbedingte und biologische Faktoren zurückzuführen. Sie trat in unregelmäßigen Abständen immer wieder auf. Sie betraf ihren Körper wie ihren Geist.“

Totenstille.

Ich ließ die Worte wirken, ehe ich wieder meine Stimme erhob: „Aus Mangel an passenden Medikamenten wurden Patienten dem damaligen Wissensstand entsprechend sediert und ihnen absolute Ruhe, jegliches Fernhalten von Aufregung und frühes Zubettgehen verordnet.“ Dem heftigen Grinsen einiger Studenten entgegnete ich: „Das mutet sonderbar an. Zurück zur klugen Dame unseres Interesses: Sie las über ihre Krankheit nach, eignete sich die Sprache der Ärzte an, beschäftigte sich mit dem sie aufwühlenden Werk Sigmund Freuds und begegnete ihm persönlich.“ Ein erschrockener Blick auf die fortgeschrittene Uhrzeit hatte mich abrupt enden lassen: „Nächste Woche widmen wir uns ihrem Werk. Vergessen Sie nicht, sich vorzubereiten. Einen letzten Punkt möchte ich noch zum Nachdenken anbringen. Haben Sie irgendeine Assoziation bei der Jahreszahl ihres Todes, 1941?“

Keine Antwort. Wie es aussah, dachten die Seminarteilnehmer nur mehr ans Schlussmachen.

„Hitler und sein Euthanasieprogramm? Haben Sie schon einmal nachgedacht, dass es damals leider nicht nur abertausenden Juden und Minderheiten, sondern auch allen psychisch Kranken massiv an den Kragen gegangen ist? Die Woolfs wussten aus verlässlichen Informationsquellen, dass sie auf der „Schwarzen Liste“ beziehungsweise einer Verhaftungsliste für Großbritannien der Gestapo standen. So, das war’s für heute. Dann bis nächste Woche!“ Um das zu unterstreichen, schlug ich meine Mappe mit meinen Unterlagen heftig zusammen.

Die folgende Stunde begrüßte ich meine Studenten mit den Worten: „Ich nehme an, dass für Virginia Woolf Schreiben eine Art Therapie war. Ging es ihr sehr schlecht, hatte sie ihre Schaffenspausen, begann sie wieder zu schreiben, konnte beobachtet werden, dass sie sich besser fühlte. Heute wollen wir uns mit ihrem Werk beschäftigen. Ich hoffe, Sie haben sich entsprechend vorbereitet, denn bald werde ich Ihnen zuhören."

Dann erschrak ich die jungen Leute indem ich einen Schaumgummiball in den Saal warf. Einige zuckten zusammen. Amüsiert sagte ich: „Entschuldigen Sie. Dieser Ball steht stellvertretend für ein Tintenfass, mit dem Virginia Woolf nach ihrem Phantom warf, wenn es sie zu sehr quälte. Sie werden mir zustimmen, dass dieser Ball doch angenehmer ist als ein volles Tintenfass."

Heftiges Lachen.

„Wer hat den Ball gefangen? Der junge Mann da hinten? Mit welchem Werk hatten Sie sich auseinanderzusetzen?"

„Zum Leuchtturm", antwortete er unsicher.

„Schön, dann erzählen Sie uns gleich etwas davon", forderte ich ihn auf.

In dieser Art besprachen wir in den nächsten Stunden angeregt Stück für Stück die reichhaltige, literarische Hinterlassenschaft Virginia Woolfs, natürlich auch in Hinblick auf ihre Krankheit. Das Spielchen mit dem Ball schien den Studenten Spaß zu machen. Manche schüttelten sich amüsiert und äfften: „Hurra, ich bin das Phantom!"

Auch ich hatte meine Freude dabei, denn niemals hätte ich mir träumen lassen, ihnen in so amüsanter Weise die Problematik von psychischen Krankheiten und natürlich auch die englische Literatur näher bringen zu können. Die Wochen verflogen und unaufhaltsam steuerten wir dem Semesterende zu. Ich eröffnete mit einer Frage das uns vertraute Ping-Pong-Gedanken-Spiel: „Passt James Joyce in unsere „Ahnengalerie“? Was wissen Sie über ihn?“

„Genie war der Joyce sicher keines! Der schrieb doch nur Schwachsinn!“, antwortete einer.

Ein anderer warf ein: „Seinen Ulysses kann doch kein Mensch lesen! *Absolute nonsense*!“

Dann Zustimmung einer Kollegin: „Völlig richtig. Ergo, er kann nur deppert gewesen sein!“

Die Diskussion ging eine Weile weiter, ehe ich darauf hinweisend einschritt, dass ein Experimentieren mit der Sprache oft gewöhnungsbedürftig und nicht jedermanns Sache war, vieles Ungewohnte, Moderne nicht immer gefiel, dass sich in Neuem zu versuchen niemals ein Hinweis auf ein mentales Problem sein konnte. „Ulysses hatte kurz nach seinem Erscheinen polarisiert. Entweder gefiel er oder eben nicht, dazwischen gab es nichts. Die Hogard Press der Woolfs hatte das Manuskript übrigens abgelehnt, da es nicht gelungen war, einen Drucker zu finden, der seinen Kopf für eine Anzeige wegen Obszönität hingehalten hätte.“

Einige meiner Hörer grölten amüsiert los. Nach der Aufforderung, in der Universitätsbibliothek wenigstens ein paar Kapitel seiner Bücher aufmerksam zu lesen, um ein Gespür für sein Werk zu bekommen, strich ich hervor, dass C.G. Jung, der bekannte Psychoanalytiker und Zeitgenosse von Joyce, den Autor nach der Lektüre von Ulysses als schizophren befand, was auch schon der einzige mir bekannte Hinweis auf eine mögliche psychische Krankheit war. Auf die fragenden Gesichter meiner Studenten eingehend erklärte ich: „Trotzdem werden wir ihn im Rahmen der verrückten Genies besprechen, und zwar als Vater einer schizophrenen Tochter, die selbst auch künstlerisch tätig war."

Ich griff kurz zur Maus meines Computers, öffnete eine Datei und warf damit ein Jugendbildnis von Lucia Joyce an die Wand, das sie in einem ihrer raffinierten Tanzkostüme in entsprechender Pose zeigte. Ich musste meinen Seminarteilnehmern beipflichten, dass man sich nicht vorstellen konnte, dass diese junge, hübsche Frau psychisch krank gewesen sein sollte. „Sie tanzte, entwarf ihre Kostüme selbst, schrieb Gedichte, sang, zeichnete, entwarf die limitierten Auflagen der Werke ihres Vaters auf kostbarem Papier (*lettrines*) und auch sie schrieb. Darüber hinaus war Lucia die Muse ihres Vaters für *Finnegans Wake*, es heißt, sie soll darin der Tochter/ Ehefrau ähneln. Gerade deshalb müssen wir uns ihr an dieser Stelle widmen."

Die einzelnen Stationen von James Joyce (Dublin, Triest, Rom, Paris) brachten mich zu seinem literarischen Erbe. Lucia Joyce war noch immer an der Wand des Seminarraums abgebildet. Ich schilderte, wie der berühmte Vater unter der Krankheit seiner Tochter gelitten haben musste, den dadurch verursachten Schaffenspausen, den hohen Kosten ihrer Klinikaufenthalte, der nervenaufreibenden Suche nach den besten Ärzten seiner Zeit, darunter auch C.G. Jung, der ihm unsympathisch gewesen wäre und dem er wegen der negativen Beurteilung seines Ulysses misstraut habe, der *Créme de la Créme* der damaligen Zeit sozusagen. Alle waren sie sich uneins gewesen, woran Lucia gelitten hatte und vermutlich war es schwierig festzustellen, wo eigentlich die Grenze zwischen Gesundheit und Krankheit verlief und auf welcher Seite dieser Linie Lucia stand. Lucia war laut, war ihrer Familie auf die Nerven gegangen, als sie ihrer Energie freien Lauf gelassen hatte, hatte Tobsuchtsanfälle und irrsinnige Angstzustände gehabt, hatte ihre Mutter attackiert und mit dem Feuer gespielt. Bei meiner Schilderung der damaligen Zustände der Psychiatrie gefror jedem im Saal das Lächeln.

Ich holte weiter aus: „Jemanden, der in einer geschlossenen Anstalt festgehalten wurde, betrachtete man *de facto* als geisteskrank. Entsprechend war eine offizielle Entlassung aus dieser Anstalt gleichbedeutend damit, dass der oder die Betreffende ihre geistige Erkrankung überwunden hatte. Der ideale Patient war vollkommen transparent und unterwarf sich gefügig dem Verdikt des Arztes. Widerspenstigkeit galt an sich schon als Zeichen für Krankheit; Auflehnung wurde als gravierende Störung interpretiert, und ein bedingungsloses Sichfügen in die Alltagsroutine, die in der Anstalt herrschte, ein Befolgen aller Vorschriften, galt als Grundvoraussetzung für eine Heilung."

Nur mit Anheben meiner Stimme, war es mir gelungen, die letzten Worte hörbar in den Raum zu lassen, denn wie erwartet rief ich einen flotten und somit lauten Meinungsaustausch hervor. Die Kunst beziehungsweise Literatur hatte ich als Mittel zu meinem Zweck missbraucht. Teils amüsiert, teils interessiert, welche Argumente aufkamen und mit einem gewissen Gefühl von Zufriedenheit und Genugtuung verfolgte ich die Vorgänge im Seminarraum.

Ich erzählte weiter vom Joyceschen Familiendrama, von der Verordnung permanenter Ruhe, dem Ruhigstellen und Wegsperren von Lucia Joyce, dem *idiot en famille*, dem Mitansehen müssen, dass jeder Versuch, der Tochter zu helfen, fehlgeschlagen hatte, dass das einst hübsche Wesen immer mehr der Schatten seiner selbst geworden, die reiche Begabung vergeudet worden war und der Deutung ihrer tänzerischen Darbietungen, diesmal allerdings um Zeichen ihrer inneren Zustände zu erkennen. Anhand der Briefwechsel zwischen Vater und Tochter nahm ich wieder Bezug auf Lucias Rolle in *Finnegans Wake*, womit wir den Kreis zur englischsprachigen Literatur schlossen.

Mit einem Zitat, dem nichts Weiteres mehr hinzuzufügen war, beendete ich das Seminar: „In diesem ‚medizinisierten' Milieu wirkt jede Regung des Geistes gefährlich. Man sitzt die Zeit ab, man lebt hier nicht, und ohne Zweifel sind alle Patienten von einer geistigen Benommenheit erfüllt, die es leichter macht, sie in einer Anstalt festzuhalten. Jedes kreative Feuer wird hier erstickt."

XVI.

Als „Schutzengel der Irren", wie ich von Kollegen inzwischen genannt wurde, erlebte ich beruflich einen wahren Höhenflug. Änderten sie durch meine *Message* beeinflusst ihr Verhalten, dann ertrug ich diesen sonderbar anmutenden Rufnamen gerne.

Irgendwann holte mich meine ganz persönliche, private

Realität ein, die um bei der Wahrheit zu bleiben, jetzt weniger mit der Schizophrenie als mit dem Alt- und Kranksein und dem Aushauchen des Lebens zu tun hatte. Manchmal fürchtete ich der Belastung nicht standhalten zu können. Ich besuchte meinen Vater so oft und betreute ihn so gut ich konnte, wobei unsere recht junge Beziehung aufgrund der laufenden Verschlechterung seines Gesundheitszustandes unaufhörlich auf die Probe gestellt wurde. Mein Vater ertrug sein Schicksal mit beschämender Demut und war mir damit ein großes Vorbild. Mit seinem mit unbeugsamen Willen schlagendem Herzen überstand er die x-te Lungenentzündung. Wie durch ein Wunder erstand er wieder wie Phönix aus der Asche auf, auch wenn er von Mal zu Mal kraftloser wirkte.

Eines Tages fühlte sich Marie bemüßigt, mir als aufrichtige Freundin, wie sie sagte, ihre Meinung kundzutun. Ihre aus der Luft gegriffenen Argumente gingen wie Gewehrsalven über mir hernieder. Ähnlich wie Leo vermisste sie die „alte“, fröhliche, ausgeglichene, unternehmungslustige, Neuem aufgeschlossene und leutselige Tina, die stattdessen von Bitterkeit und Selbstmitleid aufgefressen werden würde. Ich sollte mir ein Beispiel nehmen an den Opfern von Kriegen, Umweltkatastrophen, Dauerarbeitslosigkeit, Unfällen oder Frauen, die Fehlgeburten oder den Verlust des eigenen Kindes erlitten. Nach einer gewissen Trauerzeit schauten sie irgendwann erwartungsvoll in die Zukunft, worauf ich jeden Grund hätte, nicht zuletzt wegen Philipp, der mich vergötterte, und wegen Tante Uschi und Onkel Karl, die wie Eltern für mich waren.

„Das ‚Sein-wie' ist der springende Punkt", antwortete ich. „Andere Kinder verlieren auch ihre Eltern und werden von anderen Leuten aufgezogen und machen nicht ewig ein Drama draus."

Mit meiner Besessenheit vom Thema der Schizophrenie wäre ich ein Quälgeist, der nicht einmal seine Studenten verschonte. Es bereitete ihr Sorgen, dass ich eines Tages überschnappen könnte, weil ich so viele Psychokram-Bücher las. Auf einmal glaubte sie in meinem früheren Traum über die einstigen klinischen Methoden einen Hinweis darin zu sehen, dass es mit mir bergab ginge.

Gereizt kommentierte ich ihre Mutmaßung: „Wie war das mit Freud? Bekanntlich verarbeiten wir in unseren Träumen Erlebtes oder das, womit wir uns intensiv beschäftigen und ebenso Wünsche, Sehnsüchte, Ängste und Sorgen. Ich habe damals darüber gelesen, habe mich gefragt, was meinem Vater angetan worden war und schließlich habe ich davon geträumt. Das ist völlig normal", klärte ich sie mit einem süffisanten Lächeln auf.

Als sie mir in Erinnerung rief, dass ich es mir mit Philipp nicht verscherzen sollte, weil wir so wunderbar zusammen passten, und er womöglich nicht ewig für mich die Krisenfeuerwehr spielen würde, hatte sie einen wunden Punkt getroffen. Natürlich hatte ich selbst daran gedacht.

„Allmählich tun mir deine Verwandten mit deinen Schuldzuweisungen leid. Vielleicht hatten sie ihre Gründe", sagte sie und ich glaubte meinen Ohren nicht zu trauen.

„Sicher. Sie fürchteten das Gerede und es war wesentlich einfacher Kranke abzuschieben als sie bei sich aufzunehmen", antwortete ich sichtlich gereizt. Dass mir ausgerechnet meine beste Freundin in den Rücken fiel, kränkte mich.

Dann faselte sie etwas, dass es schwierig wäre, mit einem Geisteskranken zusammen zu leben, speziell wenn die Geschwisterliebe nicht gar so groß war, weswegen mein Vater vielleicht in diversen Einrichtungen besser aufgehoben war. Außerdem wüsste ich nicht, was damals alles vorgefallen war, weshalb ich mich mit meinen Anschuldigungen im Zaum halten sollte. Allmählich fragte ich mich, ob sie von meiner gar so lieben Familie engagiert worden ist, um Gehirnwäsche zu betreiben.

„Tina, natürlich nicht! Wie lange willst du sie noch anklagen?“

„Ewig!“

***

Die Sonne wärmte angenehm, als ich mich an Marie’s Schimpftirade entsann. Das sanfte Licht ließ den Herbst erahnen. Ich befand mich inmitten einer bunt zusammen gewürfelten Schar: Angehörige, Bekannte und Freunde der Pfleglinge, Ärzte und Pfleger des Heims. Unglaublich, was behinderte oder beeinträchtigte Menschen unter fachkundiger und geduldiger Führung zuwege bringen konnten. An Verkaufsständen vermarkteten sie voller Stolz selbst Angefertigtes: Kuchen und Kekse fein säuberlich auf Papptellern angerichtet, Säfte aus Eigenanbau, allerlei hübsche Handarbeiten. Etwas abseits machte ich Wände mit bunten Bildern aus.

Genussvoll nahm ich einen Schluck Holundersaft aus dem mit einem Minzeblatt verzierten Becher. Von meinem Platz inmitten der Pfleglinge der Station Flora winkte ich meinem Vater auf der Bühne zu, denn auch er hatte eine, wenn auch nur kleine, Aufgabe bei dieser Veranstaltung zu bewältigen.

Der sympathische Arzt, der die Eröffnungsrede hielt, sprach mir aus dem Herzen, als er darauf hinwies, dass die frühe Integration psychisch Kranker von immenser Wichtigkeit wäre wie die alsbaldige Therapie mit den entsprechenden Medikamenten. Eine Aufzählung der teilnehmenden Stationen mit Hinweisen auf deren Schwerpunkte und Dankesworte folgten. Bei der namentlichen Nennung der Pfleglinge vernahm ich stolzes Lächeln. Sie standen für ihre Leistungen anerkennend im Mittelpunkt. Monatelang hatten sie sich, ihre Aufgabe oder ein Ziel vor Augen habend, auf diesen Tag vorbereitet. Ich freute mich für sie. Beim Hinweis des Festredners auf die Bilder erklärte er, dass das Malen oder die künstlerische Betätigung den Patienten halfen, den Alltag zu strukturieren. Sie wurden zu einer sinnvollen Tätigkeit angehalten ohne das Klischee Genie und Wahnsinn zu bedienen.

Rund um mich nervöse, aufgeregte Blicke, aufmunternde Worte und letzte Anweisungen durch die Betreuer, hektische Vorbereitungen. Dann begann die Show. Ein junger Mann, der sich erst seit einem Jahr um die sportliche Betätigung der Heiminsassen kümmerte, motivierte seine Teilnehmer auf einem kurzen Hindernisparcours, bei Ballspielen und Minitournieren. Mit vollster Konzentration wurden seine Anweisungen befolgt. Unvergesslich blieben für mich die innere Zufriedenheit ausstrahlenden Gesichter. Gesangs- und Tanzeinlagen und Sketches rundeten das bunte Programm ab.

„Ein wirklich nettes Fest“, sagte ich später zu meinem Vater.

Keine Reaktion.

Nächster Versuch meinerseits: „Euer Stück war lustig. Ich wusste gar nicht, dass du so flott mit dem Rollstuhl unterwegs sein kannst.“

Endlich entlockte ich ihm ein Lächeln und ein leises „Ja“.

Ich rollte ihn zu den farbenfrohen, kindlich anmutenden Bildern. Manchmal irgendein Gekritzel, dazwischen Worte oder nur Buchstaben, die für mich keinen Sinn ergaben, schablonenhaft Gemalenes oder Fratzen in dunklen Farben, die mir Angst machten. Umgehend musste ich an Daniela denken und fragte mich, wo sie nur war. Ein solches Spektakel hätte sie sich niemals entgehen lassen.

Als ich meinen Vater beim Springbrunnen vorbei Richtung Station Flora schob, stießen wir auf Frau Dr. Trost. Meine Glückwünsche für das gelungene Fest wollte sie gerne an oberster Stelle deponieren. Meinen wehmütigen, auf meinen Vater gerichteten Blick kommentierte sie: „Ein solches Engagement hat sich erst in den letzten zwei Jahrzehnten allmählich entwickelt. Es war ein weiter Weg von den Verwahrungseinrichtungen hin zu Tageswerkstätten, betreutem Wohnen oder einem Heim wie diesem.“

Nickend antwortete ich: „Trotzdem frage ich mich, was passiert wäre, wenn er damals voll integriert, von seiner Familie unterstützt und in den Arbeitsprozess wieder eingegliedert worden wäre.“ Ich sprach mit dem Rücken zu ihm in gedämpften Ton, in der Hoffnung, dass er nicht mithörte. Um mich zu überzeugen, drehte ich mich um. Wie gewohnt starrte er ausdruckslos vor sich hin.

Frau Dr. Trost tätschelte mir mütterlich auf die Schulter und antwortete: „Wir müssen es akzeptieren wie es ist. Seien wir zufrieden, dass es ihrem Vater jetzt soweit gut geht.“

Ich nickte.

„Es ist für Angehörige nicht leicht. Oft müssen wir sie darauf aufmerksam machen, dass mit Schizophrenen anders umgegangen werden muss. Weder sollen sie feindselig bombardiert, noch übervorsorglich behandelt werden. Außerdem brauchen sie einen klar strukturierten, regelmäßigen Tagesablauf. So wie ich Ihren Vater kennengelernt habe, lässt er sich nur schwer motivieren, was innerhalb einer Familie gewaltiges Konfliktpotential bietet. Wir aber sind entsprechend geschult und können mit solchen Situationen umgehen.“

„Ich frage mich manchmal, ob er nicht zu lange unterfordert worden ist und deswegen heute so lethargisch ist.“

„Möglich. Wie gesagt, heute ist die Betreuung der Patienten individueller und breiter angelegt. Neben den Arzneimitteln bieten wir Psychotherapie an, in der wir die Patienten über ihre Erkrankung und deren Einflussfaktoren aufklären, ihnen Mut machen oder einfach nur alltägliche Probleme besprechen. Oder in der Soziotherapie werden die sozialen Fähigkeiten des Patienten gefördert und berufsrehabilitative Maßnahmen gestartet. Leider gibt es noch immer zu wenige geschützte Arbeitsplätze. Den psychiatrischen Patienten umgibt eine Aura der Ungewissheit, weshalb er schwer vermittelbar ist.“

Ich nickte zustimmend. „Ich sollte vermutlich anerkennen, dass diese Möglichkeiten für ihn zu spät kommen“, sagte ich traurig.

„So ist es, Frau Bäck. So leid es mir für Sie tut.“

Bei der Verabschiedung verblüffte mich mein alter Herr, als er ihre Hand zum Abschied souverän ergriff. Dieser Schlawiner ließ mich manchmal im Glauben, dass er vor sich hin starrend nichts von seiner Umwelt mitbekommen würde und ihm vieles gleichgültig wäre.

Nachdem ich ihn zu seinem Platz beim Esstisch gebracht hatte, schaute er abwechselnd auf die Uhr, zupfte an seinem Pullover herum und rückte das Besteck zurecht. Es war ihm nicht klarzumachen, dass er noch vollkommen relaxt fernsehen hätte können, weil das Essen ohnedies erst in dreißig Minuten serviert werden würde und es nur wenige Meter von seinem Fernseh- zum Essplatz waren. Stattdessen saß er alleine bei Tisch und wartete.

XVII.

An einem kalten Jännertag versetzte mich ein Erlebnis der besonderen Art in Panik. Beim Betreten der Station Flora beunruhigte mich eine gespenstische Ruhe. Vielleicht lag es am düsteren Winterwetter, das den Pfleglingen auf der Seele lasten, sie nachdenklicher oder müde stimmen mochte. Als ich meinen Vater weder an seinem Lieblingsplatz im Aufenthaltsraum vor dem TV-Gerät noch beim Esstisch vorfand, fühlte ich in meinem tiefsten Inneren, dass etwas nicht in Ordnung war. Vor seinem Zimmer versetzte es mir einen unliebsamen Stich im Herzen, welches selbst umgehend zu rasen ansetzte. Ich starrte eine gefühlte Ewigkeit auf die Klebebänder, mit denen die Zimmertür abgeklebt worden war. Das kannte ich nur aus Filmen. Auf einmal erschrak ich ein weiteres Mal, als ich eine Hand auf meiner knochigen, rechten Schulter verspürte.

„Erschrecken Sie bitten nicht, Frau Bäck. Ihr Vater ist auf Quarantäne. Die Frau Doktor vermutet, dass er sich einen antibiotikaresistenten Keim eingefangen hat", klärte mich eine junge Schwester in mitfühlendem Ton auf.

„Frau Doktor Trost?", fragte ich.

„Nein, ihre Vertretung."

Wenig später betrat ich wie eine OP-Schwester aus einer der vielen Fernsehserien sein Zimmer: In Häubchen, Schutzschuhen und einem Mantel, jeweils in Einwegausführungen.

Die grauen Bartstoppeln vermochten die tief eingefallenen Wangen nicht zu kaschieren. Er schien weiter Gewicht verloren zu haben. Zum x-ten Mal fragte ich mich, wie viel Leid meinem Vater noch widerfahren musste bis er endlich von dieser, wie ich meinte, Gott verlassenen Erde abtreten durfte. Ich tätschelte ihm liebevoll die Hand und strich ihm über die Wange. Er kam mir dabei vor wie ein Hund, der beim Kraulen vor Genuss seinen Kopf noch weiter nach hinten streckte, um weiter liebkost zu werden.

Nachdenklich saß ich an seinem Bett. Erinnerungsfetzen zogen an mir vorbei und mich quälten immer dieselben Gedanken: Dass er mir kein Vater sein hat dürfen, wir keine gemeinsamen Urlaube oder mit Ausnahme der Weihnachtsfeiern im Heim keine Festivitäten verbringen haben dürfen. Gerade als ich in meinem tiefsten Inneren zum unzähligsten Mal mit meinem oder unserem Schicksal haderte, entsann ich mich an eine amüsante Begegnung, bei der, wenn mich mein Erinnerungsvermögen nicht im Stich ließ, wir beide das einzige Mal zusammen aus vollstem Herzen gelacht haben. Ein einziges Mal! Eine Geistliche war fragend, ob sie besser ein anderes Mal wiederkehren sollte, mit einem Heiligenbild an sein Krankenbett getreten, um ihm Trost zu spenden. Weil mein Vater sie gänzlich ignoriert, keine Miene verzogen und ihr partout nicht geantwortet hatte, hatte sie befürchtet, dass er sie nicht verstanden hätte. Ich war mir wie eine Simultanübersetzerin vorgekommen. Natürlich hatte er alles kapiert. Mich amüsierte es, wie er die Leute zum Narren hielt, indem er ihnen Glauben machte, er sei nicht ganz bei Trost. Schließlich hatte ich ihr seine Widerwillen ausdrückende Geste schmeichelnd übersetzt. Kaum waren wir wieder unter uns, hatte das Schlitzohr bis über beide Ohren gegrinst. Seine ausschweifende Handbewegung nachahmend hatte ich in sein Lachen eingestimmt.

Von meinem kranken, röchelnden Vater wanderte mein Blick zu seinem Radio, aus dem eine Regionalsendung aus seiner Heimat, einer Region, die er vor etwa sechzig Jahren verlassen hatte, in einem Dialekt erklang, den ich ihn nie sprechen gehört habe.

Mir war, als ob wir dort gerade gemeinsam durch die liebliche Landschaft wanderten. Dieses Besinnen auf seine ureigensten Wurzeln brachte mich auf die Idee, ihn, wenn es einmal soweit war, in seinem verschlafenen Heimatdorf bei seinen Eltern beisetzen zu lassen, zumal mein gewiefter Großvater testamentarisch verfügt hatte, dass meine Eltern niemals im Familiengrab zusammengeführt werden durften. Meine sonderbare Familie und ihre verbohrten Ansichten. Vielleicht hätte ich gerade jetzt mit ihm darüber sprechen sollen. Ich brachte es weder über`s Herz noch fand ich die passenden Worte.

Als ich ihm beim Abschied eine baldige Besserung wünschte und er dabei schmerzverzerrt das Gesicht verzog, rügte ich mich, was sich für ihn überhaupt noch bessern könnte.

Mit meinem ausgeprägten Hang zum Grübeln war ich zu sensibel und mitfühlend. Wahrscheinlich war er in den letzten Jahrzehnten zu unterfordert und ich selbst musste mich fragen, ob ich nicht überstimuliert war. Wie ich wusste, war beides ungünstig. Stress hatte ich so lange ich denken konnte und vor ein paar Jahren war die durch meinen Vater bedingte, emotionale Belastung hinzugekommen. Um mich davon abzulenken, deckte ich mich bis über beide Ohren mit Arbeit zu und setzte mir eine Habilitation zum Ziel. Möglicherweise war der Zeitpunkt unglücklich gewählt. Ich wollte alles schaffen. Stress und Überstimulation hin oder her. Zu lange hatte ich riesige Angst davor gehabt, selbst schizophren zu werden. Jetzt fürchtete ich nichts mehr. Ich hatte das durchschnittliche Prädilektionsalter, das für den Ausbruch der Erkrankung für Frauen bei 26 bis 30 Jahren lag, überschritten. Es konnte mir nichts mehr passieren.

Wieder stieg mein Vater wie Phönix aus der Asche, weshalb Philipp mich mit seiner rührenden, hinreißenden Art von meinem sorgenvollen Umfeld weg in eine romantische Idylle bringen wollte. Eine unsichtbare, nicht näher zu definierende Kraft ließ mich fürchten, dass in meiner Abwesenheit etwas Unheilvolles passieren könnte, und ließ mich weder frohlocken, noch ihm wegen dieses genialen Einfalls um den Hals fallen. Als ich nur eine Stunde danach, spätabends, einen entgangenen Anruf von der Station Flora wahrnahm, nahm dieses panikartige Gefühl schlagartig überhand. Schließlich wurde mir mitgeteilt, dass mein Vater ins Krankenhaus gebracht hatte werden müssen, weil sich sein Gesundheitszustand rapide verschlechtert hätte.

„Machen Sie sich keine Sorgen, Frau Bäck“, sagte die sympathische Schwester.

Das war ein Satz wie jeder andere, aber irgendetwas gefiel mir nicht an ihrem Tonfall. Auf einmal wusste ich, dass ich mir tatsächlich Sorgen machen musste.

Abschied nehmen

Schlaftrunken mache ich im Vorraum am Weg vom Schlaf- ins Badezimmer halt und werfe einen Blick auf mein rot blinkendes Telefon. Nach den Aufregungen der letzten Tage habe ich mir mehr Schlaf gegönnt und deswegen auf lautlos geschaltet. Irgendwie stehe ich neben mir und überlege gerade, ob ich gestern zu viel von den pflanzlichen Sedativa genommen habe. Vielleicht hätte ich nicht eine Hand voll davon nehmen sollen. Abwechselnd tippe ich auf dem Festnetz- und Mobiltelefon herum. Ein ungutes Gefühl macht sich in der Magengegend breit. Mein Kopf dröhnt und das Denken funktioniert nicht. Mehrmals spreche ich die Zahlen der Festnetznummern vor mir her und versuche sie geographisch unserer Stadt zuzuordnen.

Nach zweimaligen Verbinden teilt mir ein Spitalsarzt sachlich mit – wie er es vielleicht schon unzählige Male getan hat –, dass mein Vater heute früh um 5 Uhr 30 verstorben sei. Ich höre mich sagen, dass ich ihm für die Auskunft danke. Dann wanke ich, noch immer mit dem Telefon in der Hand, ins Wohnzimmer und falle weinend auf die Couch. Selbstvorwürfe, Trauer, Schmerz, Unruhe, Rat- und Hilflosigkeit wechseln einander im Sekundentakt oder noch schneller ab. Nicht einmal die Todesursache habe ich erfragt oder ob es sehr schlimm für ihn gewesen sei. Was ändert das allerdings? Hauptsache, für Paps war es endlich vorbei.

Der Schmerz schnürt mir das Herz zusammen. Panik und Ratlosigkeit treiben mich zum Auf-und-ab-Gehen an. Ich habe noch immer meinen Pyjama an, nicht einmal im Badezimmer bin ich gewesen. Unendlich viele Male habe ich mir für meinen Vater gewünscht, dass er endlich von seinen Qualen erlöst wird. Jetzt, als es geschehen ist, verdaue ich diese Nachricht um keine Spur gefasster. Die Konsequenz für mich selbst außer Acht lassend habe ich mich in keinster Form vorbereitet. Ich habe keinen blassen Schimmer von dem Behördenkram, der jetzt zu erledigen ist.

Ich fordere mich auf, Haltung zu bewahren. Meine Konzentration und Organisationsgabe sind gefragt. Nach Philipp und der Sekretärin des Instituts rufe ich Herrn Schmitz, den freundlichen Sachwalter meines Vaters, unzählige Male vergeblich an. Wir hatten uns vage über den *Worst Case* unterhalten, doch hatte ich keine Ahnung, was genau zu tun ist. Außerdem ohne Papiere, die ich in seiner Obhut vermute. Wie der Duracell-Hase in der Werbung laufe ich wie aufgezogen auf und ab, drücke dazwischen immer wieder auf die Wähltaste, in der Hoffnung, dass Herr Schmitz endlich abhebt, und versuche mir dazwischen für alle Fälle einen Plan B zurecht zu legen.

„Heute früh ist mein Vater, dein Bruder, verstorben. Ich wünsche mir, dass er bei seinen Eltern beigesetzt wird“, teile ich Onkel Ferdl, dem Hüter des Grabes meiner Großeltern sachlich und selbstbewusst mit.

Onkel Ferdl antwortet knapp: „Das ist dein Wunsch?“

Dann ich noch knapper: „Ja.“

Er: „Dann kümmere dich um die Überstellung. Ich spreche mit dem Herrn Pfarrer. Wo kann dich meine Tochter erreichen?“

Keine Gefühlsduselei, keine Beileidswünsche. Zugegeben, ich habe ebenso kühl mit meinem Onkel gesprochen. Wir sind wie Fremde füreinander und die gegenwärtige Situation scheint uns nicht näher zu bringen. Ich bin verwundert, wie problemlos ich mein Vorhaben durchsetzen konnte und aufgebracht zugleich, wie kalt und gleichgültig die Reaktion am anderen Ende der Leitung war.

Dank der Wut im Bauch sind meine Gedankengänge klarer und sogar meine Tränen habe ich unter Kontrolle. Ich versuche mich darauf zu konzentrieren, das Begräbnis zu organisieren. Ich beginne mir eine Strategie zurechtzulegen. Der letzte Weg meines Vaters soll ein würdevoller sein, auf dem er wenigstens als Toter geachtet und nicht als Geisteskranker geächtet in sein Heimatdorf zurückkehren darf. Wieder habe ich ein wichtiges Ziel vor Augen, worauf ich alle meine Kräfte fokussieren kann. Meine Telefonleitung kommt ins Glühen. Ich telefoniere und telefoniere. Kein Ende in Sicht.

„Nein, nimm ein Bestattungsunternehmen vor Ort, sonst musst du zwei zahlen. Zwei verschiedene Bundesländer, zwei Bestatter“, schärft mir eine treue, erfahrene Seele die genaueren Umstände dieser für Laien undurchsichtigen Regelung ein.

Herr Schmitz ist weiterhin unerreichbar, doch liegen die Papiere im Heim auf und Papas Festtagskleider sind alsbald unterwegs ins Krankenhaus. Letztlich ist der Bestatter aus dem Nachbardorf meiner Vorfahren der größte Engel für mich. Mit seiner netten und voller Zuversicht klingenden Stimme nimmt er mir die letzten Zweifel. Nach mehreren Telefonaten und etwa sechzehn Stunden nach dem Todeszeitpunkt mailt er mir die Parte. Die Vorbereitungen für den letzten Weg meines Vaters in vier Tagen sind auf Schiene.

Die folgenden Tage sind erwartungsgemäß eine wahre Tortur. Ich ermahne mich, mich nicht zu sehr gehen zu lassen. Die letzten Auf und Abs nehmen mir die Lust auf jeden Bissen. Am besten vertrage ich warmen Tee und irgendein Stück trockenes Brot, was sicher keiner *haute cuisine* entspricht. Am Institut entgehen mir nicht die auf mir ruhenden Blicke, wenn ich in Gedanken versunken und ohne auf Kommentare reagierend durch den Flur schleiche. Irgendwie scheint auch in mir etwas gestorben zu sein. Ich zwinge mich zu arbeiten, während meine Gedanken es lieben Karussell zu fahren. Fortwährend sehe ich meinen Vater vor mir und ich erinnere mich an unsere gemeinsamen Momente. Immerzu spult sich der Film vor meinem inneren Auge ab, unmöglich die Stopp-Taste zu drücken. Unsere letzte Begegnung ist in meinem Gehirn ganz besonders festgebrannt: Sein Blick, die von mir nicht verstandene Geste des mich Drücken-Wollens, der erschreckend feste Händedruck und das nicht mehr Loslassen meiner Hand.

Von dem Gerippe von Baum vor meinem Bürofenster kann ich mich manchmal nicht losreißen, besonders wenn mir das Licht der Deckenleuchte hell leuchtend erscheint wie in einem von Kronleuchtern erfüllten Saal oder wenn dieser penetrante, diffuse Schmerz sich in meinem Kopf einnistet. Wenn ich in den Vorlesungen und Seminaren den Faden verliere, sehen meine Studenten taktvoll darüber hinweg. Vermutlich hat es sich, nach dem regen Getuschel am Institut zu schließen, herumgesprochen, was passiert ist. Neuerdings macht sich ein sonderbares Gefühl der Fremdheit über mich her, sodass ich hoffe, dass bald alles wieder so ist wie es einmal war. Vor allem nachts, wenn ich ohne meine grünen Wunderpillen bis zum Morgen Schäfchen zählen müsste, immer von Neuem beginnend, wenn eine neuerliche Heulattacke mich die aktuelle Zahl vergessen lässt. Eines Abends kehre ich nach einem fulminanten Geistesblitz mit einem größerem Glas Grappa, einem der letzten Reste meiner wegen meines jahrelang selbstauferlegten Alkoholverbots verwaisten Bar, unter meine Daunendecke zurück. Ich hatte gänzlich vergessen, wie sehr er die Kehle hinab brennen kann. Zu meiner Freude belebt er meine Sinne, spült meine Bedenken über mein mangelhaftes, genetisches Material hinweg und lässt den Stift über das Papier tanzen. Die werden alle Augen und Ohren machen!

***

Philipp hat nach meinen Bekundungen, dass ich gut zurecht käme, ungern seine Dienstreise angetreten. Tante Uschi und Onkel Karl habe ich im Unwissen gelassen, um ihnen ihren Urlaub auf den Kanaren nicht zu verpatzen. Ich hasse es, Umstände zu machen. So kommt es, dass ich an diesem Bilderbuchtag im Februar alleine die zirka fünfundsiebzig minütige Autofahrt zum Heimatdorf meines Vaters antrete. Mir ist, als wollte mir die intensiv strahlende Sonne nach den letzten dunklen Wintertagen ein besonderes Zeichen geben.

Das Autoradio hat heute Pause. Die nächsten Stunden würden nervenaufreibend genug werden. Ich lasse das Fenster ein Stück runter und atme die frische Luft ein. Es ist Februar, doch scheint der Frühling schon in den Startlöchern zu scharren.

Hut ab vor dem perfekten *timing* meines alten Herrn. Wie ich verabscheute er den Winter und liebte die warme Jahreszeit.

Ich parke das Auto, wie ein paar Jahre zuvor, an der Hauptstraße schräg gegenüber des Gasthaus Lampe, wo später auch der Leichenschmaus stattfinden wird. Ich gieße mir warmen Tee zum Kalmieren meiner Magennerven und zum Hinunterspülen des Beruhigungsmittels aus der Thermoskanne.

Tatsächlich wähne ich mich am Ende der Welt. Nirgendwo ist eine Menschenseele zu sehen. Auf einmal vernehme ich ein lautes Kichern hinter einem Busch. Irritiert blicke ich mich um, sehe aber niemanden. Dann noch einmal ein verhöhnendes Lachen und wieder niemand weit und breit. Seltsam sage ich mir und schüttle meinen Kopf. Vermutlich Kinder, die mir einen Streich spielen.

Es ist noch Zeit für einen Kaffee beim Lampe. Spontan entschließe ich mich zu einem *corretto*, also einen mit einem Schuss Grappa oder notfalls irgendeinem hiesigen Schnaps korrigierten Kaffee.

Bald danach schreite ich bedächtig die extrem steil ansteigende Straße zur Aufbahrungshalle hinauf. Der nette Herr Bestatter wirkt im Gegensatz zu mir vollkommen entspannt. Genüsslich zieht er an seiner Zigarette. Er erledigt seinen Job, während für mich das hier wesentlich mehr bedeutet.

Bevor die Gäste erscheinen, will ich meinen Vater ein letztes Mal sehen und von ihm in aller Stille Abschied nehmen. In der Halle ertönt ein wunderschönes *Ave Maria* aus den Lautsprechern. Ich lasse meinen Blick über den Blumenschmuck gleiten und mache meinen Kranz ausfindig. Meine Hand streicht sanft über die roten Rosen und zupft die Schleife zurecht. Ich trödle, denn ich habe Angst vor dem Anblick eines Toten, auch wenn er mein Vater ist. Das Fenster des Sarges ist geöffnet, wie es mir der Herr Bestatter versprochen hat. Ein flüchtiger Blick, dann fahre ich schnell wieder zurück. Die Vorstellung, dass ein Mensch auf einmal in so eine, wenn auch schöne, Holzkiste passt und darin wie ein Gegenstand, wenn auch passabel in Festtagskleidern zurecht gemacht, gepackt ist, deprimiert mich zutiefst. Ein letztes Mal schaue ich ihn an und bin mir sicher, dass mich dieser Gesichtsausdruck ewig verfolgen würde.

Draußen an der Sonne nehme ich Beileidswünsche entgegen und kämpfe abermals gegen die Tränen an. Inmitten meiner Verwandten trete ich später ein in die Aufbahrungshalle. Einem meiner Cousins drücke ich zu seiner großen Verwunderung meine Trauerrede in die Hand, die ich ursprünglich in maßloser Selbstüberschätzung selbst vortragen habe wollen. Ich vernehme die sanft erklingende Musik, blicke über die Kränze und Gestecke hinweg zum Sarg.

Dann halte ich Nachschau, ob die angekündigte Delegation aus dem Heim draußen wartet. Der Leiter der Station Flora, die Schwester, die meinen Vater zuletzt ins Spital gebracht hat, einige Pfleglinge, deren Gesichter ich alle kenne, sind gekommen. Schade, „Hannelore Gokolore" und Helga nicht. Der Reihe nach schütteln wir einander die Hände. Mit glasigen Augen nehme ich die herzlichen Beileidswünsche entgegen. Sie tätscheln mir die Hände oder streichen mir sanft über die Wange. Ja, sie mochten meinen Vater und mögen ebenso mich. Auch wenn ich bisher mit manchen noch nie gesprochen habe, haben wir einander oft auf der Station gesehen, einander nett gegrüßt oder uns einfach nur angelächelt.

Eine von ihnen sagt auf einmal: „Er war so lieb, einfach ein ganz Lieber!"

Ich weine plötzlich so schrecklich laut und unbeherrscht wie ein kleines Mädchen. Ich weiß, dass ich mich vor diesen Menschen nicht zu genieren brauche, weil sie mich verstehen. Auch ihre Augen werden nass. Viele würden sie als Behinderte degradieren, aber ich habe mich über ihr Kommen gefreut. Sie können mir mehr Beistand geben als der Rest hier. Und sie sind meine willkommensten Gäste. In diesem Moment gestehe ich mir ein, dass sie mir fehlen werden. Genau so wie Daniela. Alle diese Menschen waren in den letzten Jahren ein Teil von mir gewesen. Bevor wir gemeinsam nach drinnen gehen, danke ich ihnen noch einmal für ihr Kommen und erneuere meine Einladung für den Leichenschmaus.

„Das ist wirklich sehr großzügig. Vielen Dank, Frau Bäck."

„Ich habe Euch für Euer Kommen zu danken. Ihr seid seine Ersatzfamilie gewesen", und dabei blicke ich wehmütig Richtung Halle. „Er hätte es sicher so gewollt."

Von der Aufbahrungshalle geleiten die Trauergäste den Sarg in die Kirche, wo der Herr Pfarrer rührende Worte findet, obwohl er den Verstorbenen nicht gekannt hat. Die schönen Stimmen des Chors stimmen gerade ein für diesen Anlass passendes Lied an, als sich etwas Merkwürdiges zuträgt. Als die dritte Strophe mit „Ach wie schön, ach wie schön. Ist der Engel Lobgetön!" einsetzt, fällt ein Sonnenstrahl durch das vordere, rechte Glasfenster auf den Sarg im Altarraum und taucht alles in sanftes, beinahe himmlisches Licht in einer irrsinnigen Intensität. Purer Zufall? Mit leichtem Kribbeln stelle ich mir vor, dass sich mein Vater freut, gehen zu dürfen.

Erst vor dem ausgehobenem Grab fällt mir die beachtliche Zahl an Leuten auf, die gekommen war, um meinem in seiner Jugendzeit seine Heimat verlassenden Vater die Ehre zu erweisen, jene Ehre, die dem Lebenden verwehrt war. Dann der große Moment, der von mir nächtens verfassten Rede, die tatsächlich von meinem Cousin Horstl, mit angenehm ruhiger Stimme vorgetragen wird:

Im Namen meiner Cousine Martina, der Tochter des Verstorbenen, möchte ich mich bei den Trauergästen der Station Flora für das Kommen und die Anteilnahme bedanken. Im Pflegezentrum, wo Josef Bäck unzählige Jahre verbracht hat, wurde er aufopfernd und äußerst menschlich gepflegt.

Danken möchten wir weiters dem Herrn Bestatter, dem Herrn Pfarrer, dem Chor, den Sargträgern und all jenen, die an dieser Trauerfeier mitwirken.

Martina dankt Onkel Ferdl, dass ihr Vater heim zu seinen Eltern, unseren Großeltern, darf, nach Hause in heimatliche Erde sozusagen.

Ihrer Cousine dankt Martina für die Mithilfe an der Organisation vor Ort und die zahlreichen Ratschläge.

Nun, möchte ich kurz im Sinne meiner Cousine den Menschen Josef Bäck in Erinnerung rufen:

Er war ein aufrichtiger, liebevoller, fleißiger, kluger, eitler, stets tadellos gekleideter Mann mit perfektem Auftreten und ebensolchen Manieren. Nach getaner Arbeit warf er sich immer in Schale und man sah ihm nicht an, dass er eigentlich nur ein einfacher Arbeiter war. Seine Würde hatte er sich bis zuletzt bewahrt.

Die Rolle des liebevollen Vaters durfte er nie spielen, da wurde ihm gehörig ins Drehbuch gepfuscht. Als er und seine Tochter vor einigen Jahren endlich zueinander fanden, bedurfte es keiner großen Worte, so ähnlich wie sie sich waren. Martina verstand ihn auch mit seinen Gesten, als das Sprechen immer schwieriger wurde. Da er zuletzt nur wenig sprach und wenn, nur unhörbar, glaubten Fremde, dass er nicht richtig ticke. Aber weit gefehlt, sein Intellekt blieb ihm bis zuletzt erhalten.

Trotz der Psychose, die ihn, die uns, vor Jahrzehnten plagte, die sein Leben und das seiner Tochter Martina und ihrer Mutter, die deshalb ihrem Leben vorzeitig ein Ende setzte, zu einer Tragödie gemacht hat, ja trotz all dem ist Martina stolz, seine Tochter zu sein.

Von vielen wurde er vergessen. Von seiner Tochter nie und sie stellt sich immer wieder die Frage, was wohl gewesen wäre, wäre er damals nicht so krank geworden.

Jede Lungenentzündung, jeder Infekt, jeder Spitalsaufenthalt hat ihn langsam aber sicher geschwächt. Er erlitt mit Anstand und großer Demut sein Schicksal, ohne jemals zu klagen. Dem gebührt allergrößter Respekt.

Martinas Gebete wurden erhört, er wurde von seinen Leiden erlöst. Mögen wir hoffen, dass er in eine bessere, friedlichere, gerechtere Welt übergetreten ist.

Ruhe in Frieden!

Die Blicke meines Cousins treffen sich mit meinen, während er vorliest. Ein oder zwei Mal hält er, der souveräne Manager, für einen winzigen Moment inne. Sogar mein Onkel, der auf mich bisher unsentimental, manchmal auch abweisend gewirkt hat, wischt sich neben mir mit einem Stofftaschentuch verlegen seine Tränen weg. Das nehme ich mit Genugtuung wahr, während ich unaufhörlich vor mich hinschluchze. Meine Rede hat ihre Wirkung nicht verfehlt. Ich bin zufrieden mit mir. Mission erfüllt. Jetzt würde mein Vater hoffentlich in angenehmer Erinnerung im kollektiven Gedächtnis bleiben, im Gegensatz zur einen oder anderen irren Geschichte.

„Ruhe in Frieden Paps!“

***

Stunden später fühle ich mich unter den gegebenen Umständen besser. Ich sitze in der Fensternische meines Wohnzimmers mit einer Tasse Tee. Die Vorstellung, dass mein Vater jetzt in der kalten Erde liegt, bereitet mir einen unangenehmen Schauer. Nur der Schein einer Kerze erhellt sanft den Raum. Ich starre gedankenverloren nach draußen in die Winterlandschaft. Die Äste der großen Tanne bewegen sich leicht, sonst ist nichts wahrzunehmen.

Jetzt erst fällt mein Blick auf die winzige Schmuckschachtel auf dem Beistelltisch, die mir Papas älteste Schwester nach dem Begräbnis überreicht hat. Sie habe sie für ihn aufbewahrt und nun sei die Zeit gekommen, dass ich sie erhalte. Auf einmal erklingt ein wunderschönes, klassisches Musikstück, das Madame gerne spielt. Leicht gedämpft dringen die Klavierklänge zu mir herauf. Ich liebe es, ihr zuzuhören. Gerade heute tut das Gefühl, nicht völlig alleine zu sein, unheimlich gut.

Ich nehme den Ring heraus, drehe ihn zwischen den Fingern und lese die Innschrift: Dorli 18.11.1967.

Dann hole ich die vergilbte Schuhschachtel aus dem Schrank, mit der vor erst wenigen Jahren Kummer, Sorgen und nicht zuletzt mein Vater in mein Leben getreten sind. Ich fische die kleine Schachtel hervor, in der sich der Ehering meiner Mutter befindet und lege den meines Vaters dazu.

„Ruhet in Frieden, liebe Eltern!“

Der Nebel lichtet sich

I.

„Du willst wirklich hinfahren?“, fragt mich Lara. Sie und Lydia sind wie so oft in letzter Zeit bei mir zu Besuch.

„Ich bin noch unschlüssig“, antworte ich.

„So, so. Sie ist unschlüssig, unsere liebe Tina!“, äfft Lydia und hält mir gleichzeitig ihr leeres Glas hin. „Diesmal mit mehr Alkohol und nicht wieder so ein Kindergetränk“, gibt sie mir spitz Anweisungen.

Ich tue wie mir geheißen und spritze das Modegetränk der Saison Lydia zuliebe nicht mit Mineralwasser auf. Lydia entkommt ein heftiger Rülpser. Sie hat zu viel Alkohol intus und ist wie gewöhnlich nicht zu bremsen. „Fährst du oder nicht?“, drängt sie mich zu einer Antwort.

„Warum interessiert dich das so brennend?“, entgegne ich gereizt.

„Vielleicht nehme ich dieses Kaff und deinen Clan genauer unter die Lupe.“

„Sag mal spinnst du! Ich kann dich oder euch nicht zu einer Familienfeier mitnehmen!“, entfährt es mir in schriller Tonlage.

„Ganz wie du meinst“, antwortet sie entspannt und nimmt den nächsten Schluck von ihrem Prosecco mit Holunderblütensirup, garniert mit Limette und Minzblatt.

„Wenn ich jemanden mitnehme, natürlich Philipp.“

„Nicht diese Dumpfbacke!“, antwortet Lydia.

„Was hast du eigentlich gegen ihn? Ich wünsche nicht,

dass du so über ihn sprichst!", schreie ich sie an und werfe mit einem Lappen nach ihr.

„Er ist ein Langweiler, hat zu wenig Feuer unter dem Hintern. Such dir etwas Schärferes, damit endlich die Post abgeht", gibt sie mir Ratschläge unterstrichen mit eindeutig obszönen Gesten.

Dann kommt mir Lara zu Hilfe, die das Gespräch bisher zurückhaltend verfolgt und an ihrem Glas lediglich genippt hat: „Lass sie, Lydia. Wenn Philipp ihr Traumprinz ist, soll sie ihn haben."

Lydia leert beleidigt ihr Glas.

„Du bekommst jetzt nichts mehr, Lydia. Du hattest schon genug", mache ich auf streng.

„Schau dir das an, Schwester. Die will mich bei dieser Hitze im Trockenen sitzen lassen", wendet sich Lydia an Lara, welche gleichgültig mit den Schultern zuckt.

„Tina, erklärst du uns, warum du eventuell zu dieser Fete fährst?", fragt mich Lara.

„Könnt ihr euch erinnern, damals, als ich Papas Habseligkeiten vom Heim geholt habe – übrigens erschreckend wie wenig das war: Ein entwerteter Führerschein und ein längst abgelaufener Reisepass" antworte ich, werde aber abrupt von Lydia unterbrochen: „Komm endlich auf den Punkt, Tina. Wenn die Ausschank beendet ist, machen wir bald einen Abflug."

„Darunter befanden sich auch die Ansichtskarten, die Papa von mir bekommen hat. Er, der zur Pedanterie neigte, hatte immer alles sorgfältig aufgehoben", spreche ich weiter ohne mich aus der Ruhe bringen zu lassen.

„Sagte ich nicht, du sollst endlich auf den Punkt kommen?“, fährt mich Lydia laut an.

Ich werfe ihr einen giftigen Blick zu und fahre fort in meinen Ausführungen: „Es gab ein Bündel mit Oster- und Weihnachtsglückwunschkarten.“

„Was haben die mit der Feier zu tun?“, unterbricht mich Lydia abermals.

„Lass sie endlich erzählen!“, meldet sich nun Lara zu Wort.

„Das dauert mir zu lange. Ich werfe mich über die Häuser“, entgegnet Lydia gereizt.

„Besagte Glückwünsche kamen förmlich von Onkel Ferdl und von meiner Tante sehr nett formuliert. Als ich sie vor ein paar Jahren kennenlernte, schien sie mir die gute Seele der Bäcks zu sein. Die Chemie stimmte zwischen uns und jetzt würde ich sie gerne wiedersehen. Sie muss jetzt Ende achtzig sein.“

„Sie könnte bald abkratzen“, wirft Lydia geschmacklos ein.

„Kannst du das auch pietätvoller ausdrücken?“, antworte ich mit finsterem Blick und schicke mich an, den Tisch auf der Terrasse abzuräumen.

II.

Ich lasse die Scheibe herunter und heiße Luft herein. Ich hätte diesen fabelhaften Tag besser mit Philipp an einem wunderschönen Badesee verbringen, mich dem süßen Nichtstun hingeben oder ein paar ermüdende und gleichzeitig entspannende Runden schwimmen, ein wenig lesen, mit Philipp plaudern oder sonst was tun sollen. Stattdessen? Kein Grund zu jammern, schließlich haben sie mich nicht gezwungen, sage ich mir.

Meine Verwandten geistern in meinem Kopf herum, als ob die spätere Begegnung nicht gereicht hätte. Nach Papas Tod riefen mich einige in regelmäßigen Abständen an, um sich zu erkundigen, wie es mir ginge, was ich so triebe. In Anbetracht unserer Vergangenheit war ich von dieser unerwarteten Fürsorglichkeit wie hin und her gerissen. Mit Fortschreiten der Zeit sollten die Wunden verheilen, weshalb die Kontakte wieder loser wurden. Soweit so normal, obwohl wir alles andere als eine ganz normale Familie sind.

Ich selbst durchlebte ein Wechselspiel aus Hochs und Tiefs. Kaum glaubte ich, meine Trauer überwunden zu haben, überkam mich die nächste Welle und drückte mich wie aus dem Nichts heftig in einen dunklen Abgrund. Anfänglich wurde ich das trügerische Gefühl nicht los, irgendeinen Termin oder irgendetwas Wichtiges meinen Vater betreffend vergessen zu haben. Bis ich in der nächsten Sekunde realisierte, dass er mich endgültig verlassen hatte. Allmählich wurden meine stabilen Phasen länger und meine Zusammenbrüche kürzer und unspektakulärer. Seither widme ich mich vermehrt meiner Habilitationsarbeit, was mich ruhig werden lässt, auch wenn mein Gedankenfluss oft ins Stocken gerät oder wie von fremder Hand unter hämmernden Schmerzen umgeleitet wird. Solch absurde Situationen gehen mir gänzlich durch den Strich, will ich doch meinen überall lauernden, karrieregeilen Kolleg(inn)-en keine Gelegenheit geben, mich vom Stuhl zu stoßen. Sie glauben tatsächlich, dass es mir entginge, wenn sie sich über mich in den dunkelsten Winkeln der Korridore den Mund zerreißen. Aber Tina sieht und hört alles!

Gott sei Dank gibt es noch Philipp, meine unaufhörliche Stütze, mein Fels in der Brandung. Oft nur Philipp und mich. Dann Lara und Lydia. Ich lechze privat nicht nach mehr Gesellschaft oder Aufmerksamkeit.

Paps flimmert an meinen Augen vorbei und ich sage mir mit wohliger Zufriedenheit, nun gibt es keine Katastrophen mehr.

***

Die Sonne brennt vom Himmel. Unter der Markise und den Sonnenschirmen ertrage ich die Hitze gut. Mein Onkel lässt sich nicht lumpen. Neben allen Blutsverwandten hat er auch Bekannte, Nachbarn oder manch wichtigen Bewohner des Dorfes, wie den Herrn Pfarrer und den Herrn Bürgermeister eingeladen. Das Bad in der Menge zu nehmen, gefällt ihm. Kulinarisch werden wir mit Leckereien aus der Region verwöhnt.

Kaum hatten wir Kaffee und Kuchen zu uns genommen, wurden unsere Gläser mit Uhudler gefüllt, um den Jubilar hochleben zu lassen, ehe die ersten Gäste vermutlich ans Aufbrechen denken. Die jungen Mütter kleiner Kinder sehen allmählich besorgt auf ihre Uhren oder nach dem Stand der Sonne und der eine oder andere ältere Gast wetzt unruhig auf seinem Sessel hin und her, weil ihm vermutlich das Kreuz oder sonst was vom langen Sitzen schmerzt. Ich hingegen warte auf eine Rede eines der Kinder oder Enkelkinder meines Onkels.

Ich finde, das gehört sich an einem Tag wie diesem. Ich warte, aber nichts geschieht. Inzwischen haben sich kleine Grüppchen bei Tisch oder im Garten herum stehend gebildet.

Ich verfolge das Geschehen schon eine Weile, denn Gesprächspartner habe ich hier nur wenige. Ich bin nach wie vor die Exotin, die man gerne mustert, mit der man aber nichts anzufangen weiß. Mit meiner lieben, betagten Tante, deretwegen ich eigentlich gekommen bin, habe ich mich schon ausgehend unterhalten. Sie hat sich über unser Wiedersehen gefreut und gleich zu Beginn mehrmals voller Entzücken zu mir gesagt: „Sie hat ja doch was vom Josef."

Eine Präzisierung dieses Etwas blieb sie mir schuldig.

Ich frage mich gerade, ob sich mein Vater, könnte er hier sein, sich wie ich fadisieren würde, was er täte oder ob er überhaupt gekommen wäre. Natürlich sind das rein hypothetische Überlegungen, zumal er Jahrzehnte lang nicht in das Familienleben eingebunden und außerdem jetzt seit über einem Jahr tot ist. Mich drängt es, die fällige Rede selbst zu halten. Schnell ein paar Worte für den Gastgeber, nachdem sich all diese Feiglinge nicht trauen.

Ich erhebe mich, zupfe meinen Rock sorgfältig zurecht und strecke mich durch, um imposanter zu wirken. Dann stoße ich mit meiner Kuchengabel, die noch immer niemand abgeräumt hat, an mein Weinglas. Zuerst sachte. Keine Reaktion. Dann etwas heftiger und gleich einige Male hintereinander. Jetzt sehen mich alle verwundert an. Sie taxieren mich, verwundert oder verärgert, weil ich es gewagt habe, ihren eigenen Redefluss zu stören.

„Liebe Festgesellschaft! Ihr werdet sicher meiner Meinung sein, dass sich der Jubilar ein paar nette Worte verdient hat", beginne ich und vernehme da und dort anerkennendes Nicken.

„Gute Idee, Tina!", ruft mir mein Cousin Horstl zu.

Ich zwinkere ihm zu und antworte: „Grüß euch Gott alle miteinander! Sonnenschein. Was für ein Tag heute! Heile Welt. Schaut, keine Psycherln mehr unter uns. Aller Grund zum Jauchzen, Feiern, Jubilieren. Nur mehr die Anderen, die Gesunden. Keiner plemplem. Eine neue, gesunde Generation wächst heran. Das freut unseren Horstl. Nicht wahr?"

Ich lächle Horstl nach seinem irritierten Einwurf honigsüß an und fahre fort: „Eine Rede halt ich. Was denn sonst? Von Euch hat keiner den *Mumm*. Es war einmal ein Fest und nicht alle gingen hin."

„Tina, ist dir der Wein zu Kopf gestiegen?", unterbricht mich Horstl in schärferem Ton.

Ich zische ihn an: „Unterbrich mich nicht! Jetzt rede ich! Nein, nicht der Uhudler! Ich trank nur Saft und dieses braune Gebräu. Eigentlich mag ich lieber grünen Tee, Spaghetti, Schmetterlinge, Humphrey Bogart. Wo war ich? Siehst du, jetzt hat sich der Faden verkrochen."

Ein paar Kinder, die ich natürlich nicht kenne, lachen und äffen mich nach: „Faden verkrochen. Das ist aber lustig."

Ich hingegen finde es gar nicht lustig, ständig gestört zu werden und weise sie scharf zurecht: „*Gusch*, Kinder! Jetzt redet die Tante. Wenn Ihr keine Ruhe geben könnt, werft euch hinter die Bäume! Spielt „Tarzan und Jane". Oder schaut's einfach so doof durch die Gegend wie der Rest hier." Sie kichern leise, was ich diesmal nicht weiter schlimm finde. Tadelnde, beleidigende Worte der Eltern lassen nicht auf sich warten. Andere richten mich hinter vorgehaltenen Händen aus. Konnten die nicht endlich ihre Klappe halten und zuhören, wenn jemand etwas Intellektuelles von sich zu geben hatte und dem Gastgeber eine tolle Rede halten wollte? Mir reißt die Geduld und ich schreie in die Runde: „Jetzt rede ich und ihr habt Pause! Habt ihr das endlich kapiert? Unser gscheite Horstl schrieb glatt, dass es schön sei, dass eine neue, gesunde Generation heranwachse. Manchmal wachsen sich Kleinigkeiten zu richtigen Katastrophen aus. Da heißt es vorher aufpassen, wie es schon die Kinder lernen. *Cogito, ergo sum*. Und ich weiß, dass ich nichts weiß und ihr noch weniger. Mit eurem Unwissen könnten wir riesige Bibliotheken füllen. Sicher liegt es daran, dass die Menschen immer dümmer werden. Lacht nicht! Das ist wissenschaftlich belegt. Die alten Griechen würden einen Herzinfarkt kriegen. Natürliche Auslese lange vorbei. Ihr konntet nie anders. Du da drüben bist doch Mitzi oder Ricki? Auch gleich. Deinen Friseur kannst verklagen bei der Rasur. Muss rote Rüben kochen, Essiggurken sammeln, Pilze pflücken. Passt auf da hinten, wenn ich mit euch rede! Ihr macht mich wirklich zornig. Für euch haben sie Planeten entdeckt. Ich frage Euch, *bullshitter*, wie bekommen wir die Menschheit dorthin? Eine Reise vom Logischen ins Metaphysische und retour. Wird gleich die Suizidrate absinken. Die armen Hascherln erdrückt die Hypothek bis freiwillig springen. Lest ihr keine Zeitung? Seht ihr, da drüben nickt jemand."

Mein gänzlich irritierter Cousin sieht mich verärgert an, versucht sich zu rechtfertigen, mich zum Schweigen zu bringen.

Ich lasse mir den Mund nicht verbieten und schreie ihn mit blitzenden Augen an. Andere melden sich zu Wort und wollen Horstl beistehen, dem gänzlich die Farbe aus dem Gesicht zu rinnen droht. Ich kann ihm dabei auch nicht helfen. Sie alle verärgern mich. So setze ich einen bösen Blick auf, klimpere ein paar Male mit der Gabel am Glas herum und rufe in die Runde: „*Tschhh*! Ruhe im Gebälk!“

„Lass das Tina! Nicht heute!“, vernehme ich Onkel Ferdl jetzt in bestimmten Ton.

„Hast du Bohnen in den Ohren? Auch du sollst deine Klappe halten! Wagt es nicht, mich zu unterbrechen. Sitzen wir morgen auch noch da. Egal. Morgen. Ohne heute kein morgen, kein gestern. Denken wir an die Toten. Lasst uns eine Gedenkminute einlegen, wie es sich für anständige Menschen gehört.“

„Fang jetzt nit mit'm Josef an! Des is mei Feier, Herrgott no mol!“, fällt mir der Onkel scharf ins Wort. Als ihm bewusst wird, dass er gerade geflucht hat, wendet er sich sogleich an den Pfarrer: „Entschuldigen's bitte, Hochwürden. Sie reizt mi halt so. Sehn's eh!“

Der Pfarrer nickt verständnisvoll.

„Wirst wohl endlich ruhig sein, Ferdl!“, entfährt es mir in schrillem Ton.

„Für di bin i no imma da Onkl Ferdl. Du vorlauts Mensch!”

„Wie redest denn mit mir? Wirst wohl endlich, ruhig sein, Ferdl!“, fahre ich ihn an, wobei ich seinen Namen besonders betone. Ich finde es arg, dass mich niemand ausreden lässt.

Viel zu viele Gedanken sind in meinem Kopf. Die vielen Unterbrechungen machen mir zu schaffen. Bald weiß ich nicht mehr, was ich sagen wollte. Es wird mir schon wieder einfallen, beruhige ich mich. Ich erhebe kräftig meine Stimme um das undisziplinierte Geschwätz rund um mich zu übertönen: „Vergessen wir nicht die Tante Erika und vor allem nicht Josef. Seinetwegen bin ich hier. Sonnenklar. Wo ist denn die Mutter von dem kleinen Herzbinkerl da drüben? Ich riech die Windel bis hierher. Könnt gleich Erdbeerjoghurt daraus machen. Lecker. Schaut nicht so entsetzt! Es waren einmal Dorli und Josef. Eizelle und Sperma." Herzhaftes Lachen um mich und wieder zwingen sie mich, sie in die Schranken zu weisen, damit ich weiter sprechen kann: „Erika und Josef vergessen. Aus dem Ohr, aus dem Sinn. Nächstenliebe. Liebe dich und vergiss die anderen. Wurscht, brauch ma net, Bäck'sche Definition, Herr Pfarrer."

Ich halte kurz inne, mache eine rasche Handbewegung, ziele mit meinem rechten Zeigefinger auf Onkel Ferdl und spreche weiter: „Im Schnittpunkt der Linien habe ich die Zielperson entdeckt. Herz allerliebster Onkel, ich danke dir für die Einladung. Wir alle danken dir. Ständchen kriegst von mir keines. Das Leben ist kein Wunschkonzert." Ich lächle ihn süß an.

Onkel Ferdl schaut mich verdutzt an. Ebenso die anderen. Warum nur? Verstehen sie nicht? Ihr Problem. Endlich sind sie ruhig. Jetzt gehört die Bühne mir. Ich erhebe das Glas und fordere sie auf: „Reinigen wir die Leber, spülen wir den Hals! Der Fisch liegt im Trockenen und sticht. Auf den Ferdl! Zum Geburtstag das Allerbeste! *Hip, hip, hurra*!"

Irritiert prosten ihm die übrigen Gäste zu und trinken endlich mit mir.

Das hat wieder gedauert. Was für ein träger und begriffsstutziger Haufen. Sie stellen meine Geduld auf eine harte Probe. Hauptsache, sie hören mir endlich zu. „Also, Ferdl, danke für die Einladung. Du dankst für's Kommen. Eh, klar. Fesch san ma. Guat wars. So jung komma nimma mehr furt. Zünftiges Fest. Richtige Gaude. Hübsch hast's da. Hast schon mal nachgedacht, ein Biokraftwerk zu bauen?" Ich schaue ihn fragend an.

„Sog mol, host an Vogl? Bist übergschnappt? Wos sol i mit an Kroftwerk?", sprudelt es aus Onkel Ferdl heraus.

„Auch wenn ihr jetzt blöd redet, glaubt ihr die Antwort für die Probleme des Universums zu haben, wisst ihr gar nichts. Du musst an die Zukunft denken, musst der Sache auf den Grund gehen. Klimaerwärmung kann dir doch nicht *wurscht* sein? Du musst mit der Zeit gehen, neue Technologien entwickeln, das CO_2 deiner Viecher nützen."

„Wos soll i? I bin Bauer und außerdem in Pension!"

„Aber Onkele, jetzt unterbrichst mich schon wieder. Hast vorhin nicht zughört? Du sollst *wortstad* sein. Ich sag's dir jetzt zum letzten Mal in Ruhe. *Capito, capitano*?"

Onkel Ferdl nickt.

„Geschätztes Publikum, lasst mich fortfahren mit meiner Rede an die Nation. Und da drüben halts endlich zusammen! Ich hab mit dem Herrn Bäck noch etwas Wichtiges zu besprechen. Onkel Ferdl, denk bei einem Achterl Wein nach, über meinen Vorschlag mit der Biogaserzeugung. Platz hättest genug, biologisches Material ebenso. Wo ein Wille da ein Pfad. Auch wenn du es nicht zugeben willst, sehe ich schon Eurozeichen in deinen Augen.“ Ich lächle amüsiert und der Onkel antwortet verlegen: „Host etwa no andere Ideen?“

„Na, siehst du, Onkele, wusst ich’s doch, dass ich dich erfreue mit meinem Blitzgespinst! Willst dir einen Orden verdienen? Hast sicher in der Zeitung gelesen. Egal. Manche Länder sind in der Asyl-Quote säumig. Bist auserkoren zum Aushelfen.“

„Bist vollkommen deppert wordn? Geh, Horstl, tua wos! Schau zua, dass endlich Land gwinnt! I holt si nimma aus!“

Das ist wirklich die Höhe. Ich mache mir in schlaflosen Nächten Gedanken, wie man den Hof meiner Ahnen finanziell und überhaupt auf Vordermann bringen kann und dann wollen sie mich nicht einmal anhören.

Plötzlich meldet sich der Bürgermeister zu Wort: „Ferdl, lass sie! Deine Nichte hat interessante Ideen für unsere Region.“ Dann wendet er sich an mich: „Klingt sehr interessant, ich bitte Sie, Frau Doktor Bäck, fahren sie fort.“

Ferdl Bäck mischt sich aufgebracht ein: „Sog mol Sepp, host an Rausch?“

Ich antworte: „Ganz wie Sie wünschen, Herr Krummstengel!“, und dann an meinen Onkel gewandt: „Siehst du, der Herr Bürgermeister weiß, wie er sich mir gegenüber zu benehmen hat.“

„Bohnstingl, Frau Doktor“, korrigiert mich der Bürgermeister.

„Sag ich doch, Herr Bürgermeister. Da gibt es vieles, was mir einfallen würde. Machen wir uns einen feschen Termin aus und reden unter vier Augen und Ohren, ohne diese Ideenbanausen.“

Dann wende ich mich wieder an den Onkel: „Ferdele, auch wenn du heute Pause hast, weil Fete und so weiter, musst offen sein für alles. Das sagt auch Lara, wenn der Piepmatz es vom Dach pfeift."

„Wer isn jetzt wieder die Lara?", fragt der Onkel.

„Es heißt nicht die Lara. Also, Lara ist eine ganz Nette, Ruhige, Gescheite. Auf sie ist Verlass. Sie kommt am liebsten, wenn man nicht mit ihr rechnet, ist eine treue Seele, genauso wie Lydia. Also, Ferdl, ganz so viel einheizen hättest nicht müssen. Das warst nicht du? Klar, Petrus war's. Immer die Schuld auf andere schieben. Lernst wohl nie dazu?"

Die Hitze macht mir zu schaffen. Sie zwingt mich kurz innezuhalten. Stürmisch hebe ich den angenehm leichten Stoff meines geblümten Sommerrocks und fächere damit nach Luft. Was haben sie jetzt wieder? Sollen doch die alten Tattergreise etwas zum Schauen haben. Ganz hinten winken mir meine Freundinnen Lara und Lydia zu. Schön, dass sie überraschend vorbei geschaut haben. Jetzt freue ich mich wirklich, die beiden zu sehen. Lara zeigt sich zugeknöpft wie immer und das bei siebenundzwanzig Grad, im Schatten wohl gemerkt.

Lydia pfeift durch die Finger und feuert mich an: „*Forza*, Tina!"

Oft schon hat sie das Äußerste aus mir herausgeholt. Ich fühle mich dazu auserkoren, die gelangweilten Gäste zu unterhalten und beginne fröhlich ein Lied vor mich her zu trällern. „*Let's dance everybody*!", rufe ich in die Menge und klatsche dabei kräftig in die Hände.

Ich wechsle die CD. Umgehend gleiten meine Gedanken ab und ich fahre wie ferngesteuert. Dann mischen sich bizarre Geräusche, Stimmengewirr und ein durch Mark und Bein gehendes „Tatütata“ dazwischen, das ich nicht zuordnen kann. Am liebsten würde ich mir mit beiden Händen die Ohren zuhalten, so unerträglich laut ist es. Ob ich will oder nicht, sehe ich die gesamte geladene Sippe an meinem inneren Auge vorbeiziehen. Am meisten quält mich das lebendige Wiederkehren der Erinnerung an das kurze Streitgespräch mit Onkel Ferdl. Sogar jetzt bin ich echauffiert. Ständig fing er mit irgendwelchen Nichtigkeiten an. Gerade heute verstehe ich besser als zuvor, warum ihn mein Vater nicht gemocht hatte.

Nachdem ich impulsiv und leider ziemlich erfolglos die Leute zum Tanzen und Singen zu animieren versucht hatte, bin ich wütend in mein Auto gestiegen. Manchmal kam mir vor, dass sie mich anstarrten, als ob ich von einem anderen Stern käme.

Und noch immer hämmert es in meinem Kopf wie auf einer Techno-Rave. Und dann die vielen Stimmen, die ich nicht kenne und dieses grölende „Tatütata“. Nach wie vor habe ich keine Ahnung, wo all das herkommt und noch weniger was es zu bedeuten hat. Vielleicht ist mir auch nur diese Affenhitze zu Kopf gestiegen. Kräftig auf das Gaspedal zu steigen, befreit mich jetzt ungemein. Jetzt geht die Post ab, auch wenn ich mit meinem Zorn eine Gefahr für meine Umwelt bin.

„Schlaf doch zuhause!“, rufe ich dem direkt vor mir fahrenden Lenker gereizt zu, der dies leider nicht hören kann. Beim Autofahren kommt regelmäßig das Tier in mir zum Vorschein. Von Lydia bekomme ich lautstarke Unterstützung.

Zu meiner Erheiterung schneidet sie dem alten Herrn allerlei Grimassen, als ich an seinem Wagen vorbei düse. „Super Auftritt vorhin, Tina. Wir sind stolz auf dich“, meldet sich Lara von der Rückbank zu Wort.

Erst jetzt fällt mir der Fremde neben mir auf. Ich herrsche ihn an: „Was machen Sie in meinem Auto?“ In Panik wende ich mich nach hinten an Lara und Lydia und frage sie: „Seht Ihr den?“

Zweifaches Nicken.

Ich frage besorgt weiter: „Kennt Ihr den? Wisst Ihr, was der da macht?“

Sie schneiden sorgenvolle Grimassen, schütteln ihre Köpfe und antworten simultan: „Keine Ahnung.“

Ich mustere den Mann neben mir, der ein sonderbares Kostüm für diese Jahreszeit trägt, in rot-weiß gehalten. Zu meinem Erstaunen blickt er mich freundlich an und sagt etwas in ruhigem Ton zu mir, das ich nicht verstehe. Irgendwie macht er einen netten Eindruck, doch macht mir die Vorstellung, einen Fremden im Auto zu haben und nicht zu wissen, wie er hierher gekommen ist, zu schaffen. Ich herrsche ihn an: „Wagen Sie es nicht irgendwelche Blödheiten zu machen! So schnell können Sie gar nicht schauen, dass Sie aus meinem Auto fliegen.“ Um das zu unterstreichen, zeige ich auf den erhabenen, schwarzen Knopf mittig am Armaturenbrett und setze hinzu: „Einmal drücken und *ups*, weg sind Sie.“

Lydia schlägt sich impulsiv auf die Schenkel und lacht schrill auf.

Sogar Lara, die sich sonst eher besonnen und ruhig verhält, stimmt ins Lachen ein.

„Und außerdem wachen meine Freundinnen da hinten und beschützen mich“, füge ich hinzu, damit ihm spätestens jetzt klar ist, dass wir uns nichts gefallen lassen werden.

Der Fremde wirft einen zaghaften Blick nach hinten und schaut mich danach mitleidsvoll an. Dann beginne ich ihn voll zu labern, damit er auf keine Gedanken kommt, die er oder gar ich bereuen könnten. Ich halte ihm eine enthusiastische Rede über die Überfischung der Weltmeere, verfeinert mit einem kulinarischen Ausflug in die französische Küche, mit einer Prise Astrologie, einem Hauch Alltagsgeschichten, fein abgeschmeckt mit allgemeinen Weltbeobachtungen und Kommentaren zur Gegend, da ich doch nach wie vor keine Ahnung habe, wer diese Person ist und ob sie hier heimisch ist. Zwischendurch werfen Lara und Lydia irgendwelche Bemerkungen ein, meist recht unpassend, um bei der Wahrheit zu bleiben. Um meine Stimme zu schonen, lege ich dazwischen kurze Denkpausen ein, ehe ich auf diesen Fremden wie besessen einrede.

Ich höre jetzt Vivaldi und drehe immer lauter, während ich zwischendurch prüfend meinen ungebetenen Beifahrer von der Seite betrachte. Aus den Lautsprechern ertönt ein stakkatoartiges Stück. Nervös klopfe ich auf das Lenkrad. Ich fahre eine Anhöhe hinauf und die Sonne blendet mich. Blenden? Ein gigantischer Feuerball thront am Himmel und schaut mich hämisch grinsend an. Energisch klappe ich die Abdeckung herunter. Das Grinsen sehe ich jetzt nicht mehr, doch geblendet werde ich nach wie vor. Deshalb kneife ich meine Augen zusammen. Ich klopfe noch immer den Rhythmus der Violine nach und schließe für einen kurzen Moment die Augen. Völlig irre geworden frage ich mich, wie es denn sei, sie für immer geschlossen zu halten. Ich höre und klappere mit den Nägeln. Ich wage es nicht, durchzuhalten und blinzle ein wenig, um zu sehen, ob ich die Spur halte. Ein prickelndes Gefühl, in der Hand zu haben, wie es mit einem weitergeht. Es ertönt das Motiv der „Vier Jahreszeiten“, das ich so liebe. Plötzlich geht mir das Herz auf, wie auch meine Augen. Endlich nehmen sie die Landschaft vor den Toren meiner Heimatstadt wahr. Wuchsen schon immer lange Schläuche und Kästchen mit so vielen Knöpfen auf den Bäumen, frage ich mich. Sonderbar, so hatte ich das gar nicht in Erinnerung. Der überdimensionale Feuerball lächelt mich jetzt von der Seite an. Er hat gezwinkert. Wie schön. Und jetzt fliegen rings um uns glitzernde Kristalle, die in der Sonne so herrlich funkeln und das gesamte Farbenspektrum widerspiegeln. Ist das etwa Schnee? Im Hochsommer? Alles irgendwie merkwürdig. Haben die mir etwas ins Getränk gemischt? Bin ich etwa auf Drogen? Was passiert nur mit mir? Das Grün der Wiesen kommt mir noch grüner und der Himmel noch blauer vor. Mir ist, als hätte ich die letzten Jahre nur im Dunkeln verbracht. Ich drehe wieder am Lautstärkenregler. Der Fremde sieht mich dabei lächelnd an. Ich dröhne mich voll mit Musik. Nein, zu Lydias Leidwesen nicht mit Techno! Mit dem unvergleichlichen, einzigartigen Vivaldi!

Lydia schreit mich von hinten an, dass ich endlich anderes und vor allem härteres spielen solle. Sie könne dieses Gefiedel nicht mehr hören und ich würde sie mächtig damit nerven. „Leg doch die geile CD ein, die wir kürzlich gebrannt haben.

Spiel „*Animal lab*" und all die anderen *coolen songs*!", fordert sie mich auf und beginnt schon zu trällern: „…kleine Hunde, kleine Katzen im Labor…bin unschuldig. Experimente…"

Lara enthält sich wie so oft ihrer Stimme.

Ich ignoriere Lydias Wünsche. Das Techno-Gesurre in meinem Kopf reicht mir vollends. Voller Freude schaue ich aus dem Fenster und sogar die Zweige der Bäume winken mir fröhlich zu.

Nur mit Mühe kann ich meinen geliebten Philipp am Telefon verstehen, denn die beiden Quälgeister Lara und Lydia schreien um die Wette. Auf einmal fürchte ich an einem Ohr taub zu werden, als mir Lydia mit schriller Stimme lautstark ins Ohr kreischt: „Habe ich dir nicht befohlen, von ihm zu lassen, Tina?"

Bald ist die Leitung unterbrochen, aber die Vorfreude auf das Wiedersehen zaubert mir ein Lächeln ins Gesicht.

Sekunden später ertönen Folgetonhörner abermals unerträglich laut. „Aus! Ich kann das nicht mehr hören! Lasst mich endlich in Ruhe!", schreie ich lauthals.

III.

Ich habe keine Ahnung, wie lange ich schon hier bin. Sonderbar, auf einmal ist mir mein Zeitgefühl abhanden gekommen.

Genau erinnere ich mich hingegen an folgendes: An die Heimfahrt von der sterbenslangweiligen Geburtstagsfeier meines Onkels, bei der ich einem inneren Zwang folgend auf

Alleinunterhalter machte, auf der ich mich später wie auf einem Himmelfahrtskommando fühlte, mit von fremden Stimmen durchbohrter Lärmuntermalung. Die genauen Zusammenhänge bleiben im Verborgenen und ich tröste mich, dass sie für mich keine Relevanz hätten. Lebhaft erinnere ich mich außerdem, dass sie mir hier bei meiner Ankunft Blut und Harn für das Labor abgenommen haben. Mein Herz und meine Lunge haben sie geflissentlich abgehorcht und mit einem Hammer meine Reflexe überprüft. Nur diese Fragen ohne jegliches Taktgefühl störten mich. Sie wollten tatsächlich wissen, wie es mir in der letzten Zeit ergangen wäre, ob ich wüsste, welchen Tag und welche Uhrzeit wir hätten oder wo ich wäre, als ob ich plemplem wäre. Um meine Privatsphäre zu wahren, antwortete ich nur vage oder gar nicht, was eine junge Frau geflissentlich dokumentierte. Nur Routine hieß es.

Ich schlafe so viel, als ob ich zuletzt gänzlich darauf vergessen hätte. Zunehmend bin ich weniger gerädert. Die Bediensteten sind sehr nett, umsichtig und zuvorkommend. Das Essen könnte freilich besser sein.

Ich ruhe mich gerade im Bett aus, als eine junge Lernschwester zaghaft die Tür öffnet. Unsicher tritt sie an das Bett heran und fragt mich nach meinem Befinden. Allmählich werde ich das Gefühl nicht los, dass das hier die Lieblingsfrage von jedem sei. Ich nicke mit nach unten gezogenen Mundwinkeln und frage sie: „Und selbst?“

Sie blickt mich erstaunt an, als ob sie nicht mit einer Gegenfrage gerechnet habe und antwortet zögerlich: „Ganz gut.“

Unser Gespräch kommt nicht in die Gänge. Als sie die niedrige Temperatur im Zimmer anzweifelt, reagiere ich erzürnt: „Ich zittere sicher nicht aus purem Vergnügen am ganzen Leib. Ich wünsche, dass sie sofort bei ihrer Vorgesetzten Meldung erstatten, dass endlich die Heizung aufgedreht wird, sonst mache ich einen Radau, dass Ihr nur so schaut!"

Das arme, junge Ding nickt mehrmals hastig hintereinander und fügt hinzu: „Sie wissen schon, dass wir August haben, Frau Bäck?"

„Für wie vertrottelt halten Sie mich? Natürlich weiß ich, dass August ist, aber ein sehr kalter. Die Sommer sind auch nicht mehr das, was sie einmal waren."

Irgendwie scheint sie sich dazu berufen zu fühlen, mir zu widersprechen: „Draußen hat es über dreißig Grad."

„Draußen vielleicht, aber nicht herinnen!!", schreie ich sie an. Sie hat mich so gereizt, dass ich mich heftig zu bewegen versuche, aber vergeblich. Diese drei verdammten Gurte, an den Händen, Knöcheln und um die Mitte erlauben es mir nicht, mich aufzurichten. Zu meinem Schutz seien sie notwendig, war mir gesagt worden. Eigenartige Methoden haben sie in diesem Kurhotel.

Die junge Schwester, die wie ich meine, Jennifer heißt, hat unmittelbar nach meinem kurzen Anfall das Zimmer verlassen. Manchmal bin ich impulsiv, wenn ich gereizt werde. Und wenn ich mich nicht einmal frei bewegen darf, ist das nicht unbedingt förderlich. Ich rüttle heftig, aber die Manschetten weiten sich keinen einzigen Millimeter, was mich weiter verärgert. Vermutlich bin ich jetzt laut geworden, womöglich gar ausfällig. Alles brauche ich mir wirklich nicht gefallen zu lassen!

Später steht der korpulente Drachen von Oberschwester an meinem Bett und sagt: „Wenn sie brav sind, gibt's jetzt *Chappi*."

Die hat vielleicht einen Vogel. Mit Zunahme ihres Körperumfangs hat sich vermutlich ihr Gehirn umgekehrt proportional dazu verringert. Arme Frau, denke ich mir. „Was gibt's denn heute Leckeres?", heuchle ich Interesse und stelle mir vor, wie ich wie ein braves Hündchen Männchen mache.

„Nudelsuppe, Reisfleisch mit grünem Salat und danach Topfencreme mit Früchten", antwortet sie monoton ohne eine Miene zu verziehen.

„Bekomme ich das infundiert?", frage ich sie an mir taxierend hinab blickend.

Wenig später macht sie sich mit den Worten „wenn der Herr Doktor meint, dann lassen wir sie eben wieder los" daran, die Fixation zu lösen und schärft mir ein: „Eines sage ich Ihnen, wenn Sie nicht spuren, denke ich mir etwas ganz Besonderes für Sie aus" und blickt mich dabei Furcht erregend an.

Es ist ein Ding der Unmöglichkeit unter den gegebenen Umständen mein Mahl zu genießen. Ich gebe mir große Mühe das Schlürfen, Schmatzen und Gequatsche rund um mich zu überhören. Nachdem ich das Meiste, ohnedies leer schmeckende, in mich reingewürgt habe, raste ich ab und ordne währenddessen den Teller, das Besteck und den Plastikbecher in der für mich exakten Position an. Dann justiere ich nach. Ich habe kein Verständnis für Unordentlichkeit. Präzise

Anordnungen erfüllen mich. Kaum habe ich über den Sinn von Ordnung, Perfektion und dergleichen nachgedacht, wird mein Konstrukt lieblos zerstört.

Wieder zurück in meinem Zimmer, vermisse ich umgehend mein behagliches Zuhause. Wie schön wäre es jetzt eingehüllt in eine dicke Decke in meiner Leseecke daheim zu sitzen und nach draußen in den schönen Garten zu blicken oder vielleicht auf der Terrasse zu relaxen, wenn es draußen wirklich so warm ist, wie Jennifer vorhin behauptet hat. Mich drängt es auf einmal danach, zu lesen und mich intellektuell zu betätigen. Ich rüttle an der Lade des Blechnachtkästchens. Zornig schaue ich zu meiner Zimmergenossin, die noch kein einziges Wort mit mir gesprochen hat. Stellt sich scheintot, dabei hat sie es faustdick hinter den Ohren, aber ich durchschaue ihre Tarnung. Nur für einen winzigen Augenblick ziehe ich die Schwestern als Diebe in Erwägung. Kochend vor Wut begebe ich mich zum Bett der anderen, stelle sie zur Rede und bekomme wie gewöhnlich keine Antwort. Ich beschimpfe sie, aber sie rechtfertigt sich kein einziges Mal. Ich herrsche sie an: „Haben sie dir nicht beigebracht, zu antworten? Hast du keine Kinderstube?“

Dieses gleichgültige Frauenzimmer reizt mich aufs Blut. Zuerst kitzle ich ihre nackten Fußsohlen. Keine Reaktion. Dann nähere ich mich dem Kopfende des Bettes und schreie ihr so laut ich kann ins Ohr: „Diebin!“ Ich bin beeindruckt, dass ich in so einer Lautstärke etwas von mir geben kann. Im Handumdrehen schrecke ich zurück, weil mich die andere übertönt und einen regelrechten Schreianfall bekommt. Ich halte mir mit beiden Händen die Ohren zu und will nur, dass sie endlich wieder ihren verdammten Mund hält. Da ertrage ich sie schweigend allemal besser als in einer Lautstärke wie eine Sirene für den Katastrophenalarm. Auf einmal stürmen zwei Schwestern bei der Tür herein, stellen mich zur Rede und kümmern sich gleichzeitig um die andere. Als diese nicht und nicht zu schreien aufhören will, rufen sie hektisch nach einem Arzt. Nach einer gefühlten Ewigkeit hält ein Milchbubi von Turnusarzt zögerlich Nachschau.

Dann scheint auch noch die Oberschwester die Geduld zu verlieren und herrscht ihn an: „Jagen's ihr endlich die Spritze in ihren schlaffen Hintern oder wollen's bis morgen warten?"

Zum ersten Mal ist mir diese Drachen-Frau sympathisch. Kaum ist meine unberechenbare Zimmergenossin chemisch bedingt zur Ruhe gekommen, werden mir wie einem kleinen Schulmädchen die Leviten gelesen. So schnell wie die Sympathie vorhin aufgekommen ist, verschwindet sie gleich wieder. Jetzt reißt mir der Faden. Impulsiv die Lade des Nachtkästchens aufziehend frage ich sie, was sie sehe.

„Nichts", antwortet die Oberschwester völlig richtig.

„Gut, dass wir ausnahmsweise einer Meinung sind", entgegne ich und zähle ihr umgehend auf, was ich vermisse.

Plötzlich platzt die Oberschwester laut los: „Nicht die da drüben hat es genommen sondern wir."

Ich kann ihr dümmliches Lachen nicht deuten. Sie sammelt sich und schlägt wieder ihren harten Ton an: „Es ist alles fein säuberlich deponiert. Kein Grund zur Sorge, nur zu Ihrem eigenen Schutz, Frau Bäck."

Ich wähne mich im falschen Film und verstehe nur Bahnhof.

Der ungewohnt sanfte Ton, den die Oberschwester jetzt anschlägt, stimmt mich misstrauisch. „Frau Bäck, zu Ihrem

Schutz heißt, dass Sie von nichts abgelenkt zur Ruhe kommen sollen. Um Ihre Nächsten brauchen Sie sich keine Gedanken zu machen. Sie werden von uns informiert.“ Als sie meinen nachdenklichen, ungläubigen Blick auffängt, fügt sie hinzu: „Ruhen Sie sich aus. Das war eben viel für Sie.“

Ich nicke und lege mich artig ins Bett. Zu viel geht mir im Moment durch den Kopf.

Lydia schüttelt unsanft meinen Arm. Schlaftrunken blicke ich sie und Lara an. Als ich ihnen von den letzten Ereignissen erzähle, schimpft mich Lydia „Sensibelchen“, bekrittelt meinen angeblich mangelnden Mut und ist mit tollen Einfällen schnell zur Stelle, während Lara und ich unsere Bedenken äußern. Als ich aus Sorge vor Beruhigungsspritzen und Bestrafungen dankend ablehne, den Laden aufzumischen, schüre ich weiter Lydias spitze Zunge.

„Lass sie in Frieden, Lydia. Schau, wohin du sie gebracht hast“, kommt mir Lara schließlich zur Hilfe.

Ich lasse die beiden eine Weile streiten.

„Eigentlich hast du’s hier recht fesch“, sagt Lara auf einmal.

„Übertreib nicht, Schwester! Ein bisserl zu ruhig und steril ist’s schon. Komm, lassen wir diese Dumpfbacke mit der scheintoten Wasserleiche alleine“, antwortet Lydia.

Später, als es dunkel ist, besucht mich Philipp. Wie gewöhnlich haben sie mich beim Schlafen festgeschnallt. Zu meiner eigenen Sicherheit heißt es immer, was ich natürlich bezweifle. Philipp sitzt mit gespreizten Beinen auf mir, fährt mir mit seiner kühlen Hand unter das Nachthemd, das mich gewiss nicht sexy aussehen lässt. Sachte tastet er sich zu meinen Brüsten vor und beginnt sie zu streicheln. Ich will etwas sagen, ihm erzählen, wie sehr ich ihn vermisst habe, ihn fragen, warum er mich so lange warten ließ, mich mit ihm aussprechen. Ich komme nicht zu Wort, denn er verschließt mir mit sanften Küssen den Mund. Wie ein junges, unerfahrenes Mädchen kichere ich.

Am nächsten Morgen umschmeichelt mein Gesicht ein zufriedenes, glückliches Lächeln. Mein Philipp hat mich besucht. Auch hier in diesem Haus, wo schreckliche, undurchsichtige Dinge geschehen, steht er zu mir. Wieder einmal hat ihn mir der Himmel geschickt.

IV.

Gespräche mit den netten und gleichzeitig penetrant neugierigen Kurärzten, die sie wie andernorts „Visiten" nennen, hatte ich in diesem sonderbaren Haus bereits einige. Heute soll ich den Herrn Professor höchstpersönlich, wie sich die Oberschwester ausdrückte, in seinem Büro aufsuchen.

„Da wären wir", sagt Schwester Gitti und reißt mich damit aus meinen Gedanken.

„Wären wir oder sind wir?", frage ich.

„Was sagen Sie, Frau Bäck?"

„Warum benutzen Sie den Konjunktiv, wenn wir offensichtlich an Herrn Professors Büro angelangt sind? Glauben Sie, ich kann sein Türschild nicht lesen?" Weitere

Belehrungen spare ich mir, denn die in ihr Gesicht geschriebenen Fragezeichen sprechen Bände.

Schwester Gitti stellt mich dem Herrn Professor unterwürfig vor und verschwindet sogleich. Ich finde den kleinen Ausflug durch dieses Haus spannend. Zuerst haben Schwester Gitti und ich „unsere Station“, wie sie sie genannt hat, verlassen. Dann sind wir einen langen, dunklen Flur entlang gegangen bis wir in einem luftigen Treppenhaus, ähnlich dem unsrigen zuhause, nur etwas größer, angelangt sind. Dort habe ich erstmals einen Eindruck von der Größe, der Bauweise und dem Alter des Gebäudes bekommen.

Auf einmal vernehme ich ein Räuspern und schaue den Mann, der nun mit mir alleine in diesem Raum ist, an. Er soll Herr Professor Neurohr heißen, ist mir gesagt worden. Das muss ich wohl glauben. Nur weil draußen an der Tür ein Namensschild mit eben diesem Namen angebracht ist und weil die Schwester ausgerechnet diesen Namen genannt hat, heißt das noch lange nicht, dass er wirklich der ist, für den er sich ausgibt. Er räuspert sich wieder, diesmal kräftiger. Irritiert schaue ich ihn an.

Er, nennen wir ihn also Herr Professor oder Doktor Neurohr, fragt: „Wollen Sie sich nicht setzen, Frau Doktor Bäck?“

Sogleich schiebe ich Bücher, Blätter und dergleichen auf seinem Schreibtisch schwungvoll zur Seite, worauf er energisch an mich herantritt, meinen rechten Arm festhält und mich entgeistert anfährt: „Was machen Sie da? Rühren Sie nichts an!“

Ich weise seine Hand kräftig zurück, wodurch er wieder einen gewissen Respektabstand zu mir einnimmt, sodass ich mich bequem auf den imposant wirkenden Schreibtisch – aus Eichenholz, wenn ich nicht irre – schwingen kann.

„Nicht hier! Auf den Stuhl sollen Sie sich setzen, wie das zivilisierte Menschen zu tun pflegen“, maßregelt er mich aufgeregt und greift sich dabei nach Hilfe ringend an den Kopf.

„Keine Lust! Hier gefällt es mir besser. Viel, viel besser. Außerdem ist hier die Aussicht besser“, kommentiere ich seine Einwände.

Als er mich anfleht, seine Unterlagen nicht durcheinander zu bringen, geht meine Fantasie, vom biederen Arzt mit heißen Mädchen oder Jungs und ebensolchen Nacktfotos und Pornofilmen, mit mir durch. Ich ergötze mich, wie sich seine Miene von verärgert zu von Panik ergriffen verändert. Ich kreische laut. Hätten sie mir gesagt, dass das hier so unterhaltsam sein würde, wäre ich schon eher zum Professor auf Besuch gekommen. Mir ist, als ob ich Lydia kräftig pfeifen gehört hätte. Ich lasse meine Beine vom Tisch baumeln und beginne den Stoff darauf wie besessen glatt zu streichen. Zur Feier des Tages durfte ich einen Jogginganzug anziehen anstelle des sackförmigen, steifen, weißen Nachthemds. Ich runzle meine Stirn, kneife meine Augen kräftig zusammen und mustere das Büro eingehend.

Wieder widerwärtiges Räuspern. Diesmal mit einem ekligem Hüsteln unterstrichen. Ich denke an grindigen, zähen, grün-gelb gesprenkelten Schleim, den er womöglich aus seinen Bronchien herausschleudern möchte. Aber bitte nicht in meiner Gegenwart! Ich rufe voller Abscheu mich kräftig schüttelnd: „Nein! Schluss, aus, Ende!“, und halte mir dabei die Ohren zu.

„Ist etwas nicht in Ordnung?“, fragt mich Doktor Neurohr in ruhigem Ton, nachdem er mir meine Hände auf meine Oberschenkel gelegt hat. Er weicht ein paar Schritte zurück und beobachtet mich fortwährend.

Ich lasse mir mit meiner Antwort Zeit, denn immerhin bin ich nicht in Eile: „Nein, nein. Eigentlich haben Sie es hier recht nett. Nur“, ich halte inne und fahre nach seinem Drängen fort: „Nur, dort drüben ist es zu dunkel, einfach unheimelig.“

Er folgt mit seinen Augen der Richtung, die ich mit meiner Rechten angezeigt habe und runzelt seine Stirn.

Inzwischen schwinge ich mich von seinem heiligen Schreibtisch, weil mir der Po von der harten Platte zu schmerzen beginnt. Ich lasse mich laut schnaubend wie ein Pferd auf den Stuhl, den er mir vorhin zugedacht hat, fallen. Ich glotze vor mich hin und pfeife dann und wann. Nach einer Weile rufe ich fröhlich: „Sehen Sie, jetzt ist es gleich viel besser!“

„Was sehen Sie jetzt?“, fragt er mich tatsächlich und ich werde somit die Vermutung nicht los, dass mit ihm etwas nicht in Ordnung ist. Dann stellt er mir tatsächlich weitere drei Male dieselbe Frage.

Außer mir darüber fahre ich ihn an: „Professor, stimmt etwas nicht mit Ihren Augen?“

Er schaut mich irgendwie sonderbar an und erinnert mich an die Beantwortung seiner Fragen. Damit das endlich ein Ende hat, komme ich seinem Wunsch nach. Eigentlich nur, damit ich meine Nerven schonen kann, denn mit dem Stellen immer derselben Frage, die sich von selbst beantworten ließe, wenn er aufmerksam schauen würde, geht er mir gewaltig auf die Nerven. „Die Ecke, die vorhin zu dunkel war, wirkt auf einmal viel freundlicher“, antworte ich gedehnt.

„Warum?“

„Warum? Warum?“, äffe ich ihn gereizt nach. „Weil die Mauer jetzt einen mintfarbenen Anstrich hat und sich wunderschöne Rosen daran emporranken. Darum.“

Weil es gerade so gut passt, lasse ich ihn wissen, dass ich mir einen Termin bei der Leitung dieses Hauses erwarte, weil ich sie an meinen Verbesserungs- oder besser gesagt Verschönerungsvorschlägen für mein Zimmer Anteil haben lassen möchte. Er würde sich darum kümmern.

Ich betrachte jetzt ihn an Stelle des Raumes. Meiner Schätzung nach ist er um die Sechzig. Das Haar graumeliert, was ihm einen Hauch von Richard Gere verleiht, aber nur einen Hauch, denn von dessen Ausstrahlung kann er nur träumen.

„Tragen Sie immer weiß“, frage ich ihn unvermittelt.

Er lächelt und antwortet: „Bei der Arbeit immer.“

„Das ist nichts für Sie. Es macht Sie zu blass. Sie müssen zu kräftigen Farben greifen.“

Während ich unruhig auf dem Stuhl hin und herwetze, fragt er mich ernst über den mächtigen Schreibtisch hinweg schauend: „Wie fühlen Sie sich, Frau Doktor Bäck?“

„Ist das hier eure Lieblingsfrage?“, frage ich zurück. „Was glauben Sie, wie sich eine attraktive Frau in den besten Jahren fühlt, wenn sie Tage lang in Schlabberklammotten in Ermangelung an weiterer Garderobe herumlaufen muss und wenn ihre Toilettenartikel unter Verschluss gehalten werden?“

Er antwortet lächelnd: „Von diesen schwerwiegenden

Umständen abgesehen, wie fühlen Sie sich, Frau Doktor Bäck?"

„Ausgeruht und in Vorfreude auf zuhause", entgegne ich knapp.

„Wollen Sie uns bald verlassen?"

„Es ist Zeit, wieder an die Arbeit zu denken. Auch eine Kur dauert nicht ewig."

„Erzählen Sie mir von Ihrer Arbeit", hakt er nach.

„Gut, dass Sie davon beginnen. Wie Ihre Schwestern mit meinen Sachen umgehen, ist intolerabel. Sie haben mir meine Unterlagen, Bücher und sogar mein Mobiltelefon entwendet, ohne mich zu fragen! Wenn ich umgehend alles zurückbekomme, sehe ich von einer Anzeige ab."

Der Arzt erkundigt sich weiterhin nach meiner Arbeit, aber ich verziehe meinen Mund und betrachte eingehend meine Fingernägel. Als ich erkenne, dass einer abgebrochen ist, frage ich ihn nach einer Nagelfeile, während er stur auf seine Frage verweist. Angewidert sehe ich mir den unschönen Nagel an. Lydia lenkt mich rasch ab, indem sie direkt hinter dem Professor stehend obszöne Gesten macht. Es wundert mich, wie schnell sie und Lara immer und überall auftauchen. Dann pruste ich lachend los und der Arzt schaut mich irgendwie hilflos an. Ich lasse ihn links liegen und wende mich an meine beiden Freundinnen: „Gehen wir heute auf die Piste?"

Lara entgegnet: „Und ob!"

Ich unterhalte mich noch eine Weile mit den beiden bis Doktor Neurohr mit seinem nervigen Räuspern auf sich aufmerksam macht.

„Können Sie das bleiben lassen?", antworte ich darauf.

„Was meinen Sie?", fragt er zurück.

„Ihr Gehüstel ist nervig, viel mehr widerlich.“

Ich lasse mir mit meiner Antwort auf seine weiteren Fragen Zeit, denn ich habe gerade kein großes Bedürfnis zu sprechen. Er betrachtet mich zu meiner Verwunderung, ohne sonderbare Geräusche von sich zu geben. Nach einer Weile sage ich: „Ich brauche schleunigst meine Unterlagen, die mir ihre übereifrigen Schwestern gestohlen haben, weil ich mich für ein wichtiges Meeting mit Virginia Woolf vorbereiten muss. Aber nicht weitersagen, Herr Professor!“ Als ich seine prüfenden Blicke wahrnehme, setze ich hinzu: „Helfen Sie mir, bitte. Es ist wirklich wichtig.“

„Ist Virginia Woolf nicht schon lange tot?“

„Wenn sie tot wäre, hätten wir wohl keinen Termin. Nachdem ich mit ihr aber einen vereinbart habe, kann sie schwer tot sein?“, belehre ich ihn.

„Das klingt schlüssig.“ Dann geht er um seinen imposanten Schreibtisch herum und will scheinbar auf mich zukommen.

„Nicht dorthin steigen!“, rufe ich ihm zu.

Er will weiter gehen und schaut mich ratlos an.

„Stopp! Sie treten auf die blauen Fische!“

Er will auf Zehenspitzen einen Schritt nach vorne machen und ich gebiete ihm Einhalt: „Nicht! Fische sind so lieb.“

Der Arzt resigniert und kehrt zu seinem Stuhl zurück, setzt sich und schaut mich über den Tisch hinweg prüfend an.

Ich lasse mich nicht irritieren und achte darauf, dass den Fischen nichts geschieht. Auf einmal erkenne ich neben den blauen auch rote und blau-gelb-gemusterte. Dann will Lydia ins Fischbecken steigen und ich warne sie: „Vorsicht! Nicht hier. Sie können nichts dafür.“

Irgendwann lasse ich meinen Blick von den Fischen zu den an der Wand rankenden Rosen gleiten. Diese Ansicht gefällt mir. Sie entspannt mich. Zufrieden lächelnd schaue ich nach einer Weile den älteren, grauhaarigen Herrn an und frage: „Sagten Sie etwas?"

„Wissen Sie, warum Sie hier sind, Frau Doktor Bäck?", fragt mich dieser.

Ich lenke ab, indem ich ihm mit einem Zwinkern seinen lüsternen Zeitvertreib in Erinnerung rufe: „Keine Sorge, ich schweige wie ein Grab. Sehen Sie, ich versperre meinen Mund und werfe den Schlüssel weg."

„Bleiben wir bei Ihnen, Frau Doktor Bäck."

„Was Sie wollen zu mir? Aber für wen halten Sie mich? Jetzt reicht es mir, Sie, Lüstling! Ich gehe."

„Setzen Sie sich wieder und beruhigen Sie sich. Ich will mich nur mit Ihnen unterhalten. Ich tue auch Ihren Fischen nichts oder den Rosen. Ich finde es übrigens hübsch, wie Sie mein Arbeitszimmer verändert haben."

„Wirklich?"

„Wissen Sie, welcher Tag heute ist?", fragt er mich.

„Sicher. Und Sie?"

„Welchen Monat haben wir?", lässt er nicht locker.

„Sagen Sie es mir", antworte ich lachend und füge hinzu: „Wollen Sie jetzt auch noch wissen, wie es mir geht und wo ich bin und warum oder was aus meinen Eltern geworden ist?"

„Genau."

„Wie heißen Sie, werter graumelierter Herr?", frage ich kichernd.

„Ich bin Doktor Neurohr und wie heißen Sie, meine liebe Dame?“

„Läuft heute Abend wieder diese seichte *Sitcom* oder darf ich gar nicht schauen? Egal, wir gehen sowieso auf die Piste.“

Als mir der Herr Professor weitere Fragen bezüglich meines Kuraufenthalts stellt, wundere ich mich, dass ihm die Fakten nicht von meinem Antrag bekannt sind. Mit einigen Unterbrechungen, denn irgendetwas lenkt mich immer ab, versuche ich gnädigerweise darauf einzugehen. Ich weiß nicht, wie es dem alten Fuchs gelungen ist, mich über die letzten nervenaufreibenden Jahre bis hin zu Papas Tod, den folgenden Konzentrationsproblemen, Kopfschmerzen, der zunehmenden Müdigkeit und dem dadurch bedingten Leistungsabfall auszuhorchen. Gottlob habe ich alles nur kurz angerissen und vermieden in die Tiefe zu gehen, immerhin will ich diesem wildfremden Mann nicht meine ganze Lebensgeschichte anvertrauen.

Wir reden und reden.

Das ermüdet und auf einmal irritiert mich das laute Ticken seiner Wanduhr. Warum mich seine Uhr nervös mache, bohrt er unerbittlich nach und dann verlangt er sogar, dass ich ihm das Gefühl, das ich dabei empfinde, und die Assoziationen, die es auslöst, beschreibe. Irgendwie hat er sie wohl nicht alle. Nach einem kurzen Dialog mit Lara und Lydia lasse ich mich widerwillig dazu herab. Es gefällt mir nicht, dass er sich als Inquisitor aufspielt.

Auf einmal lege ich meinen Kopf zurück, schließe meine Augen und lausche den himmlischen Klängen. Mit einem verlegenen Hüsteln versucht der Herr Professor meine Aufmerksamkeit zu erregen.

Verärgert darüber frage ich: „Was gibt's denn jetzt so Wichtiges?"

Ich bemitleide ihn wegen seiner mangelhaften Sinnesorgane, weil offensichtlich ist, dass das Orchester seinetwegen eine Pause macht. Mir zuliebe werden sie *„Air"* von Johann Sebastian Bach spielen, das er gerade dilettantisch unterbrochen hat. Damit er etwas von den grundlegenden Dingen des Lebens versteht, belehre ich ihn, dass Vivaldi erste Klasse, aber *„Air"* das Sahnehäubchen schlechthin ist. Ich schnippe mit den Fingern, um dem Orchester den Einsatz anzuzeigen. Die wundervollen Klänge hallen in meinem Kopf nach. Mein Blick ist völlig entspannt.

„Spielen sie noch?"

Ich antworte verwundert: „Nein. Sie haben zusammen gepackt und sind gegangen."

Erleichtert darüber setzt er sein Frage-Antwort-Spiel fort. Diesmal kommt er auf den Tag der Geburtstagsfeier meines Onkels zu sprechen. Schließlich erzähle ich ihm wortgewandt von meiner erleuchtenden Heimfahrt mit Vivaldis Musik.

„Wie fühlten Sie sich dabei?"

„Irgendwie haben Sie es ständig mit meinem Gefühlsleben. So viel will nicht einmal Philipp darüber wissen", sage ich und schüttle dabei den Kopf.

„Philipp war nicht dabei?"

„Wozu diese ganze Fragerei, wenn Sie mir doch nicht zuhören? Ich sagte schon, dass er beruflich zu tun hatte und ehrlich gesagt hätte ich ihm diese Feier sicher erspart."

„Wie war das, als Sie fuhren und Vivaldis „*Vier Jahreszeiten*“ immer lauter drehten?“

„Ein geiles *feeling*, falls Sie das verstehen“, antworte ich und mache dabei eine obszöne Geste, die Lydia mit einem lauten, anerkennenden Pfiff unterstreicht.

„Sie erwähnten vorhin Lara und Lydia. Sind das Ihre Freundinnen?“

„Und ob!“

„Erzählen Sie mir von ihnen.“

Ich lasse mich nicht lange bitten und male ihm ein enthusiastisches Bild meiner treuen Gefährtinnen. Ich weise ihn außerdem darauf hin, dass er sich selbst davon überzeugen und die zwei, die sich übrigens ohne zu verabschieden aus dem Staub gemacht haben, befragen hätte können, hätte er Mumm dazu gehabt.

„Kann es sein, dass Sie Ihr Auto stehengelassen haben und sagen wir eine Art Mitfahrgelegenheit hatten?“

„Wie oft soll ich Ihnen noch sagen, dass ich selbst gefahren bin. Sie hören mir nie zu, was ich Ihnen sage“, keife ich ihn an.

Der Professor quält mich weiter mit allerlei Schwachsinn. Ich rechtfertige mich, wie ich auf dieser öden Feier versucht habe, Schwung aufkommen zu lassen und dass ich zwar große Lust gehabt hätte, meinen sturen Onkel Ferdl zu attackieren, weil er mich wie ein dummes, kleines Mädel behandelt hat, es aber bleiben habe lassen. Außerdem habe ich kein Messer sondern einen simplen Kugelschreiber in der Hand gehabt, was ihn sowieso nicht das Geringste angeht. Herr Doktor Neurohr macht sich dazwischen Notizen. Er wagt mir zu unterstellen, dass ich sonderbar gekleidet gewesen wäre. Ich hätte meine

Bluse falsch herum angezogen, und schief geknöpfelt gehabt, was meine Verwandten und die übrigen Gäste berichtet hätten.

„Diese Landeier haben doch keine Ahnung!“, entfährt es mir aufgebracht.

Nicht genug. Er schuldigt mich an, dass ich mich außergewöhnlich benommen hätte, zuerst auf Onkel Ferdl und dann auf andere losgegangen wäre, sie alle wüst beschimpft hätte und noch weitere Dinge seien vorgefallen, von denen wir heute nicht unbedingt sprechen müssten.

„Das sind alles Lügen!! Nichts als Lügen!“, rufe ich. Die Synapsen meines Gehirns arbeiten auf Hochtouren und dann habe ich einen Geistesblitz: „Wollen Sie mir etwa einreden, dass der Einsatzwagen meinetwegen gekommen ist?“

Schweigen.

„Haben die nichts Dringenderes zu tun?“, rufe ich erregt.

Aufgebracht darüber, dass er mit meinen Verwandten unter einer Decke zu stecken scheint, fahre ich mit meinem Arm über den Schreibtisch hinweg und fege alles, aber wirklich alles hinab. Dieser Radau ist eine helle Freude! Im Hintergrund pfeift Lydia anerkennend und feuert mich gemeinsam mit Lara an. Schön, dass die beiden wieder da sind.

V.

Die folgenden Tage verliefen unspektakulär. Zumindest erinnere ich mich an keine weiteren Vorkommnisse. Ich habe viel geschlafen. Trotzdem fühle ich mich gerädert, was Anlass zur Überlegung gibt, was sie mit mir angestellt haben.

Inzwischen traue ich niemandem mehr. Weder den Schwestern, noch den Ärzten. Deshalb verstecke ich regelmäßig Medizin, die sie mir verabreichen wollen. Bei den jungen Lernschwestern funktionieren meine Ablenkungsmanöver vortrefflich. Sicher ist es gemein, ihre Unerfahrenheit auszunützen, aber wie soll ich mich sonst schützen? Manchmal fürchte ich, dass sie mich durchschauen und mir die betäubenden und den Verstand raubenden Arzneien ins Essen mischen oder gar mit einer abscheulichen Nadel durch die Haut jagen. Zuzutrauen ist ihnen alles.

Meine Zimmernachbarin scheint im Begriff zu sein, ins Nirwana einzugehen, während ich wegen meiner Anliegen zur Leitung dieses sonderbaren Hauses ebenso wenig vorgedrungen bin. Bald hat das für mich ohnedies keine Relevanz, weil ich gedenke, meine Zelte abzubrechen. In diesem Gemäuer kann ich Virginia Woolf niemals empfangen. Vorhin habe ich begonnen, meine Gedanken zu ordnen und das Gespräch vorzubereiten. Sie können mir alles wegnehmen, aber niemals mein Gehirn.

Ich habe mir die Bettdecke über die Schultern geworfen und sitze gemütlich am Linoleumboden in der Mitte des Raumes, als Tante Uschi und Onkel Karl eintreten. Ich hebe die Hand lässig zum Gruß, nicke ihnen zu und widme mich umgehend meinen künstlerischen Ergüssen. Wenigstens konnte ich Papier und ein paar Buntstifte aushandeln, wenn ich schon nicht meine Bücher zurückbekommen habe. Es gefällt mir, mich in irgendeiner Form betätigen zu können. Bisher hat mich das Zeichnen nie gereizt, aber jetzt, da ich nichts anderes zu tun habe, finde ich von Tag zu Tag mehr daran Gefallen. Rechtzeitig vor dem Abendessen muss ich alles abgeben. Als ob ich irgendetwas damit anstellen könnte! Die Angestellten scheinen hier geschlossen unter Verfolgungswahn und abstrusen Ideen zu leiden. Aber bitte, wenn sie unbedingt wollen, retourniere ich jeden Tag Papier und Stifte, um sie tags darauf wieder zu holen. Wenn sie nichts Besseres zu tun haben, bitte gerne.

Tante und Onkel stehen noch immer unweit der Tür. Irgendetwas hält sie ab, näher zu kommen. Ich höre, dass sie sich bei ihm beklagt, dass ich nicht gegrüßt hätte. Natürlich habe ich, wenn sie nicht darauf achtet, ist das ihr Problem. Sie scheint heute ganz besonders empfindlich zu sein. Ich bin gerade damit beschäftigt, meine Ideen zu Papier zu bringen, bevor Lara und Lydia mich besuchen, denen ich gerne meine neuen Werke zeigen würde. Deshalb habe ich für Tante und Onkel keine Zeit, zumal sie unangemeldet auftauchten.

Sie unterhalten sich auch ohne mich ganz gut. Ich höre zu, auch wenn sie mir unterstellen, dass ich nicht auf sie achte. Zuhören und malen funktioniert parallel ganz gut. Nur sprechen mag ich gerade nicht. Es reicht, wenn die beiden unaufhörlich reden. Ich schnappe Fragmente der Unterhaltung auf, ohne darauf einzugehen, denn ich möchte mich einzig und allein meiner Zeichnung widmen. Ich vernehme: „Schau, Karl, wie armselig sie da sitzt. Sie fällt bald aus ihren Kleidern. Ein Schatten ihrer selbst und das in nur wenigen Wochen..."

Hoffentlich heult die Tante nicht gleich, denn das kann ich wirklich nicht ertragen. Immerhin habe ich mit mir selbst schon genug zu tun. Ich frage mich, was an mir so abstoßend sein mag. Wochen? Mag sein, dass ich so lange hier verweile. Als Schatten meiner selbst empfinde ich mich keineswegs. Vielleicht mag das auch daran liegen, dass hier nirgendwo Spiegel sind. Es scheint hier kein Wert auf eine adrette Erscheinung gelegt zu werden, weshalb ich mich lediglich anpasse. Die Tante wird wohl begreifen, dass es am Boden bequem ist. Dann hätten die Schwestern erzählt, dass ich am Gang herumschlurfe. Die haben alle keine Ahnung. Natürlich schreite ich grazil wie auf einem Laufsteg die Station ab. In dem Nachthemd wirkt das lächerlich, wie ich zugeben muss.

Ich zeichne verbissen weiter, während sich die Tante wundert, warum ich mir einbilde, einen Termin mit der längst toten Virginia Woolf zu haben, wie ihnen das der charmante Doktor Neurohr mitgeteilt habe, was sie mit einem betörenden Augenaufschlag unterstreicht. Erstens bilde ich mir nichts ein. Zweitens macht der seltsame, lüsterne Professor meinem vernachlässigten Tantchen schöne Augen.

Als Tante und Onkel rege über meine hoch verehrte Schriftstellerin, meine Arbeit und meinen vermeintlichen Gemütszustand diskutieren, gehen sie mir gewaltig auf die Nerven. Ich kann diesen Quatsch nicht mehr hören, will erklären, dass Virginia und ich bis vor kurzem regen Mail-Kontakt und einige Male sogar telefoniert hatten. Das und noch viel mehr möchte ich Tante Uschi und Onkel Karl aus einem tiefen Bedürfnis heraus mitteilen, aber die Worte oder die passenden Laute wollen partout nicht aus meinem Mund kommen. Mir ist, als ob ich keine Macht mehr über meinen Körper hätte. Meine Empfindungen erschrecken mich mitunter. Keine Kontrolle über mich und mein Leben zu haben, mich nicht frei bewegen und meinen gewohnten Tätigkeiten folgen zu dürfen, bereitet mir Unbehagen. Mich meiner Umwelt nicht entsprechend mitteilen zu können, erschreckt mich noch mehr.

Auf einmal kommt Tante Uschi näher heran, während Onkel Karl seinen Sicherheitsabstand beibehält. „Willst du dich gar nicht mit uns unterhalten, Tina?“, fragt sie in zu mir herab gebückter Haltung.

Ich zucke die Schultern.

„Wie geht es dir?“, fragt sie weiter in weinerlichem Ton.

Ich verziehe meinen Mund und wiege den Kopf hin und her.

Sie streichelt mir sanft die Wange.

Ich wische ihre Hand energisch weg, drehe mich zur Seite und male weiter, als ob es kein Morgen gäbe.

Mit tränenerstickter Stimme sagt sie: „Tina, bitte rede mit mir. Wir sind deinetwegen gekommen.“

Ich behalte meine gleichgültige Haltung bei. Augenblicklich halte ich es für nicht notwendig, irgendeinen Kommentar abzugeben. Die Lust darauf ist verflogen. Ich möchte nur zeichnen und in Ruhe gelassen werden. Ich will mich nicht erklären müssen.

„Sag mal, kannst du nicht später weiter machen? Seit wann zeichnest du überhaupt?“, entfährt es ihr, nun um eine Spur lauter. Sie schaut mir über die Schulter und fragt: „Was soll das sein?“

„Siehst du doch!“, fahre ich sie unfreundlich an und bin erleichtert, dass mein Stimmorgan noch fähig ist, Worte hervorzuzaubern.

„Tut mir leid, Tina. Ich kann beim besten Willen nur Gekritzel erkennen.“

„Schau genau, dann erkennst du eine Strandszene!“

Nach wie vor will ich nicht kommunizieren und widme mich mit einer penetranten Hartnäckigkeit der Stiftführung.

Ich halte das Blatt Papier vor mir hoch und betrachte mit kritischem Blick das Ergebnis. Ein zufriedenes Lächeln legt sich über mein Gesicht.

„Tina, ich bitte dich!“, winselt sie weiter.

Ich bin verärgert, unaufhörlich gestört zu werden und werfe instinktiv mit einem Stift nach ihr. „Verschwindet! Lasst mich endlich in Ruhe!“, rufe ich aufgebracht. Ich benutze sogleich den nächsten Stift als Wurfgeschoss und lache schrill auf. Die beiden konnten eigentlich froh sein, dass ich ihnen nicht wie mein großes Vorbild ein Tintenfass entgegen schleudere.

Heulend ergreift Tante Uschi die Flucht und wendet sich an ihren Gatten: „So wie Josef und Erika. Ist das nicht furchtbar?“

Sie wirft mir einen letzten traurigen Blick zu und fragt ihn: „Was in aller Welt haben wir nur falsch gemacht?“

„Nichts“, antwortet er und zieht hinter ihr die Tür zu.

VI.

Ich habe die Schnauze voll von diesem unvorteilhaften Schlabberlook. Voller Vorfreude auf das Mich-hübsch-Machen rüttle ich an der Tür des Blechschranks, in dem ich meine Kleidung vermute. Ehrlich gesagt, habe ich keinen blassen Schimmer, was ich für diesen gar so langen Aufenthalt mitgenommen habe. Sonderbar. Obwohl ich mich bisher blind auf mein Gedächtnis verlassen konnte, kann ich mich an die Vorbereitung für diese Kur nicht erinnern, so sehr ich mir auch Mühe gebe. Ich rüttle weiterhin an der Schranktür, aber sie lässt sich nicht öffnen. Ich werfe mich mit aller Kraft dagegen, hämmere auf sie ein und arbeite weiter auf den Drehgriff ein. Die Tür gibt keinen einzigen Millimeter nach. Ich schäume vor Wut. Energisch hämmere ich weiter. Auf einmal gleite ich schmerzverzerrt an der Tür zum Boden hinab, setze mich in den Schneidersitz und beginne meine rechte Hand zu massieren, bis der Schmerz allmählich nachlässt.

Hier ist nichts wie ich Kuranstalten vom Hörensagen kenne. Habe ich überhaupt schon eine Schlammpackung für meinen Rücken, spezielle Physiotherapie oder Massagen bekommen? Bislang nur nervige Fragerei. Es kommt mir äußerst sonderbar vor, dass Rücken- beziehungsweise Ischiasbeschwerden mit Gerede therapiert werden. Den absurden Gedanken, dass mich womöglich nicht das Kreuz sondern irgendein Schwächezustand hierher gebracht haben könnte, verwerfe ich umgehend. Es beunruhigt mich, dass ich nur ausweichende Antworten bekomme auf meine stets gleich lautende Frage, wann ich endlich nach Hause dürfe. Ausgerechnet jetzt haben sich meine engsten Vertrauten aus meinem Leben geschlichen. Auf Tante Uschi`s und Onkel Karl`s einzigen, lächerlichen Besuch hätte ich auch verzichten können. Wie aus dem Nichts denke ich an Daniela und frage mich wie es meiner Zeichenkollegin ergehen mag. Ich vermisse sie auf eine bizarre Art und Weise.

Ich massiere noch immer den Handrücken bis hin zum Gelenk und entdecke, dass sich die Haut zart bläulich zu verfärben beginnt.

Wenigstens besuchen mich Lara und Lydia.

„Oje, Tina, bist du heute niedergeschlagen“, stellt Lara fest und setzt dabei eine mitleidsvolle Miene auf.

„Komm Schwester, lass uns abhauen! Ich habe null Bock auf Tinas Depression“, fordert Lydia Lara auf.

„Hast du alle Tassen im Schrank? Wir können sie doch nicht in diesem Zustand alleine lassen“, antwortet Lara entrüstet.

Die Diskussion geht noch eine Weile weiter, bis ich mich endlich einmische: „Zieht endlich Leine und lasst mich in Frieden! Hört ihr? Raus hier!“ Ich werfe ihnen meinen Hausschuh nach.

„Siehst du, Schwester, das hast du von deiner Fürsorge. Das ist der Dank dafür“, sagt Lydia zu Lara.

Ich verharre nach wir vor vor dem Schrank sitzend am Boden. Mal starre ich vor mich hin, mal beobachte ich meine reglose Zimmernachbarin, die mir Rätsel aufgibt, weil sie noch kein einziges Wort zu mir gesprochen hat. Sie verharrt wie erstarrt in ihrem Bett mit Ausnahme ihres von mir provozierten Schreianfalls. Überhaupt treiben sich in diesem Haus merkwürdige Leute mit seltsamen Ticks herum. Auch wenn ich Lara und Lydia vorhin flegelhaft verjagt habe, freue ich mich meist, sie zu sehen, weil sie mich von dieser Tristesse ablenken. Auch wenn es bedeutungslos ist, stelle ich mir manchmal die Frage, wann und wo ich ihnen zuallererst begegnet bin, und warum oder wie ich sie kennengelernt habe. Irgendwie waren sie auf einmal da.

Es surrt wieder so laut in meinem Kopf. Ich versuche mich davon abzulenken und meine Gedanken auf etwas Schönes zu fokussieren: Bei intensivem Sonnenstrahl vom kitschig blauen Himmel winkt mir Philipp auf einem einsamen, weißen

Sandstrand aus der Ferne fröhlich zu und wenn ich genau hinhöre, vernehme ich sogar das Rauschen des Meeres. Ich summe eine hübsche Melodie vor mich hin, als eine junge Schwester den Raum betritt, um mich zum Essen zu holen.

„Aber Frau Bäck, was machen Sie am Boden? Ihnen muss doch kalt sein?“

Die Schwester reicht mir ihre Hand, um mir beim Aufstehen behilflich zu sein. Ich ergreife sie und als ich frage, warum der Schrank verschlossen ist, habe ich den Eindruck, dass sie nach einer passenden Antwort sucht. „Warum wollten Sie den Schrank öffnen?“

„Ich wollte mir endlich etwas Hübsches anziehen“, und zeige unterstreichend an mir hinab. „Die Toilettenartikel sind auch weggesperrt. Ich hätte sie gerne.“

„Zur Waschenszeit haben Sie Zugang dazu, Frau Bäck.“

„Ich brauche Sie aber jetzt.“

„Warum denn?“

„Kämmen Sie sich nur zwei Mal pro Tag, Schwester?“

„Ehrlich gesagt, nein.“

„Sehen Sie.“

Das trifft sich bestens. Schwester Gitti, die mir ganz besonders sympathisch ist, hat heute Dienst. Nach meinem Gruß hebt sie den Kopf und lächelt mich durch das Glas des Schwesternstützpunktes an.

„Wann gibt es endlich Essen?“, komme ich rasch auf den Punkt.

„Frau Bäck, das war schon.“

„Was? Und ihr holt mich nicht einmal?“, erwidere ich außer mir.

„Frau Bäck, wir haben Sie wie immer geholt und Sie haben mit den anderen im Speisesaal gegessen, so wie jeden Tag. Sie haben sich schon drei Mal danach erkundigt. Glauben Sie mir, es ist alles in Ordnung“, erläutert Schwester Gitti mit sorgenvoller Miene.

„So ist das also“, antworte ich.

„Frau Bäck, wissen Sie wo Sie sind?“

„Darüber möchte ich besser nicht sprechen.“

„Welcher Tag ist heute?“, fragt sie weiter.

„Freitag. Wissen Sie das denn nicht, Schwester?“

„Und welchen Monat haben wir?“

„Da denken Sie mal gut nach.“

„Und welches Jahr?“

Ich zucke gleichgültig mit den Schultern und entgegne: „Ihr Kalender da drüben verrät es Ihnen.“

Quälende Unruhe treibt mich an zum Hin-und-Her-Wetzen auf der Sitzfläche dieses ungemütlichen Stuhls in diesem viel zu kahlen und unfreundlichen Zimmer. Ich frage mich, woher diese Unausgeglichenheit kommt. Viele hielten mich bisher für die personifizierte Ausgeglichenheit. Dann fühle ich wieder das Zucken meiner Gesichtsmuskeln, das mich bald in den Wahnsinn treibt. Als ob das nicht genug wäre, ärgert mich der tropfende Wasserhahn mit unglaublicher Penetranz. Mehrmals habe ich schon mit allerlei Gegenständen nach ihm geworfen.

Eigentlich läuft alles schief, seitdem ich in diesem Gemäuer bin, in dem sich ständig mysteriöse Dinge zutragen. Gelangweilt lege ich Papier und Stifte zur Seite. Immerzu das Gleiche. Tagein, tagaus. Das bringt jede kreative Ader zum Erliegen. Auf einmal muss ich an Lucia Joyce und die Vergeudung ihrer Begabung denken. Wie von Geisterhand erhebe ich mich. Zum Tanzen anregende Musik ertönt und wie von selbst beginne ich, mich zu bewegen. Ich fühle mich eins mit der Musik, als ob ich Lucia wäre. Ich tanze und tanze. Von weitem sehe ich sie mir zuwinken und lächeln.

„Ich muss etwas Anderes sehen“, sage ich zu meiner Mitbewohnerin.

Als ich wie gewöhnlich keine Antwort bekomme, sage ich mehr zu mir als zu ihr: „Genau, du sprichst nicht mit mir.“

Erst gestern hat mein trister Alltag eine willkommene Abwechslung erfahren, als mich Papa zu meiner Überraschung besuchte. Ein herziges, kleines Mädchen, von dem ich nach wie vor keine Ahnung habe, wer es war und das mir mit viel Fantasie sogar ähnlich sah, hat uns begleitet zu einer großen Wiese, voll mit wild wachsenden Blumen in allen nur erdenklichen Farben. Es war wunderschön, irgendwie himmlisch. Eigenartig war, dass Papa sehr agil wirkte und keinen Rollstuhl mehr benötigte.

Diese Erinnerung begleitet mich nach draußen auf den Flur, wo eine Tür meine Aufmerksamkeit erregt. Umgehend drücke ich die Schnalle nach unten. Gibt es hier überhaupt eine Tür, durch die ich ungehindert gehen darf, frage ich mich. Zornig und mit ungeahnter Kraft hämmere ich auf das Holz ein. Auf einmal eilt Schwester Gitti herbei, legt ihre Hände auf meine Schultern und sagt: „Frau Bäck, hören Sie bitte auf.“

Ich dürfe nicht in diesen Raum und es ginge mich nichts an, was sich dahinter verberge.

„Hier wird einem alles untersagt und weggenommen. Die Türen sind verschlossen. Ich halte das nicht mehr aus!“, sprudelt es aus mir heraus und ich beginne zu heulen wie ein trotziges Kind, dem alles verboten wird. Dieses Eingesperrt-Sein lässt mich zu einer anderen, mental schwachen Person werden. Mein Weinen nimmt an Intensität zu, als mich Schwester Gitti wie auf ein krankes Pferd einredend in dieses traurige Zimmer, das ich schon nicht mehr ertragen kann, zurückbringt.

Als ich einzuschlafen versuche, grüble ich weiter. Hätte ich die Medikamente, die ich Tag für Tag geschickt irgendwo entsorge, nehmen sollen? Nachdem was geschehen ist, kann ich ihnen nicht vertrauen. Punktum.

Wieder einmal spaziere ich am Gang auf und ab, um meinen Kopf für die Besprechung mit Virginia Woolf frei zu bekommen und mir eine ernsthafte Strategie für das nahende Gespräch zurechtzulegen. Die Natur würde ich dafür bevorzugen, aber mit diesem jämmerlichen Outfit kann ich mich niemals unter das Volk mischen. Der Ausflug mit Papa war wohl eine Ausnahme.

Ich weiß wie viele Türen sich hier befinden, wo Sprünge in der Mauer zu sehen sind oder wo schon ein wenig Verputz abgebröckelt ist. Bis ins winzigste Detail habe ich alles wahrgenommen. Kein Wunder, ist dieser Flur doch der einzig mögliche Spazierweg.

Die Tür zum großen Waschraum steht einen Spalt breit

offen. Wie von einem Magnet angezogen nähere ich mich, schiebe die Tür weiter auf, um einzutreten und sage zu der Frau im weißen Kostüm mit dem schicken Häubchen: „Tante Uschi, wann bekomme ich endlich eine Fangotherapie?“

Die Angesprochene dreht sich mir zu und antwortet: „Frau Bäck, ich bin nicht Ihre Tante sondern Schwester Gabi.“

„Tante Uschi, wie ist das jetzt mit dem Fango?“

„Frau Bäck, fragen Sie beim Schwesternstützpunkt nach. Vielleicht kann man dort etwas für Sie tun.“

Wenig später klopfe ich impulsiv auf das Glas, um auf mich aufmerksam zu machen.

Auf einmal eilt die Oberschwester herbei und schimpft mich: „Frau Bäck, hören Sie endlich mit dieser Klopferei auf! Aufhören sage ich! Was ist denn bloß in Sie gefahren?“

„Ich will einen Termin für die Fangopackung vereinbaren und wenn ich schon da bin, auch gleich für die Massagen, Gymnastik und was es sonst noch alles gibt.“

„Sagten Sie Fango, Massagen, Gymnastik?“

Tante Uschi habe mich geschickt, weil sie gerade keine Zeit für das Organisatorische habe. Die Oberschwester scheint vergessen zu haben, dass ich hier auf Kur bin. Außerdem hat mir die Lampe mitgeteilt, dass es Zeit für die Therapien sei. Auf einmal schaut mich diese stämmige Person an, als ob ich vom Mond käme und fragt mich tatsächlich, wie mir die Lampe das mitgeteilt hätte.

Gereizt antworte ich: „Gezwinkert hat sie natürlich.“

Plötzlich wende ich mich von der Oberschwester ab, um meine Gedanken zu schützen, denn manche können sie hier lesen. Angesichts meines nahenden großen Tages mit meiner verehrten Frau Woolf und unseres geheimen Projektes ist Vorsicht angebracht, damit sie ihre Beobachtungen nicht an die Falschen weitergeben.

VII.

Weil ich in den Augen der anderen seit geraumer Zeit ein artiges Mädchen bin, darf ich heute in den Aufenthaltsraum. Sogar über diese winzige Veränderung kommt so etwas wie Freude in mir auf. Einige meiner „Kolleginnen" widmen sich Brettspielen, was mich noch nie besonders reizte und auf Gesellschaft kann ich genauso gut verzichten. Deshalb setze ich mich alleine vor den Fernseher. Ich ergötze mich wie ein Kind, das zum ersten Mal eine Fernbedienung in der Hand hat, um von einem Kanal zum anderen zu zappen. Nach weiß Gott wie langer Zeit ist sogar das ganz banale Sich-Berieseln-Lassen ein neues Lebensgefühl. Dazu gesellt sich eine Vorahnung von Schrecklichem, die ich nicht näher zu definieren vermag. Diese Gedanken wische ich rasch beiseite, denn ich will jetzt meinen Spaß mit dem Fernsehgerät haben.

Ich sehe gerade einen uralten, jedoch nicht minder herzigen Film mit Hans Moser und zerkugle mich über diesen genialen Schauspieler, als mich Marie begrüßt.

„Was verschafft mir die hohe Ehre?", erwidere ich spitz.

„Ich wollte schon längst kommen, aber ständig war etwas zu tun", rechtfertigt sie sich.

„Genau so, wie in der Zeit bevor ich hierher kam", kommentiere ich ihre Rechtfertigung.

Sie nickt.

Ich starre auf den Bildschirm und ignoriere sie. Marie hat mich so lange warten lassen, jetzt wird sie es müssen, denke ich selbstgefällig. „Der Film muss bald aus sein“, sage ich vor mich hin glotzend und unmittelbar über eine Szene mit den kongenialen Herren Moser und Hörbiger aus tiefstem Herzen lachend. Beinahe könnte ich all die lästigen Hindernisse in meinem Leben vergessen.

Kurze Zeit darauf haben wir uns in meinem nach wie vor unbehaglichen, viel zu kühlem Zimmer zurückgezogen. Marie rückt einen Stuhl zurecht und fragt nach belanglosen Floskeln, zaghaft bestrebt ein Gespräch zu beginnen: „Tina, weißt du warum du hier bist?“

„Glaubt ihr alle, ich wäre plemplem? Natürlich weiß ich, warum ich hier bin!“, entfährt es mir gereizt.

„Gut.“

„Was heißt hier gut? Ich bin auf Kur, weißt du doch“, erwidere ich nach wie vor aufgebracht, vor allem deshalb, weil sich meine Freundin so unbeholfen anstellt. Sie ist doch sonst nicht auf den Mund gefallen. Marie schaut mich seltsam an.

Ich streiche wie besessen meine Hose glatt oder entferne jeden noch so winzigen Fusel. Wahrscheinlich hätte ich mich stundenlang so beschäftigen können. Wir schweigen uns eine Weile an.

In meinem Kopf surrt es wieder so eigenartig, beinahe wie in einem Bienenstock. Deshalb kann ich mich nur unter Anstrengung auf diese holprige Konversation konzentrieren. Dann raffe ich mich dazu auf, um Marie eine Frage zu stellen, die mir schon lange unter den Fingern brennt: „Hast du etwas von Philipp gehört? Er war schon lange nicht mehr hier. Ich hätte ihn längst angerufen, aber sie haben mir mein Handy abgenommen.“

Marie schaut mich verdutzt an und entgegnet: „Tina, ihr habt euch vor Monaten getrennt. Ich kann mir nicht vorstellen, dass er dich besuchen wird.“

„Getrennt sollen wir uns haben? Du spinnst doch! Erst kürzlich war er abends hier und wir hatten unseren Spaß!“ Bei der Erinnerung verdrehe ich kurz und ein wenig amüsiert die Augen. Dann spreche ich weiter: „Nur zum Reden sind wir nicht gekommen. Das heißt, er ließ das nicht zu. Es passt nicht zu ihm, mich so lange warten zu lassen“, sprudelt es aus mir hervor. Irgendwie bin ich froh, mit einer vertrauten Person über meine Sorgen sprechen zu können. Auch wenn mir Marie ständig widerspricht. Sie will mir weismachen, dass ich mir einbilde, dass Philipp hier war, worauf ich entgegne, dass ich doch nicht verrückt sei.

„Ich habe erst vor wenigen Tagen mit ihm über dich gesprochen“, sagt Marie.

„Du hast ihn mir genommen! Kaum bin ich von zuhause weg, wirfst du dich an ihn ran, du Schlampe!“, kreische ich aufgebracht.

„Beruhige dich, Tina! Ich würde niemals etwas mit deinen Männern anfangen, das weißt du.“

„Nichts weiß ich! Ich kann niemanden vertrauen!“

„Tina, glaube mir, zwischen Philipp und mir läuft nichts. Er ist mir viel zu langweilig, das habe ich dir doch immer gesagt. Außerdem haben wir nur telefoniert.“

„In Ermangelung an Beweisen werde ich dir wohl oder übel glauben müssen. Wenn ich dahinter komme, dass du ihn mir genommen hast, drehe ich dir den Hals um“, drohe ich, unterstreiche das mit einer aussagekräftigen Geste und fordere sie auf, mir mitzuteilen, warum Philipp’s Besuch nur in meiner Fantasie existieren soll.

„Ich kann dir das nicht erklären. In diesen Dingen warst du die Expertin. Jetzt scheint dir das leider nichts zu helfen.“

„Expertin? Helfen wobei?“, herrsche ich sie an.

„Ich habe dir immer gesagt, du sollst nicht so viele Psychokram-Bücher lesen, dich nicht völlig abschotten. Auch bei deinem Elan bezüglich deines Seminars wollte ich dich bremsen, aber vergeblich. Du hast weder auf Leo oder mich gehört, noch auf Tante Uschi. Du warst wie in Trance, völlig besessen von der Idee, die ganze Welt bekehren zu wollen. Dann diese ewigen Statistiken über genetisches Risiko. Du hast das Schicksal herausgefordert!“, höre ich Marie reden und habe irgendwie das Gefühl, dass mich das nichts anginge.

„Was schwafelst du denn überhaupt? Lenke nicht ständig von Philipp ab“, erinnere ich sie an mein vorrangiges Thema.

„Philipp hat sich von dir vor sehr langer Zeit getrennt. Deshalb wird er sicher nicht hier gewesen sein.“

„Und warum sollten wir nicht mehr zusammen sein? Und wie kommt es, dass ich nichts davon weiß, Frau Oberschlau?“, kreische ich und füge leise hinzu: „Wir lieben uns noch wie am ersten Tag.“

„Tina, Philipp hat dich nach deiner Fehlgeburt verlassen“, antwortet Marie noch immer in ruhigem Ton.

„Fehlgeburt? Du hast sie wohl nicht alle! Ich war noch nie schwanger! Und Philipp hätte mich deswegen nie verlassen!“ schreie ich außer mir. Ich kann diese Lügen nicht mehr ertragen.

„Philipp hat dich verlassen, weil du dich von der ganzen Welt abgekapselt und dauerhaft um deinen Vater getrauert hast. Du hast das Baby bald nach dem Begräbnis verloren. Dann war alles noch schlimmer. Du warst wie ausgewechselt. Er hat das nicht mehr ausgehalten“, redet sie auf mich ein, während ich unaufhörlich den Kopf schüttle.

„Hör auf! Du lügst! Warum lügst du mich nur an!“, flehe ich sie weinend an.

„Beruhige dich bitte, Tina. Bitte glaube mir“, antwortet sie und rückt näher zu mir heran. Sie legt mir sanft ihre Hände auf meine Oberschenkel. Dann streicht sie mir behutsam über den Kopf und spricht: „Vertraue mir, Tina. Wie lange sind wir schon miteinander befreundet?“

„Ewig“, hauche ich und schaue ihr dabei in die Augen.

„Genau. Und habe ich dich schon einmal belogen?“, fragt Marie ruhig weiter.

Ich schüttle den Kopf.

„Tina, in deinem tiefsten Inneren ahnst du, dass etwas nicht in Ordnung ist“, spricht meine Freundin.

Ich lasse die Worte auf mich wirken. Zu viel geht mir durch den Kopf: Philipp, eine mögliche Fehlgeburt und auch mein Vater. Ich erkenne keine Zusammenhänge. Noch weniger verstehe ich, was mir Marie mitteilen will. Ich will etwas sagen, doch fehlen mir die Worte, wie so oft in letzter Zeit.

Marie betrachtet mich unaufhörlich.

Auf einmal beginnen wieder Worte aus mir zu sprudeln: „Es ist, als ob ich nicht in meinem eigenen Körper wohne."

Marie nickt wissentlich.

„Niemanden, aber wirklich niemanden kann ich mehr vertrauen. Auf einmal sind alle gegen mich und ich verstehe nicht warum!", bricht es aus mir heraus.

Dann erhebe ich mich. Aus unerklärlichen Gründen zieht es mich ans Fenster. Ich blicke nach draußen in den Garten. Dann versetzt es meinem Herzen einen Stich und ich frage mich in diesem Moment, was dieses schwere Eisengitter vor dem Fenster ausgerechnet im zweiten Stock zu suchen hat.

„NEIN! Bitte nicht! Warum auch ich?" schreie ich innbrünstig und falle dabei am Boden wild schluchzend in mich zusammen.

Anmerkungen

Seite 19 – Beletage (veraltet): Hauptgeschoss, Erster Stock

Seite 19 – *Tutto perfetto* (ital.): alles vollkommen

Seite 44 – Türschnalle (österr.): Türklinke

Seite 69 – Jus (österr.): von lat. ius=Recht; hier: Rechtswissenschaften, Jura

Seite 69 – inskribieren: sich für einen Studiengang einschreiben

Seite 72 – Packerl (österr.): Paket, Päckchen

Seite 79 – zensuriert (österr.): zensiert, hier: bereinigt

Seite 85 – Schmankerlwochen: soviel wie Spezialitätenwochen

Seite 120 – Dem österreichischen Sachwalter entspricht in Deutschland der Gesetzliche Betreuer.

Seite 125 – Leukotomie wird hier (wie medizinisch allgemein üblich) als Synonym für Lobotomie verwendet. Streng genommen bezieht sich der erste Begriff auf die weiße Hirnsubstanz, der zweite auf die graue. In der Praxis wird jedoch immer weiße und graue Substanz zerstört.

Seite 136 – Uhudler: österreichischer Wein aus dem Burgenland

Seite 136 – Riegel und Zipf (österr.): Geländeformationen im Hochgebirge

Seite 160 – übertauchen (österr.): eine Krankheit oder Krise ohne Weiteres überstehen

Seite 196 – Jänner (österr.): Januar

Seite 199 – Prädilektionsalter: Typische Altersspanne für den Ausbruch einer Krankheit

Seite 203 – Parte (österr.): Todesanzeige

Seite 206 – kalmieren (bildungssprachl.): beruhigen, besänftigen

Seite 208 – Lied von Gustav Friedrich Ludwig Knack (1806 – 1878)

Seite 209 – weiters (österr.): weiterhin, außerdem

Seite 218 – fadisieren (österr., umgangsspr.): sich langweilen (vgl. fade)

Seite 219 – Gusch! (österr.): Ruhe!

Seite 220 – Cogito ergo sum (lat.): Ich denke, also bin ich

Seite 222 – Herzbinkerl (bayrisch, österr.): Lieblingskind

Seite 225 – Forza! (ital.): Vorwärts!

Seite 233 – Topfencreme (österr.): Quarkspeise

Seite 233 – infundieren (mediz.): im Wege der Infusion verabreichen

Literatur

Zitate und Hintergrund

„Arzneimittelwirkungen, Lehrbuch der Pharmakologie und Toxikologie“, Ernst Mutschler, Gerd Geisslinger, Heyo K. Kroemer, Peter Ruth, Monika Schäfer-Kortnig, Wissenschaftliche VerlagsgesmbH., 9. Auflage, 2008

„Aus der Klinik für Psychiatrie und Psychotherapie der Westfälischen Wilhelms-Universität Münster: Die Behandlung der Schizophrenie vor Einführung antipsychotischer Medikamente (im Zeitraum 1928 – 1940)“, Inaugural-Dissertation zur Erlangung des dorctor medicinae der Medizinischen Fakultät der Universität Münster; vorgelegt von Jan Leygraf, 2006

„Der Tag an dem meine Tochter verrückt wurde“, Michael Greenberg, Hoffmann u. Compe, 1. Auflage, 2009

„Frauen, die schreiben, leben gefährlich“, Elke Heidenreich, Elisabeth Sandmann Verlag, München, 2006

„Genie und Arschloch, Licht- und Schattenseiten berühmter Persönlichkeiten“, Manfred Chabot (Hg.), Molden Verlag, 2009

„Ich hab dir nie einen Rosengarten versprochen“, Hannah Green, Radius Verlag, 1988

„Irren auf steirisch, Psychiatrische Patienten und psychiatrische Versorgung in der Steiermark“, R.Danzinger u. H.G.Zapotoczky, Edition pro Mente, Linz, 1996

„James Joyce. Sein Leben und sein Werk“, Hubert Gormann, Claassen Verlag, Hamburg, 1957

„Lucia Joyce. Die Biographie der Tochter“, Carol Loeb Schloss, Knaus Verlag, 2005

„Psychopharmaka“, CD zur Zentralen Fortbildungstagung der ÖAK, Wien, 22. – 23.11.1997

„Schizophren? Orientierung für Betroffene und Angehörige“, Klingberg, Mayenberger, Blaumann, Beltz PVU Verlag, 2005

„Schizophrenie: Ursachen, Diagnosen und Verlaufsformen“, Irving I. Gottesmann, Spektrum, Akademischer Verlag, 1993

„Stellungnahme zur Elektrokrampftherapie (EKT) als psychiatrische Behandlungsmaßnahme“, Prof. Dr.med. J.-D. Hoppe, Präsident der Bundesärztekammer und des Deutschen Ärztetages; Prof. Dr.med. Dr.h.c. P.C. Scriba, Vorsitzender des Wissenschaftlichen Beirats der Bundesärztekammer

„Texte aus der Innenwelt“, Felix Mitterer (Hg.), Czernin Verlag, Wien, 2001; Sabina Weiss

„Virginia Woolf. Ein Leben“, Hermione Lee, S. Fischer Verlag, 1999

„Was es heißt, wenn andere entscheiden“, Andreas Wetz, Artikel aus *Die Presse* vom 17. Juni 2012

Wikipedia

www.aphasiologie.de/Schizophrenie.pdf

www.kops.ub.uni-konstanz.de/bitstream/handle/

urn:nbn:de:bsz:352-opus-15924/Reiners.pdf?sequence=1

www.web.vu.lt/flf/d.katinas/files/2010/09/sprech-und-

sprachstoerungen.pdf

KARMA-EXPRESS UND ANDERE KURZGESCHICHTEN

ISBN 978-3-944771-11-3
13,95 EUR
172 Seiten
Softcover

Auch als Ebook erhältlich.

24 Kurzgeschichten von ebenso vielen Autoren, nehmen sie auf eine sprichwörtliche Reise mit.

Es geht um die Bahn in all ihren Facetten. Mal mysteriös, mal lustig, aber immer unterhaltsam und die Schienen im Blick, welche die Welt erobert haben.

HANS OLDEN
EIN EKELHAFTER KERL

ISBN 978-3-944771-08-3
9,50 EUR
132 Seiten
Softcover

Auch als Ebook
erhältlich.

Ein ekelhafter Kerl" ist eine Schulangelegenheit. Bis auf die stilistische Gewandtheit könnte sie ein Junge geschrieben haben – so natürlich frisch ist sie, so ohne Psychologie, die ja nie da war in einer Zeit, wo wir alles klischeehaft empfanden, gottgewollt, felsenfest.

(Kurt Tucholsky)